Textverarbeitung

- so einfach wie Fernsehen
mit Word für DOS...
unter DOS oder WINDOWS

Buch mit Diskette

Von
Dipl.-Math. Lothar Schumann

R. Oldenbourg Verlag München Wien

Die Deutsche Bibliothek - CIP-Einheitsaufnahme

Textverarbeitung - so einfach wie Fernsehen : mit Word für DOS ... unter DOS oder WINDOWS ; Buch mit Diskette / von Lothar Schumann. - München ; Wien : Oldenbourg.
ISBN 3-486-23660-1
NE: Schumann, Lothar

Buch. - 1997

Textverarbeitung - so einfach wie Fernsehen : mit Word für DOS ... unter DOS oder WINDOWS ; Buch mit Diskette / von Lothar Schumann. - München ; Wien : Oldenbourg.
ISBN 3-486-23660-1
NE: Schumann, Lothar

Diskette. - 1997

Rosenheimer Straße 145, D-81671 München
Telefon: (089) 45051-0, Internet: http://www.oldenbourg.de

Gedruckt auf säure- und chlorfreiem Papier
Gesamtherstellung: R. Oldenbourg Graphische Betriebe GmbH, München

ISBN 3-486-23660-1

Vorwort

Textverarbeitung: so einfach wie Fernsehen — das ist vor allem eine Forderung an den Autor.

Die **Aufgabenstellung** für das Buch ist damit festgelegt. Zur **Lösung** ist vor allem eine geeignete Software auszuwählen. Unter den vielen Textverarbeitungsprogrammen hat der Autor eines ausgewählt, daß für einen Anwender möglichst einfach zu bedienen ist, ohne daß hierdurch Mängel in der Effektivität eingehandelt werden.

Dies ist ein Lehr- Arbeits- und Übungsbuch besonderer Art.

Viele Lehrbücher sind in den letzten Jahren über Textverarbeitung geschrieben worden. Mehr oder weniger steht die zugrundeliegende Software in der Beschreibung im Vordergrund. Sie bestimmt dann auch die Gliederung und die Reihenfolge.

Dieses Buch wendet sich an Anwender. Es werden keine Kenntnisse in EDV vorausgesetzt. Das Buch ist so geschrieben, daß ein Nichtfachmann dieses Buch von vorn nach hinten durcharbeiten kann. Es wurde darauf geachtet, daß nur solche Probleme (oder Teilprobleme) behandelt werden, die sich in der Sprache des Lesers darstellen lassen. Im allgemeinen will der Leser nämlich nicht wissen „wie er seinen Cursor in das Kontrollkästchen plaziert, um das Fenster zu öffnen“ sondern er möchte wissen, wie er eine Überschrift in die Mitte einer Zeile setzen kann, oder wie erreicht wird, daß ein bestimmter Textteil links und rechts eingerückt werden soll. Diese Philosophie ist über das ganze Buch eingehalten. Auf diese Weise läßt sich das Buch auch auszugsweise lesen.

> Bitte beachten Sie auch das detaillierte Inhaltsverzeichnis und den umfangreichen Index. Und — bitte — benutzen Sie beides ausgiebig!

Steinbuch hat in seinem Buch geschrieben: Die Hard- und Software wird sich in den nächsten Jahren schneller entwickeln, als (die EDV-Kenntnisse) der die EDV-Systeme bedienenden Personen. Wenn man dann auch jüngsten Untersuchungen entnimmt, daß Textsysteme nur zu maximal 20 % ihrer eigentlichen Leistungsfähigkeit benutzt werden, dann muß auch an der Beschreibung dieser Systeme nicht effektiv sein. Diesem Mißstand will dieses Buch entgegenwirken.

WORD für das Betriebssystem DOS ist so entwickelt, daß alle Funktionen durch die **Tastatur** erreicht werden können. Die Maus stellt einen Zusatz dar, der keinen wesentlich höheren Bedienungskomfort verschafft.

Aus diesem Grunde wurde in diesem Buch gezeigt, wie man ganz ohne die Maus auskommt. Da man bei der Textverarbeitung von Haus aus die Basistastatur benötigt, stellt der zusätzliche Zugriff auf die Funktionstasten eine hinreichend komfortable Bedienung dar.

Der Autor hat alle beschriebenen Funktionen ausprobiert und mit Beispielen belegt. Der Autor hat auch ausgetestet, daß sich das Programm WORD auch auf den Betriebssystemen WINDOWS installieren läßt.

Am Ende des Buches finden Sie eine Unterstützungskarte. Bitte füllen Sie die Karte aus (vergessen Sie auch das Losungswort (engl. password) nicht) und senden Sie die Karte an den Autor. Sie erhalten so eine einjährige kostenlose telefonische Unterstützung in Textverarbeitung mit WORD. Dies schließt ein, daß diese hier beschriebene Version von WORD auch unter WINDOWS installieren läßt. Wenn Sie mit den in den jeweiligen Handbüchern beschriebenen Verfahren nicht zurechtkommen, dann fragen Sie den Autor. Er hilft kostenlos auch bei der Installation.

Alle Fragen zur Anwendung des Systems werden bearbeitet. Außer dem Hotline-Service des Software-Produkts WORD erhalten Sie auf diese Weise noch einen Anwendungsservice vom Autor.

Viele Freunde und Bekannte haben mich durch Anregungen und direkte Hilfen unterstützt, wofür ich mich bedanke. Auch ungelöste Problemstellungen sind mir zugegangen, die im Rahmen des Buches gelöst wurden.
Meine Frau hat das Buch kapitelweise inhaltlich und produktionstechnisch unterstützt. Ihr Hauptaugenmerk lag darauf, daß der Text auch für den Nicht-EDV-Fachmann leicht verständlich ist. Viele Umstellungen und Hinzufügungen sowie Beispiele sind auf ihre Anregung zurückzuführen.
Für all diese Hilfe sage ich hiermit meinen herzlichsten Dank.
Der Verlag hat es gestattet, daß der Autor Text und Satz besorgt. Ich denke, daß dies die Grundvoraussetzung für ein Buch ist, welches die Kommunikation zwischen Autor und Leser optimiert. Ein Buch wird nur dann gelesen, wenn es den Leser anlacht. Wenn es nicht einladend geschrieben ist — welche kluge Sache in seinem Inhalt auch beschrieben sein mag — dann wird es nicht gelesen. Dies gilt auch für die Ausstattung, um die sich der Verlag besonders bemüht hat. Auch hierfür und für die gute Zusammenarbeit mit Herrn Weigert sage ich meinen besten Dank.

Kapitel 1

Grundlagen

In diesem Kapitel werden die Grundlagen der Textverarbeitung und die Abgrenzung des Buchinhalts zur EDV und insbesondere zum Betriebssystem behandelt.

1.1 Texte – Textverarbeitung

Die Grundlage der Textverarbeitung sind die Zeichen. Folgende Arten von Zeichen sind denkbar.

<table>
<tr><td>Buchstaben</td><td>A, B, C, ... , Z, a, b, c, ... , z</td></tr>
<tr><td>deutsche Zeichen</td><td>Ä, Ö, Ü, ä, ö, ü, ß</td></tr>
<tr><td>Ziffern</td><td>0, 1, 2, 3, 4, 5, 6, 7, 8, 9</td></tr>
<tr><td>Sonderzeichen</td><td>. .. ; , ! ‘ ’ ( ) [ ] - / *</td></tr>
<tr><td>Spezialzeichen</td><td># $ % & ˜ _ ^ \ { }</td></tr>
<tr><td>mathematische Zeichen</td><td>+ = | < ></td></tr>
<tr><td>griechische Buchstaben</td><td>A, B, Γ, ... , Z, α, β, γ, ... ,ζ</td></tr>
</table>

Abbildung 1.1: Zeichen

Zeichen
Mehrere Zeichen bilden eine Zeichenkette. Zeichenketten heißen auch Wort. Jedes Zeichen hat eine Zeichenbreite. Die Worte werden auf Zeilen geschrieben, dabei ist die maximale Länge einer Zeile vom Anwender vorgeschrieben.
Mehrere Zeilen heißen Seite. Wieviele Zeilen auf eine Seite gehen, entscheidet der Anwender durch Angabe der Seitenlänge.

1.2 Problemstellungen

Unter Textverarbeitung versteht man

- Erfassung von Texten
- Strukturierung und Formatierung von Texten
- Ausgabe von Texten

Dabei ist unter Strukturierung/Formatierung die Generierung von Zeilen und Seiten aus einer Menge von Worten zu verstehen.

Es soll möglich sein, in unterschiedlichen Schriften und Schriftgrößen die Texte in genau der Form und Strukturierung zu erzeugen, in der sie ein Höchstmaß an Kommunikation zwischen Schreiber und Leser erzeugen.

Folgende Endprodukte sollen entstehen:

- Briefe
- Bücher (z.B. wissenschaftliche Arbeiten)
- Zeitungen und Zeitschriften
- Bedienungsanleitungen

Für die Strukturierung/Formatierung ergeben sich hieraus z.B. folgende Aufgabenstellungen:

1.2.1 Blocksatz

Der Text wird (automatisch) durch (automatische) Silbentrennung so in Zeilen aufgeteilt, daß Zeilen etwa gleicher Länge entstehen. Die Zeilenlänge ist dabei vom Anwender vorgegeben. Die Zeilen werden durch Verbreiterung der Zwischenräume auf exakt gleiche Länge gebracht. Hierdurch entsteht ein Block.

1.2.2 Flattersatz

Der Text wird (automatisch) durch (automatische) Silbentrennung so in
Zeilen aufgeteilt, daß Zeilen etwa gleicher Länge entstehen. Die Zeilen-
länge ist dabei vom Anwender vorgegeben. Hierdurch entsteht eine
unterschiedliche Zeilenlänge, rechts mit einem Flatterrand.

1.2.3 Mehrere Spalten

Insbesondere für den Text von Zeitungen und Zeitschriften, aber auch für andere Zwecke kann es sinnvoll sein, den Text in mehreren (hier 2) Spalten anzuordnen. Diese Aufteilung (in Blocksatz) soll natürlich automatisch erfolgen, und es soll möglich sein, zwischen einspaltigem und mehrspaltigem Text hin und her zu wechseln.

1.2.4 Einrückungen der ersten Zeile

Für manche Texte ist eine absatzweise Einrückung der ersten Zeile vorgesehen. Zum Beispiel werden einige große Tageszeitungen in dieser Form gesetzt. Aus diesem Grunde soll dieses Strukturelement auch vorgesehen sein. In diesem Abschnitt ist dies durchgeführt.

1.2.5 Einrückung eines Absatzes

> Für manche Texte ist eine absatzweise Einrückung (für den gesamten Absatz) vorgeschrieben. Dann soll dieser Absatz besonders hervorgehoben werden. Auch dies muß möglich sein. Aus diesem Grunde soll dieses Strukturelement auch vorgesehen sein. In diesem Abschnitt ist dies durchgeführt. Der rechte Rand ist hier ebenfalls eingezogen. Es handelt sich hier um einen Flattersatz. Blocksatz sollte ebenfalls möglich sein.

1.2.6 Tabellen

Tabellarische Aufstellungen sind sehr übersichtlich. Aus diesem Grunde soll diese Strukturierung möglich sein. Als Beispiel wird die in 1.1 auf Seite 3 dargestellte Tabelle genannt.

<table>
<tr><td>Buchstaben</td><td>A, B, C, ... , Z, a, b, c, ... , z</td></tr>
<tr><td>deutsche Zeichen</td><td>Ä, Ö, Ü, ä, ö, ü, ß</td></tr>
<tr><td>Ziffern</td><td>0, 1, 2, 3, 4, 5, 6, 7, 8, 9</td></tr>
<tr><td>Sonderzeichen</td><td>. .. ; , ! ‘ ’ ( ) [ ] - / *</td></tr>
<tr><td>Spezialzeichen</td><td># $ % & ˜ _ ˆ \ { }</td></tr>
<tr><td>mathematische Zeichen</td><td>+ = | < ></td></tr>
<tr><td>griechische Buchstaben</td><td>A, B, Γ, ... ,Z, α, β, γ, ... ,ζ</td></tr>
</table>

1.2.7 Weitere wichtige Strukturelemente

Wechsel der Schrift

Für manche Anwendungen ist es nötig, daß ein möglichst einfacher Wechsel von einer Schrift zur anderen möglich ist. Insbesondere wird häufig der Wechsel auf eine **fette** Form der Schrift und auf eine *Schrägschrift* erforderlich sein. Gelegentlich kann es auch notwendig sein, die Schriftfamilie zu wechseln und z.B. eine `Schreibmaschinenschrift` zu erzeugen.

Rechtsbündiger Satz

Für manche Anwendungen ist es sinnvoll, den Satz mit einem Flatterrand auf der linken Seite und einem festen Rand auf der rechten Seite zu plazieren. Auch dies sollte möglich sein, wenngleich diese Form des Satzes nicht häufig vorkommt.

Seitenformatierung, Seitennumerierung ...

In den Anwendungen ist es nötig, daß automatisch eine Seitenformatierung erfolgt. Die Seiten müssen fortlaufend numeriert werden können. Zu einem komfortablen Textverarbeitungssystem gehört auch die Benutzung von Fußnoten, Inhaltsverzeichnis und Index.

1.3 Hilfsmittel

Textverarbeitung wird durch Textverarbeitungssysteme unterstützt. Diese Systeme bestehen aus Hardware und Software. Dieses Buch wird sich mit diesen beiden Komponenten nur insoweit befassen, wie das für die Textverarbeitung notwendig ist.

1.3.1 Hardware

Die Hardware hat grundsätzlich den Aufbau, wie in 1.2 auf der nächsten Seite dargestellt. (Hier sind nur die für die Verarbeitung wesentlichen Teile des Systems (ohne Peripherie wie Disketten, Band, CD-ROM) aufgeführt.)

Tastatur

Der Anwender steuert das System über die Tastatur. Über diese Tastatur werden sowohl die Texte wie auch die Kommandos zur Strukturierung und Formatierung der Texte eingegeben.

Hauptspeicher

Im Hauptspeicher befindet sich das Textverarbeitungsprogramm, welches die über die Tastatur eingegebenen Text und Kommandos entschlüsselt und für die Ausführung der Textverarbeitung sorgt. Im Hauptspeicher werden auch die Texte mit Formatierung aufgehoben. Die Texte werden zeichenweise gespeichert, die Formatierung wird in verschlüsselter Form festgehalten.

Rechen- und Steuerwerk

Hierzu bedient sich das Programm des Rechen- und Steuerwerks. Hierdurch werden alle internen Abläufe gesteuert und es wird für die Abspeicherung der Ergebnisse im Hauptspeicher oder auf der Festplatte gesorgt. Hierfür müssen die „Adressen" der Informationen errechnet werden. (Unter Adressen werden dabei die Orte verstanden, wo das System im Hauptspeicher die Informationen findet.)

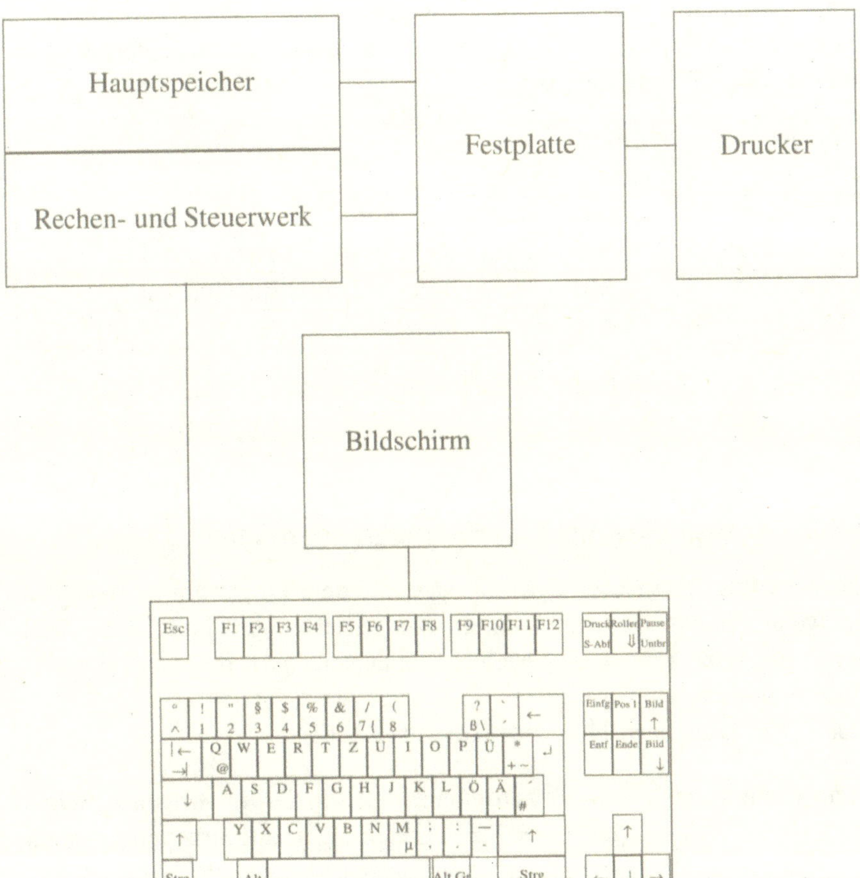

Abbildung 1.2: Grundsätzlicher Aufbau der Hardware

Bildschirm
Die Ergebnisse der Interpretation (Texte und Formatierung) werden am Bildschirm angezeigt.

Hauptspeicher
Die Ergebnisse (Texte in der vorgeschriebenen Formatierung) werden auf der Festplatte abgespeichert. (Auf der Festplatte befindet sich auch — an anderer Stelle — das eigentliche Textverarbeitungsprogramm.) Der Hauptspeicher hat eine Speicherkapazität von 4 MB oder auch 8 MB (MB = Mega-Byte). (Die Angaben beziehen sich auf Einzel- oder Mehrplatzsysteme — nicht auf Netzwerke.)

Drucker
Durch Kommandos vom Anwender ist es möglich, die auf der Festplatte gespeicherten Informationen (mit Formatierungen) an den Drucker zu übertragen und auszudrucken. Einige Parameter mögen die einzelnen Komponenten noch näher beschreiben.

Einheit	Beschreibung
Tastatur	ca. 144 Tasten
Bildschirm	24 – 25 Zeilen, 80 Spalten
Hauptspeicher	0.5 – 16 MB (16 Mill. Bytes = 16 Mill. Zeichen)
Festplatte	40 MB – 2 Giga Bytes = 2 000 Mill. Zeichen
Drucker	Matrix- oder Laserdrucker

Abbildung 1.3: Parameter der Komponenten

1.3.2 Auswahl des Textverarbeitungsprogramms

Die Verbindung zwischen der Hardware und dem Programm — hier: dem Textverarbeitungsprogramm — stellt das Betriebssystem her. Ist das Textverarbeitungsprogramm ausgewählt, dann liegt auch das (oder die) Betriebssystem(e) fest.
Das Textprogramm soll folgende Kriterien erfüllen:

Problemstellung Das Textprogramm soll alle der im vorigen Abschnitt genannten Problemstellungen zu bearbeiten gestatten.

Bedienbarkeit Das System soll einfach bedienbar sein. Hieraus folgt, daß es sich um ein System handeln soll, welches allein durch die Tastatur bedienen lassen soll.

wysiwyg-System Unter wysiwyg-Systemen
(what you see is what you get)

versteht man Systeme, bei denen am Bildschirm der entstehende Text mit Formatierung und Strukturierung verfolgt werden kann.

Verfügbarkeit Das Textprogramm soll eine hohe Verbreitung haben, weil zum einen hierdurch ein gewisser Standard gesetzt wird, zum anderen aber auch eine große Anzahl von möglichen Ansprechstationen aus dem Anwenderkreis zur Verfügung steht.

Betriebssystem Das Textprogramm soll auf einem Betriebssystem laufen, welches am Markt sehr verbreitet ist. Besser wäre, wenn das Textprogramm auf mehreren Betriebssystemen lauffähig ist.

Alle die obigen Bedingungen werden durch

WORD
WORD for WINDOWS
WINWORD

erfüllt. Hierbei handelt es sich um Textverarbeitungsprogramme, die auf demselben Textverarbeitungsprogramm beruhen. Das Textverarbeitungsprogramm WORD für WINDOWS ist später entstanden. Das Vorhandensein der Maus wird stärker in die Bedienung einbezogen. Anstelle von Tasten und Funktionstasten wird die Maus zur Darstellung der Kommandos an das System verwendet. Obwohl die Philosophie die gleiche bleibt, ist doch ein Unterschied in der Bedienung der beiden Systeme festzustellen. Dieses Lehr- und Arbeitsbuch beschreibt das System WORD für DOS, das System aus der WORD-Familie mit der weitesten Verbreitung.

> Das Textprogramm WORD kann in der auf DOS lauffähigen Version auch in dem Betriebssystem WINDOWS installiert werden. Die Installation von DOS-Programmen ist in dem Handbuch des jeweiligen Betriebssystems beschrieben. Falls Sie auf Probleme stoßen, fragen Sie den Autor.

Und das sind die Charakteristika von dem WORD-Textprogramm, welches in diesem Buch behandelt wird.

1. WORD für DOS (hier kurz: WORD) ist das am weitesten verbreitete Textverarbeitungssystem am Markt (mehr als 50%).
2. WORD ist preiswert. In vielen Grundinstallationen gehört es zur Basis-Software.
3. WORD ist ein wysiwyg-System, bei dem man nicht drucken muß, um zu sehen, wie das Dokument aussehen wird.
4. WORD wird über Tasten bedient und nicht über eine zusätzlich zu erlernende Sprache.
5. WORD kann alle Problemstellungen lösen, die bei Textverarbeitung vorkommen.
6. WORD für DOS ist auf DOS und WINDOWS lauffähig.

1.4 Zugang zu WORD

Dieses Buch soll sich nur mit dem Umgang mit WORD befassen. (Details über Hardware und Betriebssystem sollten den entsprechenden Spezialbüchern entnommen werden.)

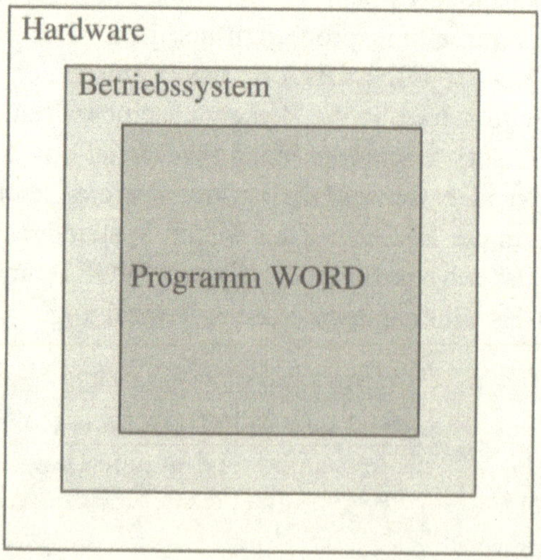

Die Hardware umschließt „hüllenförmig“ das Betriebssystem. Das Betriebssystem ist die Hülle für das Textprogramm WORD.

1.4.1 Zugang Hardware – Betriebssystem

Wird die elektrische Verbindung hergestellt (einschalten des Computers), wird automatisch das Betriebssystem aufgerufen. Das Betriebssystem meldet sich mit einer Nachricht am Bildschirm. Diese Nachrichten sind von Betriebssystem zu Betriebssystem unterschiedlich.

Bei MS-DOS kann WORD direkt gestartet werden, dann sieht das Menü so aus:

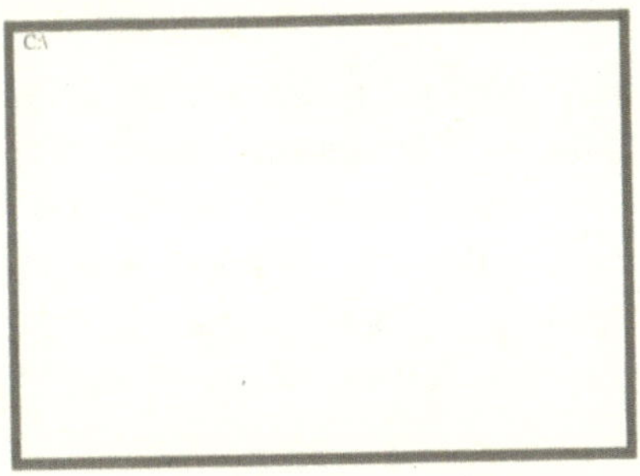

Es kann aber auch als erstes Menü das folgende Bildschirmbild verwendet werden:

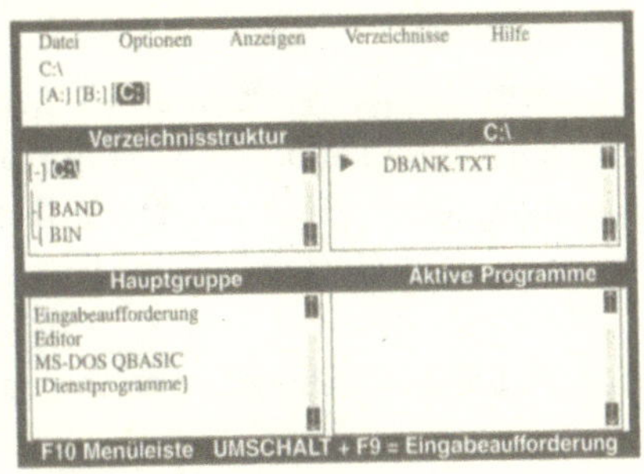

1.4.2 Zugang Betriebssystem – Programm Word

Der Aufruf erfolgt durch Eintragen von WORD.
Dann hat der Bildschirm die folgende Gestalt:

C:\WORD

Es wird durch Eingabe
Alt Datei Ausführen
die folgende Maske aufgerufen, in die „WORD“ einzutragen ist.
Ausführen WORD
Die Eintragungen in WINDOWS sind diesen sehr ähnlich.

Kapitel 2

Erzeugen eines einfachen Dokuments

In diesem Kapitel werden alle Einzelschritte behandelt, die zum Erstellen eines einfachen Dokuments (vom Aufruf von WORD) bis zum Ausdrucken notwendig sind. Hierbei werden Details — insbesondere hinsichtlich Formatierung und Gestaltung des Dokuments — auf spätere Kapitel verschoben. Insbesondere werden in einem späteren Kapitel über Schriften, Schriftfamilien nähere Erläuterungen folgen.

2.1 Die Basis-Bildschirmmaske, die Tastatur

Nachdem WORD aus dem Betriebssystem aufgerufen wurde (z.B. durch **word**), erscheint am Bildschirm die in Abb. 2.1 auf der nächsten Seite dargestellte Maske. WORD eröffnet den Dialog mit der Basis-Bildschirmmaske. WORD ist ein tastaturorientiertes Textverarbeitungssystem. Dies bedeutet, daß sowohl die Texte wie auch die Befehle (Kommandos) über die Tastatur eingegeben werden. Der gesamte Dialog findet über Tastatur und Bildschirm statt.

Texte Die Texte beschreiben den Inhalt des Dokuments, das erzeugt werden soll.

Befehle Die Befehle (Kommandos) beschreiben, was mit den Texten geschehen soll. Insbesondere kann durch Befehle (Kommandos) erreicht werden, daß die Texte

1. formatiert
2. strukturiert
3. ausgegeben

werden.

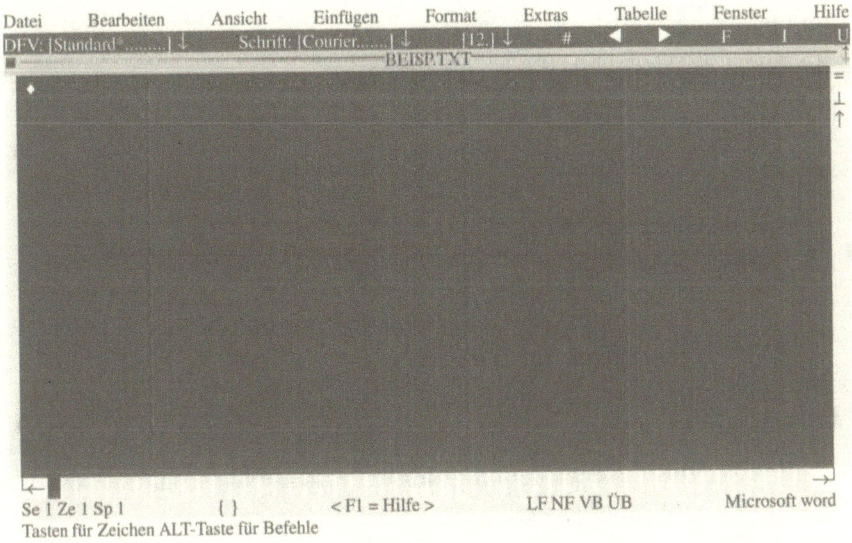

Abbildung 2.1: Basis-Bildschirmmaske

2.2 Tastatur

Die in Abbildung 2.2 dargestellte Tastatur ist eine

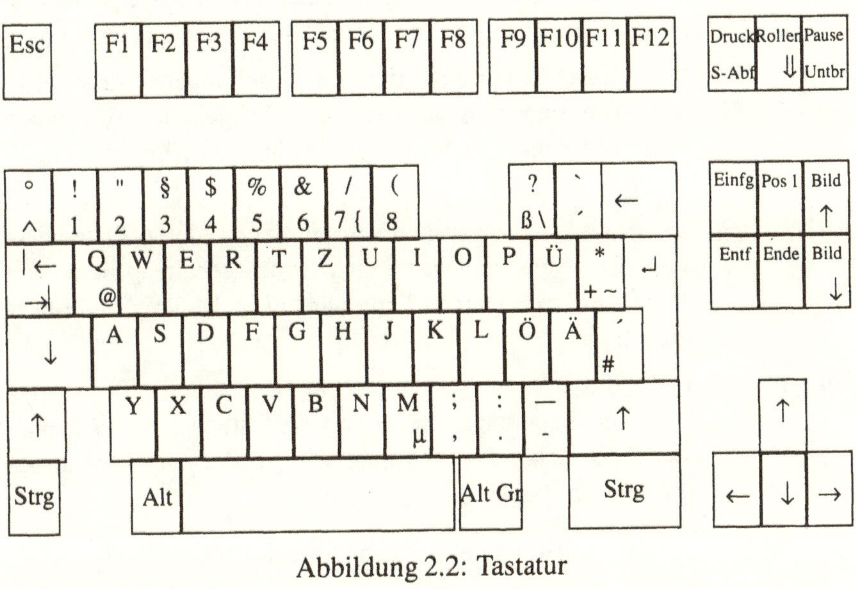

Abbildung 2.2: Tastatur

Standard-PC-Tastatur.

Wir unterscheiden 4 Blöcke von Tasten.

Funktionstasten
Standardtasten
Steuerblock
num. Block

2.2.1 Besondere Tasten

⇑	Umschalttaste. Diese Taste hat nur mit einer anderen Taste zusammen eine Wirkung.
⇓	Diese Taste ist eine Wechseltaste. Wenn sie gedrückt wird, wird die Umschalttaste auf dauernd „ein“ geschaltet. Wird die Taste wiederum gedrückt, wird die Umschalttaste wieder auf „aus“ gestellt.
←	Dies ist die Rück-Taste. Wird die Taste gedrückt, bewirkt das auf dem Bildschirm einen Schritt nach links mit gleichzeitigem Löschen eines dort befindlichen Zeichens.
⇥ ⇤	Diese Taste dient zum Auslösen des linken oder rechten Randes. Es kann danach einmal über den jeweiligen Rand hinaus geschrieben werden.
↵	Diese Taste löst einen Wagenrücklauf und einen Zeilentransport aus. Es wird also ein unbedingtes Zeilenende erzeugt.
Strg	Diese Taste ist nur zusammen mit einer anderen Taste wirksam. Die Steuerungstaste Strg wird festgehalten, die andere Taste gedrückt. Die Wirkung wird über das Programm festgelegt.
Alt	Diese Taste ist nur zusammen mit einer anderen Taste wirksam. Die Steuerungstaste Alt wird festgehalten, die andere Taste gedrückt. Die Wirkung wird über das Programm festgelegt.
Alt Gr	Diese Taste ist nur zusammen mit einer anderen Taste wirksam. Die Steuerungstaste AltGr wird festgehalten, die andere Taste gedrückt. Die Wirkung wird in der nachfolgend beschriebenen Regel 3 festgehalten.

Die Tasten sind jeweils mit 1, 2 oder 3 Zeichen beschriftet.

oben
li. re.

2.2.2 Wirkung der Tasten

Die Wirkung der Tasten (zusammen mit bestimmten „besonderen Tasten“) ist in drei Regel festgehalten.

Regel 1 Tasten mit einer Beschriftung erzeugen Buchstaben. Ohne besondere Taste wird der entsprechende kleine Buchstabe erzeugt. (A ergibt Kleinbuchstabe a).

Wird die „Umschalttaste“ gedrückt und zusätzlich die Taste mit dem Buchstaben, so wird der entsprechende Großbuchstabe erzeugt. (⇑ + A ergibt Großbuchstabe A)

Regel 2 Tasten mit 2 Beschriftungen (z.B. Taste (",2)) Wird die Taste ohne besondere Taste gedrückt, wird das Zeichen erzeugt, welches auf der Taste unten angebracht ist. Wird die Umschalttaste gedrückt und zusätzlich die Taste, so wird das auf der Taste oben angegebene Zeichen erzeugt.

Regel 3 Tasten mit 3 Beschriftungen (z.B. Taste (/, 7, {). Wird die Taste ohne besondere Taste gedrückt, wird das Zeichen erzeugt, welches auf der Taste unten links angebracht ist. Wird die Umschalttaste gedrückt und zusätzlich die Taste, so wird das auf der Taste oben angegebene Zeichen erzeugt.

Wird die Taste Alt Gr gedrückt und zusätzlich die Taste, so wird das auf der Taste rechts oben angegebene Zeichen erzeugt.

Sonderfall: Die Taste mit der Beschriftung M erzeugt

ohne besondere Tasten	Wirkung: m
mit Umschalttaste	Wirkung: M
mit Taste Alt Gr	Wirkung: µ

2.3 3 Schritte zur Erzeugung des Dokuments

Um ein Dokument zu erzeugen sind 3 Schritte notwendig.
Das Dokument wird unter dem (temporären) Namen **Dokument1** erzeugt. Unter diesem Namen kann die Datei (der geschriebene Text) immer wieder angesprochen werden. Es können Änderungen an dem Text angebracht werden, es können Zusätze erfolgen und bestimmte Teile des Textes können weggelassen werden. Die jeweils aktuelle Version der Datei (des geschriebenen Textes) werden auf der Platte gespeichert. Dabei kann der Datei vom

Anwender ein frei wählbarer Name gegeben werden. Die jeweils aktuelle Version der Datei kann über einen Drucker ausgedruckt werden.
Dies geschieht in 3 Schritten.

Erstellen des Inhalts der Datei
Speichern der Datei unter einem Namen
Drucken der Datei.

Das hier verwendete Verfahren ist nur **eines** der möglichen Verfahren, wie die Datei mit Namen erzeugt werden kann. WORD ist ein sehr flexibles System und gestattet verschiedene Möglichkeiten, um z.B. den Dateinamen zu vergeben. Hier kommt es darauf an, ein einfaches Verfahren darzustellen, welches als Standardverfahren benutzt werden kann.

2.3.1 Erfassen von einfachen Texten

Nachdem **word** aufgerufen wurde, wird am Bildschirm die Maske Abb. 2.1 auf Seite 13 angezeigt. Werden Zeichen über die Tastatur eingegeben, dann entsteht auf dem Bildschirm ein Text.

Hinweis: Texte, wie sie über die Tastatur einzugeben sind, werden in diesem Buch durch ein vorausgestelltes **„Eingabe“** gekennzeichnet. Die nachfolgende Zeichenkette gibt alle einzugebenden Zeichen an. (Falls in der Eingabe eine neue Zeile begonnen werden soll, wird dies durch ein RETURN dargestellt.)

Erfassung von Normaltext

Normaltext besteht aus Buchstaben, Ziffern und Leerzeichen sowie Sonderzeichen außer Richtungstasten , [ESC], [Alt], [↵], [Einfg], [Entf].

Die Basis-Bildschirmmaske (Abb. 2.1 auf Seite 13) sei durch Eingabe von **word** aufgerufen. Ein blinkender Unterstrich — der Cursor — zeigt die Stelle an, an der Sie sich bei der Texteingabe gerade befindet.
Zeilenumbruch: Wenn bei der Eingabe kein ganzes Wort mehr auf die laufende Zeile paßt, wird vom System automatisch das gesamte letzte Wort auf der Zeile gelöscht, in die nächste Zeile geschaltet, und das Wort auf diese Zeile geschrieben. („Automatischer Zeilenumbruch“.)
Es findet folgende Eingabe statt.

Eingabe:

```
Dieser Text wird als Muster eingegeben.  Dabei sind
alle Zeichen einschließlich der Leerzeichen einzugeben.
Ein Zeilentransport darf nicht eingegeben werden.  Den
Zeilenumbruch führt das System automatisch durch.
```

Nach erfolgter Eingabe wird am Bildschirm folgendes dargestellt.

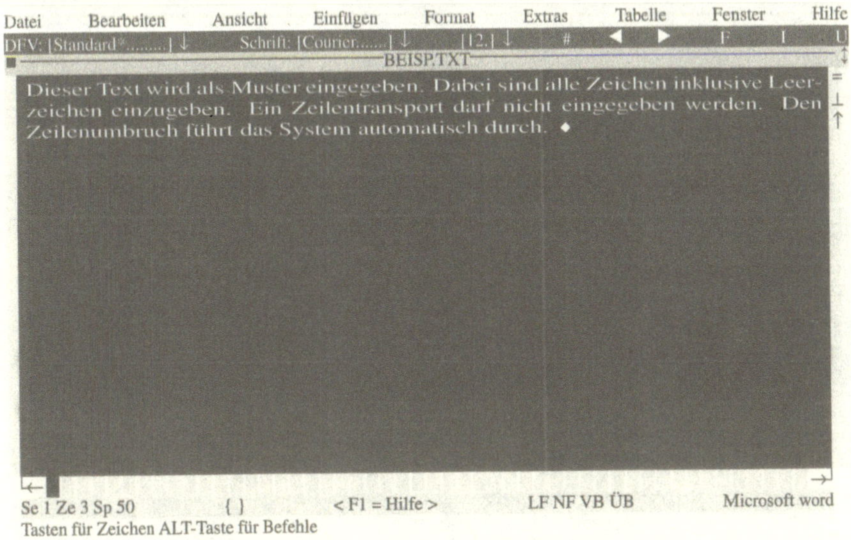

Abbildung 2.3: Nach Eingabe von Normaltext

Korrekturen des Textes

Ändern des Textes

In der vorletzten Zeile der Bildschirmmaske befindet sich eine Markierung, mit der angezeigt wird, ob sich das System im Zustand „Überschreiben" oder „Nicht Überschreiben" befindet.

Überschreiben	ÜB
Nicht Überschreiben	(leer)

Die Taste [Einfg] (Letzte Zeile der Tastatur, 3. Taste von rechts) ist eine Wechseltaste. Befindet sich das System im Zustand „Überschreiben", wird durch Betätigen der Taste [Einfg] der Zustand „Nicht Überschreiben" erreicht. In der Bildschirmmaske ist „ÜB" gelöscht. Wird die Taste nun wieder betätigt, entsteht wieder der Zustand „Überschreiben". In der Bildschirmmaske wird wieder „ÜB" angezeigt.
Diese Funktion wird benötigt, wenn Texte korrigiert werden sollen. Beispiel: Das Wort automatisch in der 4. Textzeile soll in AUTOMATISCH geändert werden.
Zunächst wird der Cursor mit Hilfe der Richtungstasten ← , → , ↑ , ↓ an die Stelle verschoben, an der die Korrektur des Textes beginnen soll.

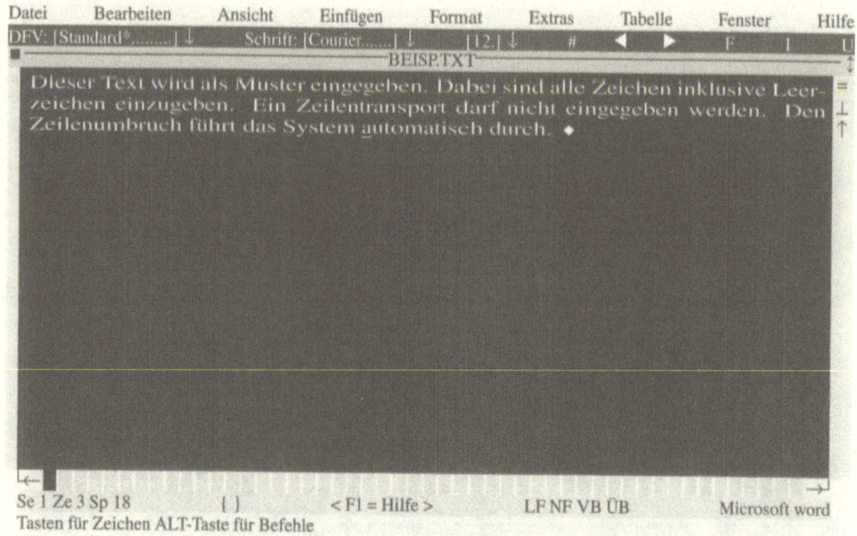

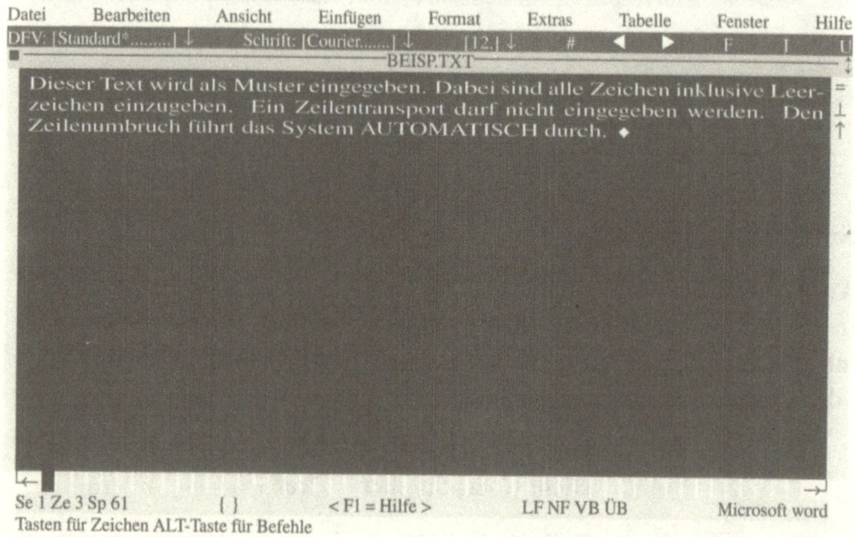

Abbildung 2.4: Vor und nach Korrektur des Textes

(Die Stelle ist durch den blinkenden Cursor gekennzeichnet.) Das System befindet sich im Zustand „Überschreiben“ .

Einfügen von Text

Gelegentlich wird es nötig sein, in einen bestehenden Text noch Zusätze einzufügen.

Beispiel: Hinter „System“ im letzten Satz soll „word“ eingefügt werden.

Zunächst wird der Zustand „Überschreiben“ ausgeschaltet. Dann wird der

Cursor mit Hilfe der Richtungstasten auf „automatisch“ gebracht. Es wird der Zustand Abb. 2.4 auf der vorherigen Seite (obere Bildschirmmaske) erzielt.

Eingabe: `word`

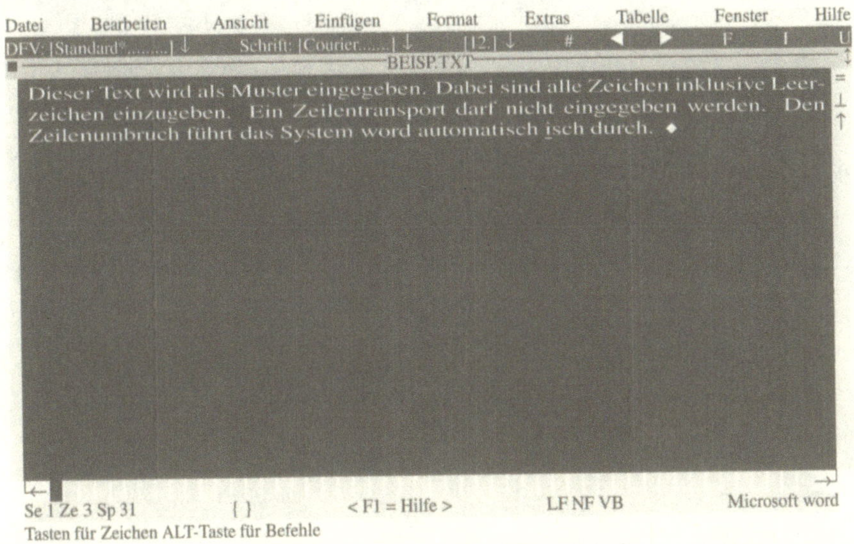

Abbildung 2.5: Einfügen in den Text

Man beachte: Das Kennzeichen „Überschreiben“ ist ausgeschaltet

Löschen von Text

Gelegentlich wird es nötig sein, Textteile zu löschen.

Beispiel: In dem Text Abb. 2.1 auf Seite 13 soll das Wort „automatisch“ gelöscht werden.

Um zu löschen wird der Cursor mit Hilfe der Richtungstasten auf das erste zu löschende Zeichen gebracht. Als Löschtaste wird die Taste Entf (Letzte Zeile der Tastatur 2. Taste von rechts) verwendet.

Die Löschung wird durchgeführt. Nachdem 7 Zeichen gelöscht sind, erzielt man das folgende Bild.

Absätze

Sollen in einem Text Zeilenumbrüche an vom Anwender festlegbaren Stellen erfolgen, so ist in der Eingabe

<ZT> (= Zeilentransport) Taste ↵

zu schreiben.

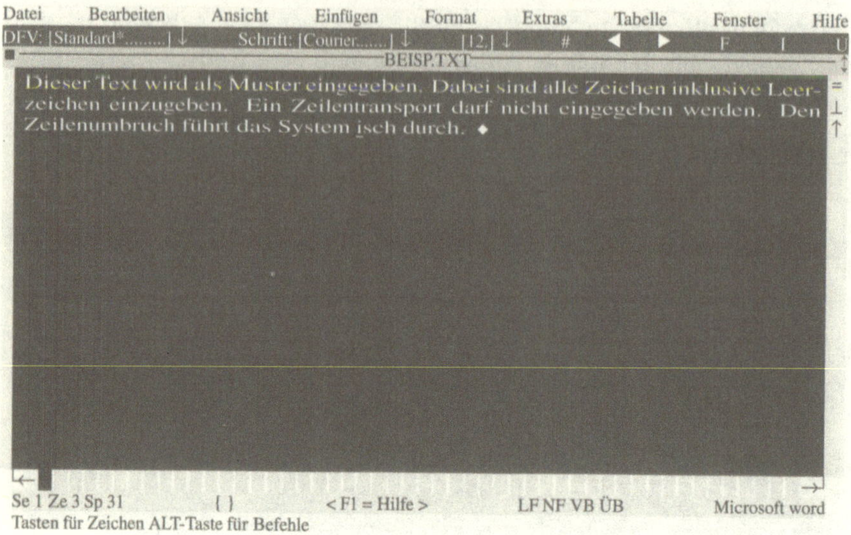

Abbildung 2.6: Löschen von Text

Beispiel:

Eingabe:

```
Dieser Text wird als Muster eingegeben.  Dabei sind
alle Zeichen einschließlich der Leerzeichen einzugeben.
Ein Zeilentransport darf nicht eingegeben werden.  Den
Zeilenumbruch führt das System automatisch durch.  <ZT>
Wenn der Zeilentransport eingegeben wird, entsteht im
Text ein unbedingter Zeilentransport (Absatzende).
```

Am Bildschirm entsteht der in Abb. 2.7 auf der nächsten Seite dargestellte Text.

Abbruch

Soll die Eingabe abgebrochen werden, so ist die Taste ESC zu drücken. Die Eingabe wird damit unterbrochen. Mit Hilfe der Richtungstasten kann dann wieder an die gewünschte Stelle gegangen und die Eingabe fortgesetzt werden.

2.3.2 Grundsätzliches zur Kommunikation

Im System WORD ist die Kommunikation zwischen System und Anwender folgendermaßen geregelt.

Das System eröffnet ein Fenster (Frage).	**Der Anwender antwortet.**

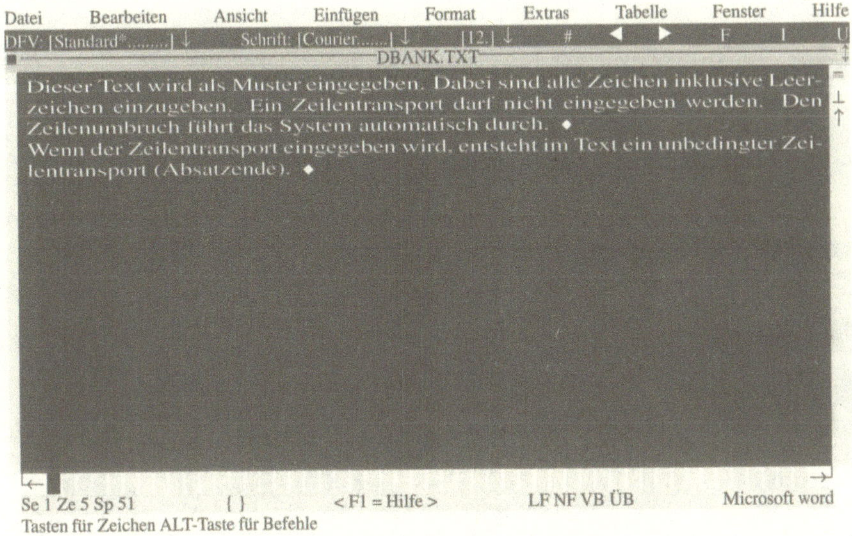

Abbildung 2.7: unbedingter Absatz

Fenster

Als erstes „Fenster" wird die erste Zeile des Bildschirmbildes verwendet. Diese hat den Aufbau, wie er in Abb. 2.8 dargestellt ist. (Dieses Fenster ist ein sehr „schmales" Fenster.) Hierdurch wird aber eine Kommunikation mit dem Anwender eröffnet. Diese erste Bildschirmzeile hat also in dieser Beziehung die **Funktion** eines Fensters.

Datei Bearbeiten Ansicht Einfügen Format Extras Tabelle Fenster Hilfe

Abbildung 2.8: Basis-„Fenster"

Um das Fenster für die Beantwortung der Frage vorzubereiten, wird

Alt

eingegeben. (Siehe Abb. 2.2 auf Seite 13 unterste Zeile 2. Taste von links.) Dadurch erhält das Fenster Abb. 2.8 die folgende Darstellung. (Die jeweils ersten Buchstaben sind — je nach Bildschirmdarstellung — besonders hevorgehoben.)

Datei Bearbeiten Ansicht Einfügen Format Extras Tabelle Fenster Hilfe

Abbildung 2.9: Basis-„Fenster“ mit Antwortmöglichkeiten

Antwortmöglichkeiten

Hinweis: Um dem Leser (der Leserin) das Studium des Lehrstoffes zu erleichtern, ist der Stoff gemäß dem Sachzusammenhang aufgebaut. Es werden aus diesem Grunde an gewissen Stellen nur **einzelne** Sachverhalte benötigt. Das Programm **word** stellt die Sachverhalte aber im Programmzusammenhang dar. Zum Beispiel wird bei der Behandlung der Erzeugung eines einfachen Dokuments lediglich die Basisfunktion „Datei“ benötigt (Sachzusammenhang). Das Basis-Fenster enthält aber auch noch andere Funktionen (Bearbeiten, Ansicht, Einfügen, Format, Extras, Tabelle, Fenster, Hilfe). Um diese Problematik für den Leser leichter durchschaubar zu machen, wird folgendermaßen verfahren.

1. Die für den Sachzusammenhang benötigte Funktion wird so beschrieben, daß der Leser (die Leserin) nach Studium des Abschnitts diese Funktion beherrscht. Es werden nur diejenigen Funktionen für den Sachzusammenhang benötigt, die in der nachfolgenden Beschreibung in einen Rahmen [Datei] gestellt sind.
2. Die anderen Funktionen werden lediglich so beschrieben, daß deutlich wird, welche Aufgabe die Funktion hat.

Die Kommunikation zwischen System und Anwender geschieht nach folgender Regel.

1. Eingabe von **Alt**
2. Auswahl einer der Antwortmöglichkeiten

2.3.3 Bearbeiten Basis-Fenster

Die Kommunikation beginnt stets mit dem Basis-Fenster. Dieses wird durch

Alt

aufgerufen.

Datei Bearbeiten Ansicht Einfügen Format Extras Tabelle Fenster Hilfe

Abbildung 2.10: Basis-„Fenster“ nach **Alt**

Das Fenster wird hier noch einmal wiederholt. Es steht stets als erste Zeile in jedem Basis-Fenster. Das Basis-Fenster ist stets der Anfang der Kommunikation zwischen **word** und dem Anwender.

Hinweis: Um dem Leser (der Leserin) das Studium des Lehrstoffes zu erleichtern, ist der Stoff im Sachzusammenhang aufgebaut. Es wird bei der Bearbeitung des Basis-Fensters zur Vergabe des Dateinamens lediglich die Funktion Datei benötigt. Diese wird hier ausführlich behandelt. Die anderen Funktionen werden im folgenden nur in Form einer Aufzählung beschrieben.

Jede Funktion ist durch **eine** Taste identifiziert. Das zugeordnete Zeichen ist in den Darstellungen der Funktionen immer **unterstrichen**. (Kein Unterschied zwischen kleinen und großen Buchstaben!)

Datei Unter dieser Antwortmöglichkeit sind mehrere Funktionen erreichbar, die Funktionen (Namensvergabe für Dateien, Eröffnen, Schließen, Speichern ....) ermöglichen. **(Diese Antwortmöglichkeit wird im nächsten Abschnitt genauer erläutert.)**

Bearbeiten Unter dieser Antwortmöglichkeit sind Funktionen zur Bearbeitung von Texten (Kopieren von Textabschnitten, Einfügen, Wiederholen, Suchen Zeichenkette ....) erreichbar.

Ansicht Unter dieser Antwortmöglichkeit sind solche Funktionen zusammengefaßt, die der Darstellung am Bildschirm oder des Textes dienen wie z.B. Gliederung, Zeichenleiste, Statuszeile ....

Einfügen Mit dieser Antwortmöglichkeit sind Einfügungen von Dateien, Textmarken, Anmerkungen, Grafik usw. möglich.

Format Mit dieser Antwortmöglichkeit ist die Formatierung von Zeichen, Abschnitten, Rändern, Druckformaten u.s.w. möglich.

Extras In dieser Antwortmöglichkeit sind spezielle Verarbeitungen (Rechtschreibprüfung, Silbentrennung, Textstatistik (Wörter und Zeichen zählen) u.s.w.) möglich.

Tabelle Diese Antwortmöglichkeit wird bei der Bearbeitung von Tabellen verwendet.

Fenster Diese Antwortmöglichkeit dient der Unterstützung von Fenstertechnik.

Hilfe Diese Antwortmöglichkeit wird gewählt, wenn Hilfe vom System angefordert werden soll.

2.3.4 Speichern der Datei unter einem Namen

Der Anwender gibt der Datei einen Namen. Als Dateinamen sind 1 – 8 stellige Zeichenketten zugelassen, die mit einem Buchstaben beginnen. (Dies ist eine Bedingung, die vom Betriebssystem gestellt wird.) Hinter dem Namen wird ein Punkt und die Endung TXT geschrieben. (Beispiel: BEISP.TXT). Durch die Endung .TXT sind die word-Dateien gekennzeichnet. (Z.B. lassen sich die Dateien im Betriebssystem nach der Endung .TXT suchen!)

Aufruf des Fensters

Es wird die Bearbeitung Datei durchgeführt. Die Antwort „D“ erzeugt das folgende Fenster.

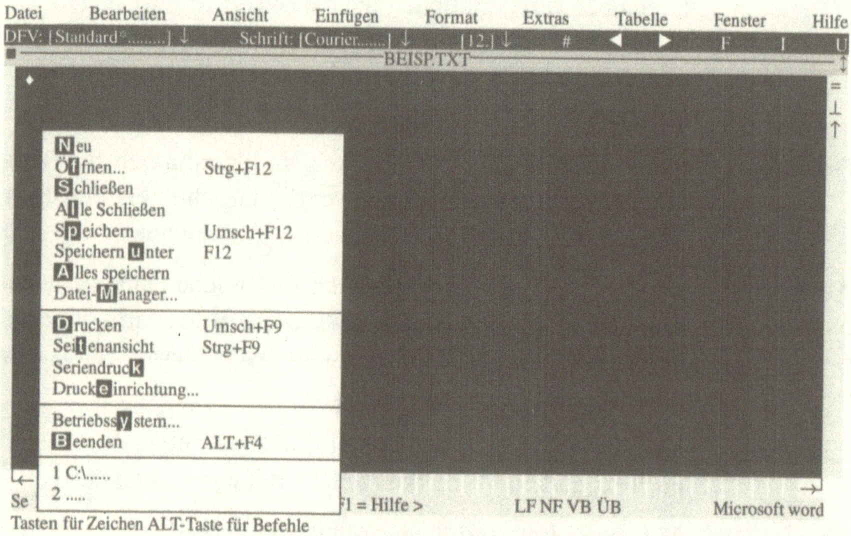

Abbildung 2.11: Datei-Bearbeitung

> **Hinweis:** Um dem Leser (der Leserin) das Studium des Lehrstoffes zu erleichtern, ist der Stoff im Sachzusammenhang aufgebaut. Es wird bei der Bearbeitung des Datei-Fensters zur Vergabe des Dateinamens lediglich die Funktion „Neu“ benötigt. Diese wird hier ausführlich behandelt. Die anderen Funktionen werden im folgenden nur in Form einer Aufzählung beschrieben.

Neu — Es wird eine neue Datei erstellt und ein Dateiname vergeben.

Öffnen — Eine bereits existente Datei wird eröffnet.

Schließen	Eine Datei wird geschlossen.
Alle Schließen	Alle Dateien werden geschlossen.
Speichern	Eine Datei wird in dem aktuellen Zustand auf der Festplatte gespeichert.
Speichern unter	Eine Datei wird in dem aktuellen Zustand auf der Festplatte unter einem wählbaren Namen gespeichert.
Alles Speichern	Alle geöffneten Dateien werden in dem aktuellen Zustand auf der Festplatte gespeichert.
Datei-Manager	Aufruf des Datei-Managers. Hiermit werden z.B. Gesamtoperationen an Dateien (kopieren Datei, löschen Datei, Umbenennen Datei u.s.w.) durchgeführt.
Drucken	Drucken eines Dokuments.
Seiten-Ansicht	Anzeigen einer Seite in der Original-Schrift und in der tatsächlichen Strukturierung.
Seriendruck	Druck von mehreren Briefen gleichen Inhalts an unterschiedliche Adressaten.
Druckeinrichtung	Einrichten des Druckers (Eingabe Druckername, Wahl des Druckertreibers, Eingriff in die Warteschlange).
Betriebssystem	Aufruf des Betriebssystems zur Durchführung von Betriebssystemfunktionen.
Beenden	Beenden der Arbeit (des „Jobs").

Folgende Eingabe ist erforderlich:

Speichern unter: Taste Alt Speichern unter

Die Eingabe von Umsch + F12 hat die gleiche Wirkung.
(Taste Umsch = ⇑siehe Abb. 2.2 auf Seite 13 2. Zeile 1. Taste von links.)

Nach der Eingabe eröffnet das System das folgende Fenster.

Aufruf der Funktionen

Die einzelnen Parameter des Fensters werden durch Identifikationsbuchstaben identifiziert. Die Identifikationsbuchstaben sind weiß auf schwarz gedruckt. (Beispiel: Dateiname — Identifkationsbuchstabe = n). Im Text

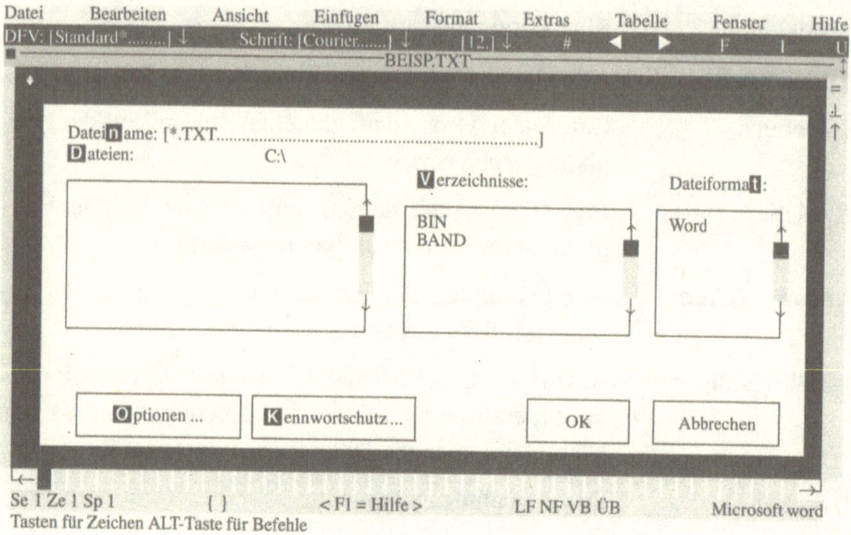

Abbildung 2.12: Speichern Datei unter Dateinamen

werden sie unterstrichen (Beispiel: **Datei<u>n</u>ame**) Die einzelnen Parameter des Fensters können durch

Alt+Identifikationsbuchstabe

ausgewählt werden.
Einige Parameter in dem Fenster Abb. 2.12 sind als „Rollfenster" gestaltet. Hierunter wird folgendes verstanden:

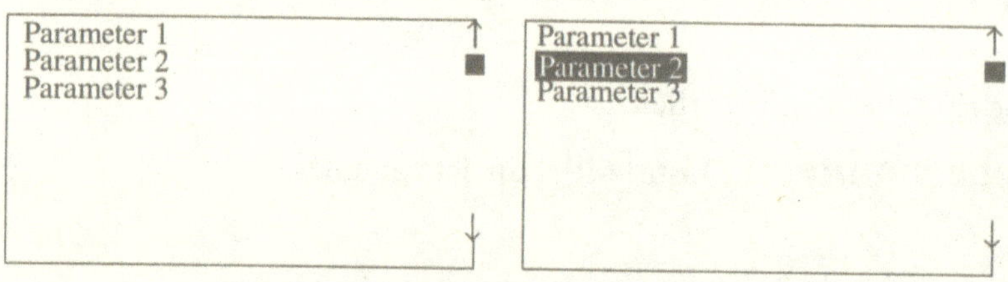

Abbildung 2.13: Rollfenster

Nach der Wahl des Parameters (mit Alt+Identifikationsbuchstabe) befindet sich der Cursor in dem zugehörigen Rechteck. In diesem kann er durch die Richtungstasten

$$\uparrow, \downarrow$$

bearbeitet werden. Durch diese Operation wird jeweils der nächste Parameter ausgewählt. Dies wird durch inverse Darstellung angezeigt.

Nach der Auswahl des Parameters im Rollfenster wird der nächste Parameter aufgerufen (durch Alt+Identifikationsbuchstabe) oder das gesamte Fenster durch <ZT> beendet.

Die Parameter des Fensters „Speichern unter"

In dem Fenster „Speichern unter" sind folgende Eingaben erforderlich.

Dateiname Hier ist der Dateiname einzutragen.

Dateien Zur Ermittlung des Dateinamens kann auch der Parameter Dateien mit dem zugehörigen Rollfenster verwendet werden.

Verzeichnisse Zur Ermittlung des Namens einer Datei, die in einem anderen Verzeichnis gespeichert ist, kann auch der Parameter Verzeichnis mit dem zugehörigen Rollfenster verwendet werden.

Dateiformat Es kann das Format der Datei mit dem zugehörigen Rollfenster ausgewählt werden. Es können 4 Datei-Formate gewählt werden.

1. **Word:** Spezialformat (Microsoft) für Dateien
2. **Nur Text:** Text ohne jedes Steuerzeichen
3. **Text mit Zeilenwechseln:** Nur Text mit gekennzeichneten Zeilenwechseln, Text kompatibel mit allgemeinem Dateiformat
4. **RTF:** (Rich Text Format) Textformat, welches z.B. von dem System **works** verarbeitet werden kann.

Optionen Es wird ein Zusatzfenster eröffnet. Mit diesem können die Vorbesetzungen für das Standardverzeichnis (sonst: C:\), Verzeichnis (sonst: C:\) neu besetzt werden. Dies ist dann sinnvoll, wenn die Dateien in einem anderem Verzeichnis als in C:\ stehen sollen.

Kennwortschutz Es wird ein Zusatzfenster eröffnet. Die Datei kann durch Kennwort geschützt werden. Dieses Kennwort ist in dem Zusatzfenster einzugeben.

OK Wird <ZT> eingegeben, so wird dies als Bestätigung interpretiert. Gibt man also den Dateinamen ein gefolgt von <ZT>, so wird der geschriebene Text unter dem Dateinamen gespeichert.

Abbrechen Eingabe von ESC führt zum Abbruch des Fensters.

> Im Anschluß an die Speicherung fordert word dazu auf, Datei-Informationen abzuspeichern.

Datei-Information

Für jede Datei kann eine Datei-Information (Datei-Info) gespeichert werden.

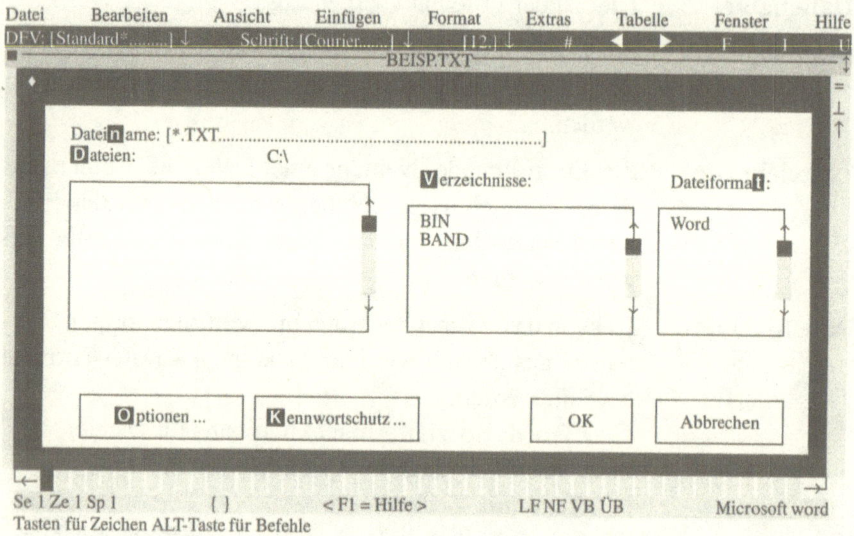

Abbildung 2.14: Datei-Info

Oft ist es nötig, eine bestimmte Datei über deren Inhalt wiederaufzufinden. Aus diesem Grunde kann für jede Datei eine Datei-Info gespeichert werden. Die Abb. 2.14 zeigt das zugehörige Bildschirmbild. Hier kann der Anwender eingeben, welche Informationen für die Datei gehalten werden sollen.
Durch ESC kann die Erfassung für dieses Fenster abgebrochen werden. In diesem Falle wird keine Datei-Information erzeugt.
Es können folgende Erfassungen erfolgen:

Titel Der Titel des Dokuments wird eingegeben.

Autor Hier wird der Autorname eingegeben.

Bearbeiter(in) Der Name Bearbeiter (in) wird eingegeben.

Schlüsselwörter Die Schlüsselwörter können zum Suchen nach der Datei verwendet werden.

Versionsnummer Die Versionsnummer wird eingetragen.

Erstellungsdatum Das Erstellungsdatum wird vom System mit dem aktuellen Datum vorbesetzt.

Speicherdatum Das Speicherdatum wird vom System mit dem aktuellen Datum vorbesetzt.

2.3.5 Drucken

Der Inhalt der Datei soll gedruckt werden. Als Beispiel wählen wir

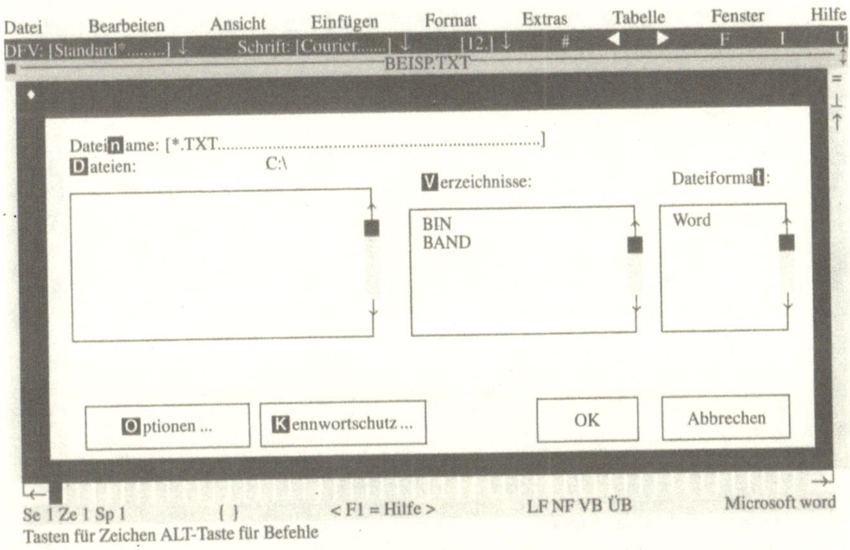

Abbildung 2.15: Datei-Bearbeitung

die Datei BEISP.TXT. Um die Datei zu drucken, wird das Fenster „Datei“ aufgerufen.

Zum Drucken wird **Alt Drucken — also Alt D** eingegeben.

Hierdurch wird das in Abb. 2.16 auf der nächsten Seite dargestellte Fenster angezeigt.

Folgende Parameter können eingegeben werden. Die Werte mancher Parameter betreffen spezielle Steuerungen. Diese werden im Sachzusammenhang behandelt, um die einführenden Erklärungen über das Drucken eines Dokuments nicht zu überlasten.

Als Drucker wurde hier der Matrixdrucker OKI Microline 320 Elite verwendet.

Drucken Es handelt sich um ein Rollfenster (siehe Abb. 2.13 auf Seite 26). Die wählbaren Parameter sind: Dokument, Datei-Info, Textbausteindatei, Druckformatvorlage, Direkter Text.

Dokument Der Text wird als Dokument gedruckt.

Datei-Info Der Inhalt der Datei-Information wird gedruckt.

Der Parameter ist durch „Dokument“ vorbesetzt.

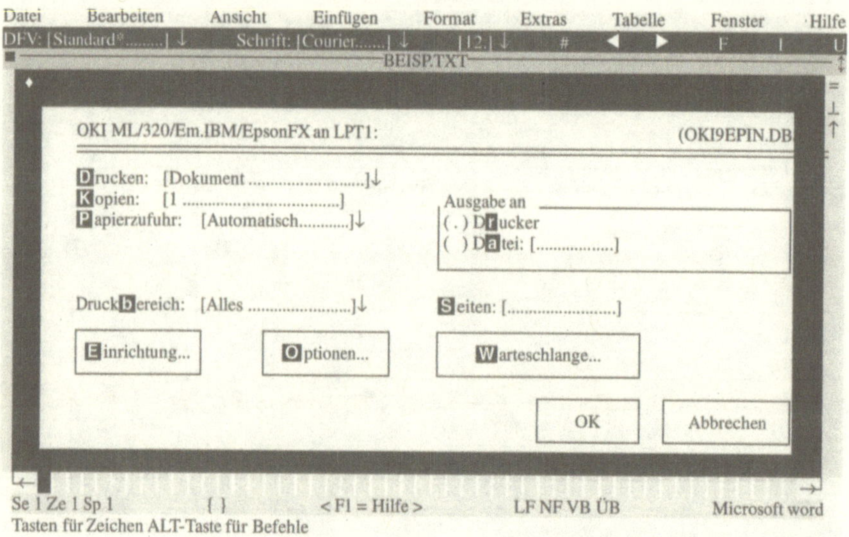

Abbildung 2.16: Drucken

Kopien Die Zahl der Kopien kann hier eingegeben werden. Die Zahl ist mit 1 vorbesetzt.

Papierzufuhr Es handelt sich um ein Rollfenster (siehe Abb. 2.13 auf Seite 26) Die wählbaren Parameter sind: automatisch, manuell, Schacht1, Schacht2, gemischt. Die Parameter haben die folgende Bedeutung.

automatisch Alle Seiten werden fortlaufend gedruckt.

manuell Das Drucken wird nach jeder Seite unterbrochen. Die Papierzufuhr kann dann manuell erfolgen. Der Druckvorgang wird durch manuelle Eingabe wieder fortgesetzt.

Schacht 1 Das Leerpapier wird aus dem Schacht 1 zugeführt.
Schacht 2 Das Leerpapier wird aus dem Schacht 2 zugeführt.
gemischt Die erste Seite wird aus Schacht 1 zugeführt, die übrigen Seiten werden aus Schacht 2 zugeführt.
Der Parameter ist mit „automatisch“ vorbesetzt.

Ausgabe an Die Ausgabe kann an den Drucker (Eingabe = r) oder an eine Datei (Eingabe = a) erfolgen. Im letzteren Falle ist der Name der Datei anzugeben.
Der Parameter ist mit „Drucker“ vorbesetzt.

Druckbereich Es handelt sich um ein Rollfenster (siehe Abb. 2.13 auf Seite 26) Die wählbaren Parameter sind: alles, gerade, ungerade.
alles Es wird alles gedruckt.
gerade Es werden nur Seiten mit einer geradzahligen Nummer (2, 4, 6, ...) gedruckt. (Rückseiten)
ungerade Es werden nur Seiten mit einer ungeradzahligen Nummer (1, 3, 5, ...) gedruckt. (Vorderseiten)
Der Parameter ist mit „alles“ vorbesetzt.

Seiten Einzelne Seiten werden gedruckt, hierzu sind die Seitenzahlen, durch Semikolon getrennt, anzugeben. Beispiel: (1;4;7)
Gruppe von Seiten Sollen aufeinanderfolgende Seiten gedruckt werden, ist

Anfangsseite : Endseite

einzugeben.
Bei Eingabe von 17:20 werden die Seiten 17 bis 20 gedruckt.
Kombination von Gruppen Es können mehrere Gruppen von Seiten kombiniert werden. Die Gruppen sind dann durch Semikolon zu trennen. Durch 4:7;9:11 werden die Seiten 4 bis 7 und die Seiten 9 bis 11 gedruckt.
Kombination von Gruppen und Einzelseiten Gruppen von Seiten und Einzelseiten können gedruckt werden, indem man die Einzelseiten und die Gruppen jeweils durch Semikolon trennt. Durch 1;4:7 wird die Seite 1 und die Seiten 4 bis 7 gedruckt.

Einrichtung Mit Hilfe eines Fensters kann der Drucker eingerichtet werden. Es ist auch möglich, die Datei auszuwählen. Es kann auch der Drucker selbst ausgewählt werden (wenn z.B. mehrere Drucker angeschlossen sind.) Im Normalfall wird dieser Parameter nicht benötigt, weil die durch den Parameter erreichbaren Steuerungen auch durch eine Vororganisation möglich sind.

Optionen Mit Hilfe eines Fensters können folgende Parameter gewählt werden

Konzeptdruck
Beidseitiger Druck
Druck Datei-Info
Wahl der grafischen Auflösung

Im Normalfall wird dieser Parameter nicht benötigt, weil die durch den Parameter erreichbaren Steuerungen auch durch eine Vororganisation möglich sind.

Warteschlange Mit Hilfe eines Fensters kann in die Steuerung der Warteschlange(n) eingegriffen werden. Im Normalfall wird dieser Parameter nicht benötigt, weil nur bei sehr langen Dokumenten und in Sonderfällen ein Eingriff in die Warteschlangensteuerung nötig ist.

OK Wird <ZT> eingegeben, so wird dies als Bestätigung interpretiert. Gibt man also den Dateinamen ein gefolgt von <ZT>, so wird der geschriebene Text unter dem Dateinamen gespeichert.

Abbrechen Eingabe von ESC führt zum Abbruch des Fensters.

> Wird nur <ZT> eingegeben, so werden folgende Parameter gewählt: Drucken der Datei als Dokument mit 1 Kopie über den Drucker, der als Standarddrucker verwendet wird. **Dies ist die übliche Steuerung.**

Der Ausdruck der Datei BEISP.TXT erfolgt. Die Ausgabe hat die Gestalt, wie in Abb. 2.17 auf der nächsten Seite dargestellt.

2.4 Arbeitsende

Soll **WORD** beendet werden, so ist wiederum in der Basis-Maske

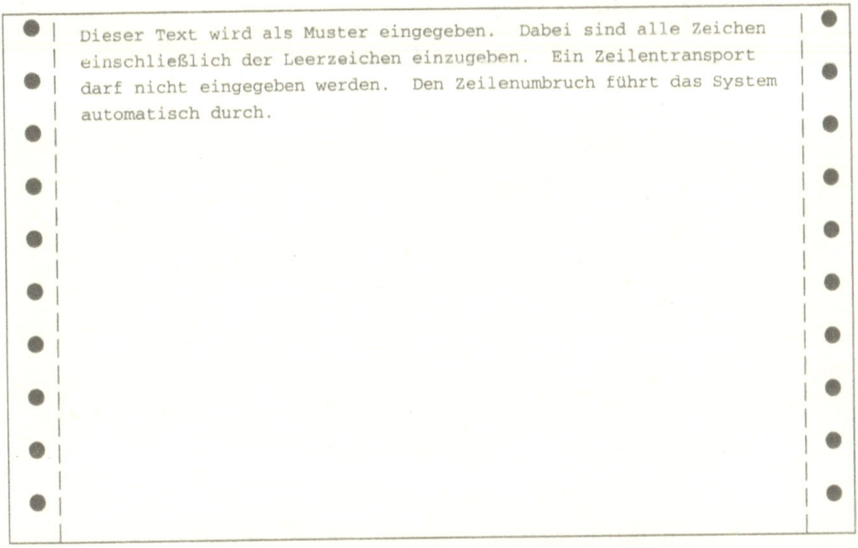

Abbildung 2.17: Ausdruck Datei BEISP.TXT

Alt D oder **Alt d**

einzugeben. Dadurch wird das Fenster „Datei-Bearbeitung“ (Abb. 2.11 auf Seite 24) eröffnet. Wie aus diesem Fenster entnommen werden kann, wird das System durch

Alt B oder **Alt b**

beendet. (Wie der Maske zu entnehmen ist, kann alternativ auch Alt + F4 eingegeben werden.)

2.5 Wiederaufnahme der Arbeit an einer Datei

Soll die Arbeit an einer existierenden Datei wieder aufgenommen werden, so kann word durch

word <datei>

aufgerufen werden.

Beispiel:	word BEISP.TXT
	oder
	word beisp.txt

Beide Aufrufe bewirken den Aufruf von word und das nachfolgende Laden der Datei BEISP.TXT = beisp.txt. Die Datei wird am Bildschirm angezeigt.

2.6 Zusammenfassung

Aufgabe Es soll ein vom Anwender frei wählbarer Text eingegeben werden. Dieser Text soll den Dateinamen UEB1.TXT erhalten.

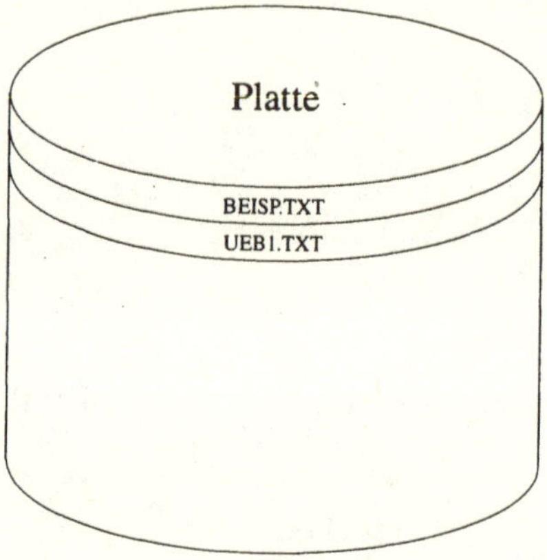

Abbildung 2.18: Belegung der Platte

Hierzu gehen Sie bitte folgendermaßen vor.

1. word wird aufgerufen (**word**)
2. Der Text wird eingegeben.
3. Um den Text in die Datei mit dem Namen UEB1.TXT zu speichern, eröffnen Sie das Fenster „Datei-Bearbeitung“, indem Sie **Alt d** eingeben.
4. Durch Eingabe von **Alt u** (Speichern unter) eröffnen Sie das Fenster „Speichern unter“.
5. Es wird das Fenster „Speichern Datei unter Dateinamen“ geöffnet. Geben Sie i**Alt n** ein. Nun kann der Dateiname eingegeben werden. Geben Sie dann <ZT> („OK“) ein.
6. Es wird das Fenster „Datei-Info“ automatisch geöffnet. Dies können Sie durch die Eingabe von „ESC“ abbrechen.

7. Wenn Sie das Dokument drucken wollen, eröffnen Sie das Fenster „Datei-Bearbeitung", indem Sie **Alt d** eingeben. Wählen Sie dann **D**rucken.

8. Hierdurch wird das Fenster „Drucken" gewählt. Bitte wählen Sie jetzt **D**rucken und geben Sie den Dateinamen (UEB1.TXT) ein. Das Dokument wird dann über den Drucker gedruckt.

Nach Durchführung des Druckvorgangs hat die Platte die in der Abbildung Abb. 2.18 auf der vorherigen Seite dargestellte Belegung.

Kapitel 3

Schriften

3.1 Grundlagen

WORD gestattet die Verwendung von unterschiedlichen Schriften. Der Anwender von WORD sollte aus diesem Grunde mit den Grundlagen der Typographie (= Lehre von den Schriften) vertraut sein.
Text bestehen aus Zeichen. Für die einzelnen Zeichen werden Symbole verwendet. Unterschiedliche Schriften verwenden unterschiedliche Symbole. Die Symbole werden nach gewissen Gesetzmäßigkeiten gestaltet.

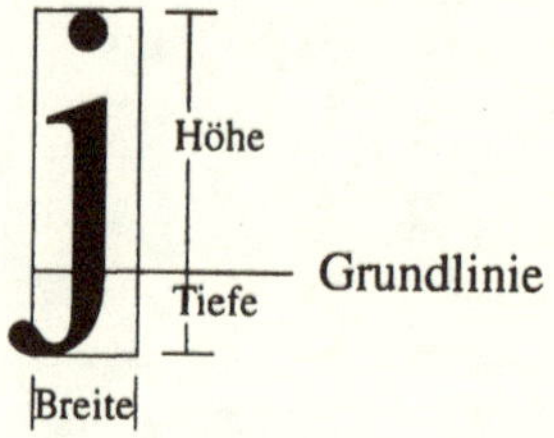

Abbildung 3.1: Symbol für Zeichen

Die Zeichen besitzen eine **Höhe**, eine **Tiefe** und eine **Breite**. Zeichen, die keine Unterlänge haben (wie z.B. b) haben eine Tiefe = 0. Höhe, Tiefe und Breite werden in Punkt (pt) gemessen.

1	inch	=	2.54	cm
1	inch	=	72.27	pt

Wie die Abb. 3.1 zeigt, reicht es für das Setzen eines Textes aus, die Größe der Rechtecke aus Höhe × Breite und Tiefe × Breite zu kennen. Auf den Inhalt — das Symbol — kommt es beim Erstellen des Satzes nicht an. Beim

Satz wird also zuerst die Positionierung der Rechtecke (man nennt diese „Box“) auf der Grundlinie festgelegt und dann werden die Boxes mit den Symbolen gefüllt.
Die einzelnen Worte werden mit variablem (= der Zeile angepaßten) Zwischenraum („glue“ (= Leim)) zu Zeilen zusammengesetzt. Die Zeilen werden zu Seiten zusammengesetzt. Zeile und Seite sind ebenfalls wieder Boxes.

Abbildung 3.2: Satz eines Wortes mit Boxes

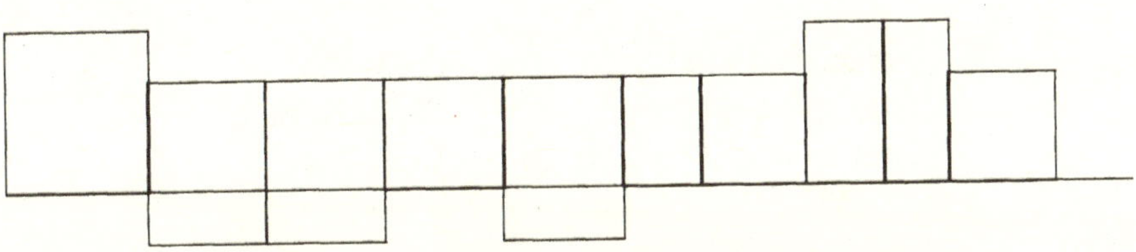

Abbildung 3.3: Die Boxes des Worts Typographie

Die Abb. 3.2 zeigt wie die einzelnen Boxes der Zeichen zu einem Wort zusammengestellt werden. Man sieht auch, daß die Zeichen unterschiedliche Breiten haben.

> Schriften, bei denen die Zeichen unterschiedliche Breiten haben heißen Proportionalschriften. Schriften mit der gleichen Zeichenbreite für jedes Zeichen heißen Monotype-Schriften.

Die Boxes des Worts „Typographie“ zeigt die Abb. 3.3.

3.2 Charakteristika von Schriften

3.2.1 Namen

Jede Schrift hat einen **Namen**. Es gibt Schriften mit gleichem Namen. Man spricht deshalb von **Schriftfamilien**. Namen von Schriften (Beispiele) sind:

Times Roman
Helvetica
Courier
Gothic

3.2.2 Größe

Jede Schrift hat eine **Größe**. Hierbei gilt:

$$\text{Größe} \quad \geq \quad \max(\text{Höhe}) + \max(\text{Tiefe})$$

Die Größe wird in Punkt (pt) gemessen.

3.2.3 Art

Innerhalb einer Schriftfamilie (z.B. Times Roman) kann es in einer bestimmten Größe (z.B. 11pt) mehrere Schriftarten (engl. fontshape)

normal	Basis-Schrift	Times Roman
fett	bold	**Times Roman**
kursiv	italic oder oblique	*Times Italic*

geben.

3.2.4 Beispiele von Schriften

Im folgenden werden Beispiele unterschiedlicher Schriften gegeben.

Times Roman 11pt

Durch die Wahl der Schrift kann die Lesbarkeit von Text stark beeinflußt werden.

Times Bold 11pt

Durch die Wahl der Schrift kann die Lesbarkeit von Text stark beeinflußt werden.

Times Italic 11pt

Durch die Wahl der Schrift kann die Lesbarkeit von Text stark beeinflußt werden.

Times Roman 8pt

Durch die Wahl der Schrift kann die Lesbarkeit von Text stark beeinflußt werden.

Times Bold 8pt

Durch die Wahl der Schrift kann die Lesbarkeit von Text stark beeinflußt werden.

Times Italic 8pt

Durch die Wahl der Schrift kann die Lesbarkeit von Text stark beeinflußt werden.

Helvetica 11pt

Durch die Wahl der Schrift kann die Lesbarkeit von Text stark beeinflußt werden.

Helvetica Bold 11pt

Durch die Wahl der Schrift kann die Lesbarkeit von Text stark beeinflußt werden.

Courier 11pt

Durch die Wahl der Schrift kann die Lesbarkeit von Text stark beeinflußt werden.

Courier Bold 11pt

Durch die Wahl der Schrift kann die Lesbarkeit von Text stark beeinflußt werden.

3.3 Auswahl der Schrift in WORD

> In WORD hängt die Auswahl der Schrift von dem benutzten Drucker ab. Es können nur die Schriften verwendet werden, die von dem verwendeten Drucker dargestellt werden können.

Literaturwissenschaftler haben herausgefunden, daß **Times Roman** die am besten lesbare Schrift ist. Für Texte sollten Sie diese Schrift in unterschiedlichen Größen verwenden.

Für Hinweise, gelegentlich auch für Überschriften eignet sich eine Schrift ohne Serifen (Füßchen und andere Kringel) wie Helvetica. Bitte hüten Sie sich aber davor, alles in Helvetica zu schreiben. Dies ist für lange Texte nicht geeignet.

Sollen Texte wie Schreibmaschine-geschrieben aussehen, dann verwenden Sie Courier. Dies ist z.B. auch eine Schrift, die beim Beschriften von Formularen verwendet werden kann. Die Schrift hat gleiche Zeichenbreiten.

Wollen Sie bestimmte Textteile herausheben, dann eignet sich die Bold- oder Italic-(Oblique)-Variante aus der gleichen Schriftfamilie.

> Und noch eine Ermahnung zum Schluß: Bitte versuchen Sie in der gleichen Schriftfamilie zu bleiben.

3.4 Schriften auf einem Drucker

Die auf einem Drucker möglichen Schriften werden im SETUP des Drukkers angegeben. Wie Sie jederzeit feststellen können, welche Schriften auf dem aktuell benutzten Drucker möglich sind, wird im Anschluß an Abb. 3.4 gezeigt.

Die Namen der Schriften sind in WORD speziell gewählt, sind aber ähnlich zu der in der Typographie üblichen Sprechweise. Es finden sich z.B. Namen wie

NLQ Gothic	Near Letter Quality Gothic
Courier-Prop	Gothic in Proportionalschrift
Times-New-Roman	geringfügig abgeändertes Times Roman
Arial	ähnlich zu Helvetica
Courier-New	geringfügig abgeändertes Courier

mit den angegebenen Bedeutungen.

3.5 Wahl von Schrift, Schriftgröße und Schriftart

3.5.1 Direkte Wahl

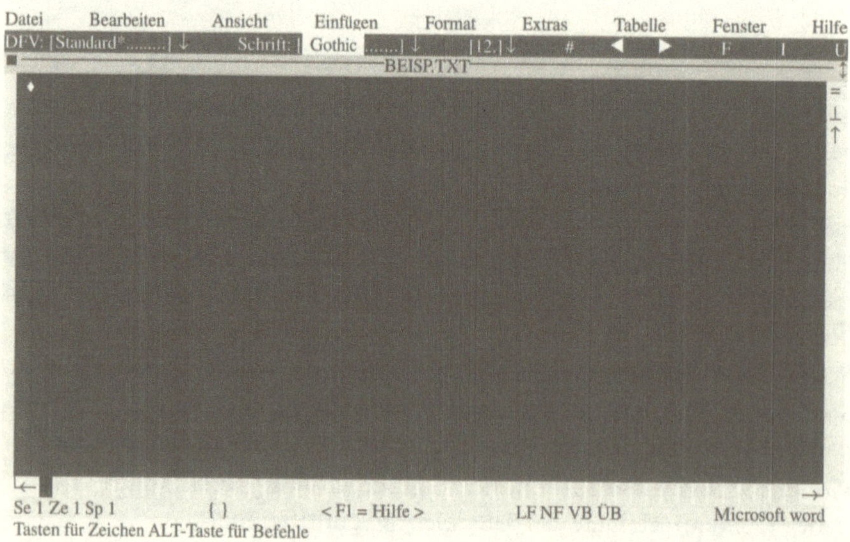

Abbildung 3.4: Wahl der Schrift

Die direkte Wahl wird man immer dann verwenden, wenn in einem Text die Schrift gelegentlich (z.B. zum Hervorheben) gewechselt werden soll. Da ein Schriftwechsel in einem Dokument im allgemeinen vorsichtig eingesetzt werden sollte, ist die direkte Wahl die am häufigsten angewandte Methode.

Schrift

Um die Schrift zu wählen gibt man **vor Schreiben des Textes** ein:

Strg S

Wie aus der Abb. 3.4 auf der vorherigen Seite ersichtlich, wird hierdurch ein Feld im Kopf der Bildschirmmaske aktiviert. Dieses Feld ist mit der Richtungstaste ↓ gekennzeichnet. Dies bedeutet, daß es sich um ein „Rollfeld" handelt. Betätigt man die Richtungstasten ↓ oder ↑, so werden unterschiedliche Schriftnamen in dieses Feld gestellt.

Durch Eingabe der RETURN-Taste wird die gerade angezeigte Schrift gewählt. Dieser Name bleibt in dem Feld stehen.

> Durch fortwährendes Betätigen der Taste ↓ wird jeweils eine weitere mögliche Schrift des verwendeten Druckers angezeigt. (Auf diese Weise kann man sich die Namen aller für den jeweiligen Drucker möglichen Schriften anzeigen lassen.)

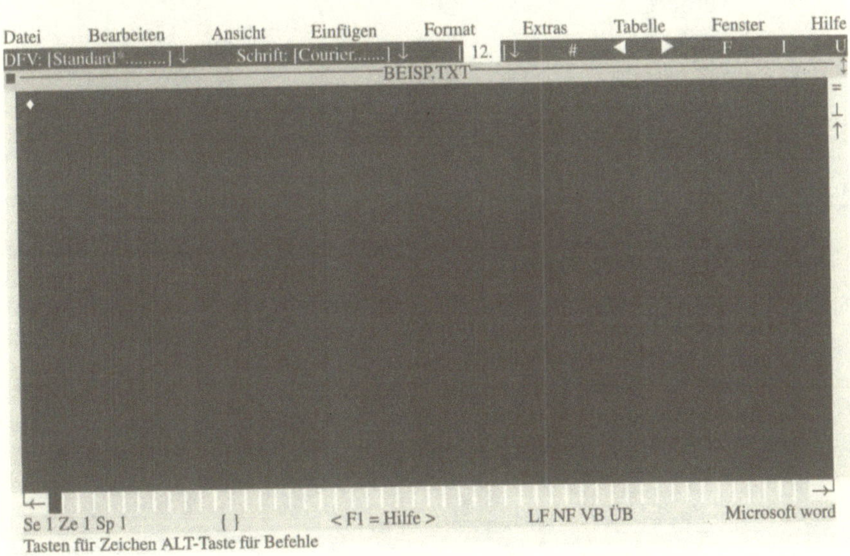

Abbildung 3.5: Wahl der Schriftgröße

Schriftgröße

Um die Schriftgröße zu wählen gibt man **vor Schreiben des Textes** ein:

Strg P

Wie aus der Abb. 3.5 auf der vorherigen Seite ersichtlich, wird hierdurch ein Feld im Kopf der Bildschirmmaske aktiviert. Dieses Feld ist mit der Richtungstaste ↓ gekennzeichnet. Dies bedeutet, daß es sich um ein „Rollfeld" handelt. Betätigt man die Richtungstasten, so werden die für die angezeigte Schrift möglichen Schriftgrößen der Reihe nach in dieses Feld gestellt.

Schriftart (fett, unterstrichen, ...)

Um die Schriftart zu wählen gibt man **vor Schreiben des Textes** ein:

Schriftart	Tasten	Beispiel
fett	Strg F	**Beispiel**
kursiv	Strg I	*Beispiel*
unterstrichen	Strg U	Beispiel
doppelt unterstrichen	Strg D	Beispiel
Kapitälchen	Strg K	BEISPIEL
verborgen	Strg V	
hochgestellt	Strg H	m^2
tiefgestellt	Strg T	H_2O
Standard	Strg < LEER >	

Anmerkung:

1. Verborgener Text: Wenn die Option „verborgener Text" verwendet werden soll, muß beim Drucken die Datei entsprechend eingestellt werden. (Unter Optionen wird der Parameter „Verborgener Text" gesetzt.) In diesem Falle wird der Text am Bildschirm angezeigt und beim Drucken mit gedruckt. In dem verborgenen Text kann man z.B. Angaben machen, welche die Bearbeitung des Dokuments betreffen. (Z.B. Hier ist das Foto einzukleben!) Wenn man den verborgenen Text nicht angezeigt und nicht gedruckt haben will wird der Parameter in der Druckoption wieder zurückgesetzt. (Danach kann der Druckvorgang (ALT+Datei+Drucken) wieder verlassen werden ohne tatsächlich zu drucken.

2. <LEER>: Es ist das Leerzeichen einzugeben.

3. Standard: Rückkehr zur Standardschrift

4. deaktivieren: Die zuletzt eingestellte Schriftart wird durch Eingabe von Strg <Buchstabe> deaktiviert. (Beispiel: fett deaktivieren durch Strg F).

Am Bildschirm wird zur Darstellung von fett, unterstrichen usw. eine hellere (fettere) Schriftdarstellung gewählt. Die verborgene Darstellung ist hingegen dunkler (magerer).
In der zweiten Zeile des Bildschirmbildes (rechts außen) sind die Kennzeichen F (für fett) U (für unterstrichen) I (für kursiv) fett angezeigt.

3.5.2 Direkte Wahl für bestehende Absätze

Es kann vorkommen, daß man die direkte Wahl von Schrift, Schriftgröße oder/und Schriftart durchführen möchte, nachdem der Absatz bereits geschrieben worden ist.
In diesem Falle muß das gewünschte Wort, die gewünschten Worte, der gewünschte Absatz oder die gewünschten Absätze vorher markiert werden.
Hierbei handelt es sich um eine Standardfunktion, die auch zur Ausführung anderer Operationen benötigt wird.

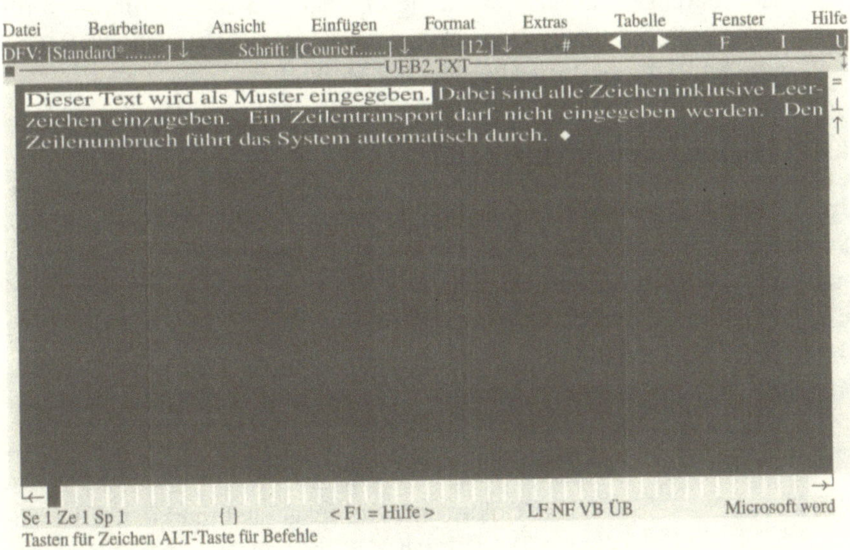

Abbildung 3.6: Markierung

Zur Markierung wird folgendermaßen vorgegangen:

1. Der Cursor wird dorthin gebracht, wo die Markierung beginnen soll.

2. Die Einheiten, die markiert werden können, sind:

Zeichen
Wort (bis zum Zwischenraum)
Satz (bis zum Punkt)
Absatz (bis zum Absatzende)

3. Drücken der Funktionstaste **F8** bewirkt jeweils die Markierung der nächstgrößeren Einheit. (Im Beispiel Abb. 3.6 auf der vorherigen Seite ist ein Satz markiert.) Bei der ersten Markierung wird in der vorletzten Zeile auf dem Bildschirm das Markierungskennzeichen „ER" gesetzt. Durch Drücken der Taste →(bzw. ←) wird jeweils das nächste Zeichen markiert. Die Markierung wird durch inverse Darstellung auf dem Bildschirm angezeigt.

4. Durch Drücken der Tasten **Umsch F8** wird die Markierung für die letzte Markierungseinheit rückgängig gemacht.

5. Nachdem die Markierung (für das Zeichen, Wort, den Satz, den Absatz) durchgeführt ist, werden die Operationen durchgeführt, die für die markierte Einheit vorgesehen sind. (Z.B. Unterstreichen). Betätigen der Richtungstasten beendet die Markierung.

3.5.3 Beispiel für direkte Wahl

Es soll der Text aus Abb. 3.6 auf der vorherigen Seite gedruckt werden. Als Schrift soll Times Roman in 12 pt gewählt werden. Der 1. Satz (wie markiert) soll unterstrichen werden. Das Wort „automatisch" soll fett gedruckt werden. Es wird davon ausgegangen, daß der Text bereits in der Datei UEB2.TXT existiert.
Folgender Ablauf ist durchzuführen, um die Aufgabe zu lösen.

Einlesen Datei Die Datei wird durch WORD UEB2 eingelesen.

Markieren Das Dokument wird insgesamt markiert. Dies geschieht dadurch, daß man an den Anfang des Textes geht. Jetzt wird F8 solange gedrückt bis die gesamte Datei in inverse Darstellung gebracht ist.

Schriftwahl Es wird **Strg S** eingegeben. Dadurch wird das Fenster der Schriften als Rollfenster angezeigt. Der Cursor befindet sich in diesem Rollfenster. Durch Betätigen der Richtungstaste ↓ wird die Schrift

Times-Roman

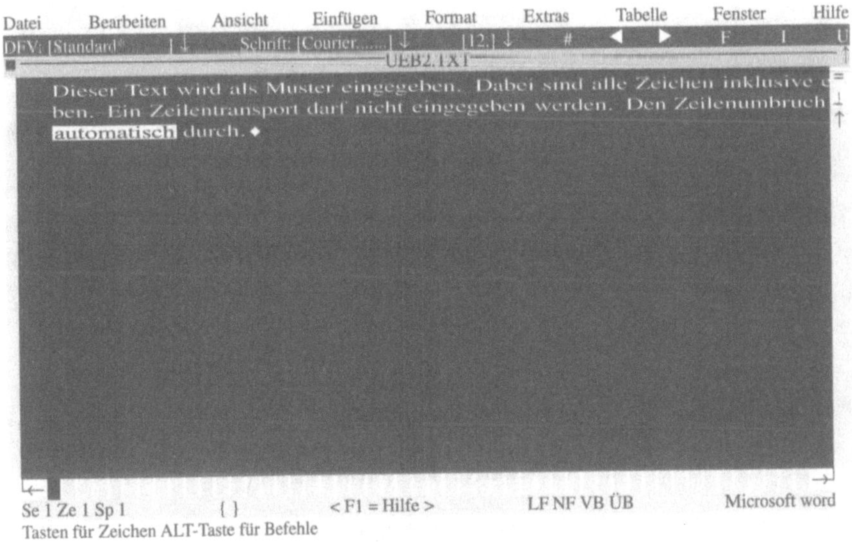

Abbildung 3.7: Vor Wahl Schriftart

gewählt. Es wird <ZT> (= RETURN) eingegeben. Dadurch ist die Schrift Times Roman ausgewählt.

> Times Roman ist eine proportionale Schrift. Damit benötigt die neue Schrift weniger Platz auf der Zeile als die Urschrift. Am Bildschirm werden also auf einer Zeile mehr Zeichen dargestellt. Da die Zeichen am Bildschirm gleichviel Platz benötigen wie zuvor, wird mehr als die Breite des Bildschirms zur Darstellung einer Zeile benötigt. (Ein Teil der Zeile ist versteckt. Er kann gelesen werden, wenn man mit den Richtungstasten nach rechts geht.)

Cursor einstellen

Mit Hilfe der Richtungstasten wird der Cursor auf den Beginn des Textes gestellt, um den ersten Satz zu markieren.

Markieren

Die Taste F8 wird gedrückt. Dies wird wiederholt bis der erste Satz (Dieser Text wird als Muster eingegeben.) markiert ist.

Unterstreichen

Durch Eingabe von **Strg U** wird die Schriftart „unterstrichen“ gewählt.

Cursor einstellen Mit Hilfe der Richtungstasten wird der Cursor auf das Wort „automatisch“ gestellt.

Markieren Die Taste F8 wird gedrückt. Dadurch wird das Wort „automatisch“ invers dargestellt.

Schriftart fett Durch Eingabe von **Strg F** wird die Schriftart fett gewählt. (*Die Abb. 3.7 auf der vorherigen Seite stellt diesen Zustand dar. Bitte beachten Sie, daß das Kennzeichen für die Schriftart jetzt auf „F“ steht.*)

Datei speichern Die Datei kann durch

ALT Datei Speichern unter

abgespeichert werden.

Drucken Die Datei kann durch

ALT Datei Drucken

gedruckt werden. (Abb. 3.8)

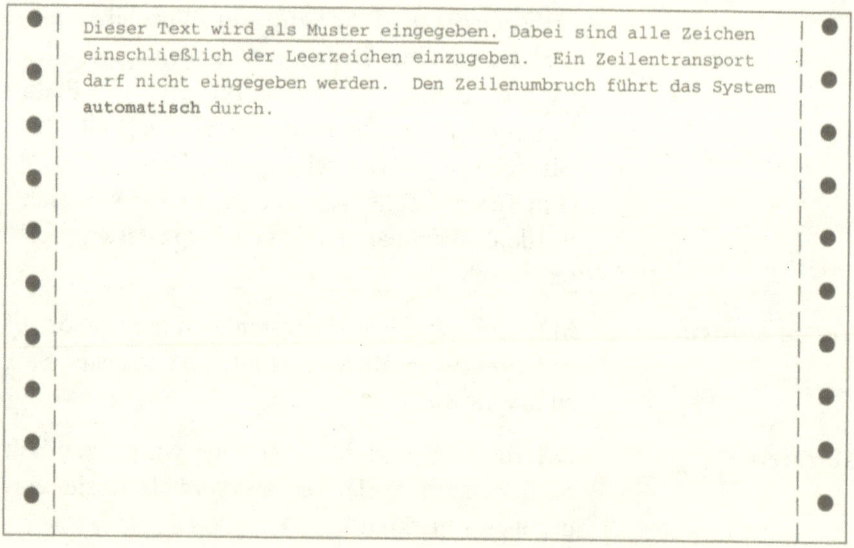
Dieser Text wird als Muster eingegeben. Dabei sind alle Zeichen einschließlich der Leerzeichen einzugeben. Ein Zeilentransport darf nicht eingegeben werden. Den Zeilenumbruch führt das System **automatisch** durch.

Abbildung 3.8: Druckausgabe für Beispiel

3.5.4 Wahl von Schrift und Schriftparametern über Fenster

Die Wahl der Schrift, Schriftgröße und Schriftart ist auch über die übliche Technik möglich. Hierzu wird zunächst

ALT Format — also Alt t

aufgerufen. Es wird hiermit eine Möglichkeit gegeben, auf alle Formatierungen zuzugreifen.

Hiervon wird hier nur die

Formatierung Zeichen

verwendet.

Die direkte Formatierung ist vielleicht etwas schneller, der Zugriff zur Formatierung über die übliche Fenstertechnik bietet aber die Möglichkeit die volle Dokumentation von Schrift, Schriftgröße und Schriftart, Schriftfarbe unverschlüsselt zu sehen, während sonst von der Schriftart nur fett, unterstrichen und kursiv angezeigt werden.
Die direkte Formatierung wird aufgerufen, bevor ein Text erfaßt wird, für den die Formatierung festgelegt werden soll. Es ist aber auch möglich die Formatierung im nachhinein festzulegen, dann ist der Text (Wort, Satz, mehrere Sätze, Absatz, mehrere Absätze) im voraus zu markieren (Funktionstaste F8).

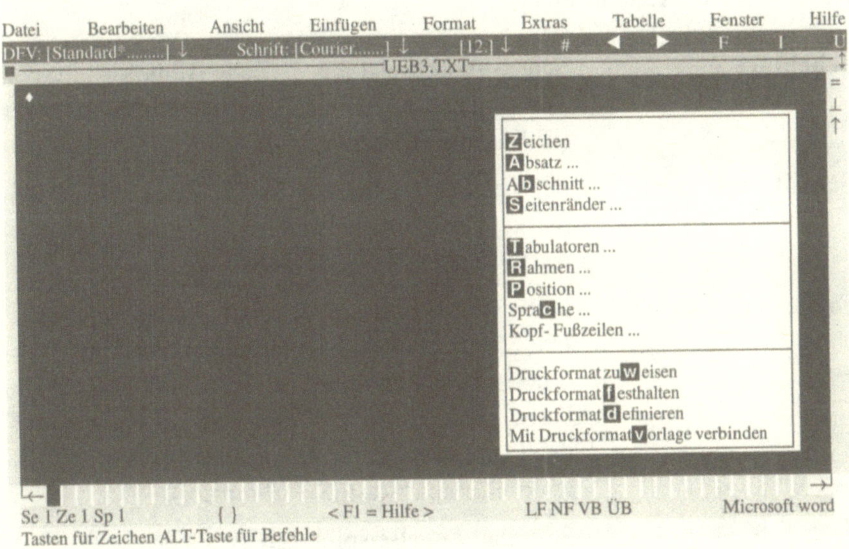

Abbildung 3.9: Formatierung

Durch Eingabe von

ALT Zeichen — also ALT z

wird das volle Formatierungsfenster aufgerufen.

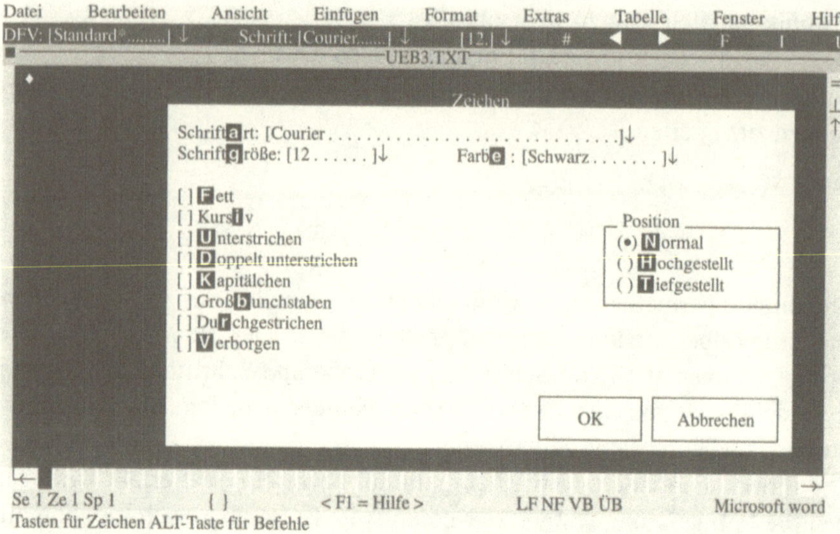

Abbildung 3.10: Zeichenformatierung

Die einzelnen Daten haben dabei die folgende Bedeutung:

Schriftart Schrift (vorbesetzt aus 2. Zeile Bildschirmmaske) Die Eingabe kann mit Hilfe der Richtungstasten (Rollfenster) erfolgen.

Schriftgröße Schriftgröße (vorbesetzt aus 2. Zeile Bildschirmmaske) Die Eingabe kann mit Hilfe der Richtungstasten (Rollfenster) erfolgen.

Farbe Farbe (vorbesetzt aus 2. Zeile Bildschirmmaske) Die Möglichkeiten sind Drucker-abhängig. Farbdrucker gestatten außer schwarz auch eine andere Farbe. Jede Farbe, die vom Drucker erzeugt werden kann, ist möglich. Die Eingabe erfolgt mit Hilfe der Richtungstasten (Rollfenster).

Fett Schriftart fett (Beispiel: **fett**).

Kursiv Schriftart kursiv (Beispiel: *kursiv*).

Unterstrichen Schriftart unterstrichen (Beispiel: unterstrichen).

Doppelt unterstrichen Schriftart doppelt unterstrichen (Beispiel: doppelt unterstrichen).

Kapitälchen Schriftart Kapitälchen (kleine Großbuchstaben) (Beispiel: KAPITÄLCHEN)

Großbuchstaben Schriftart Großbuchstaben (Beispiel: GROSSBUCHSTABEN)

Durchgestrichen Schrift, die durchgestrichen ist. (Beispiel: ~~durchgestrichen~~)

Verborgen Wenn die Schriftart „verborgener Text" verwendet werden soll, muß beim Drucken die Datei entsprechend eingestellt werden. (Unter Optionen wird der Parameter „Verborgener Text" gesetzt.) In diesem Falle wird der Text am Bildschirm angezeigt und beim Drucken mit gedruckt. In dem verborgenen Text kann man z.B. Angaben machen, welche die Bearbeitung des Dokuments betreffen. (Z.B. Hier ist das Foto einzukleben!) Wenn man den verborgenen Text nicht angezeigt und nicht gedruckt haben will wird der Parameter in der Druckoption wieder zurückgesetzt. (Danach kann der Druckvorgang (ALT+Datei+Drucken) wieder verlassen werden ohne tatsächlich zu drucken.

Position Die Positionierung des Textes kann unterschiedlich gewählt werden.

normal	auf Grundlinie	Beispiel
hochgestellt	über Grundlinie	Bei ^{spiel}
tiefgestellt	unter Grundlinie	Bei $_{\text{spiel}}$

Es ist nur eine der drei Positionierungen möglich. Diese ist durch (•) dargestellt.

OK Wird <ZT> eingegeben, so wird dies als Bestätigung interpretiert. Damit ist die Wahl von Schrift, Schriftgröße und Schriftart abgeschlossen. Formatierung abgeschlossen.

Abbrechen Eingabe von ESC führt zum Abbruch des Fensters.

Die Auswahl der Parameter der Position erfolgt durch Eingabe von

ALT <Identifikationsbuchstabe>,

wobei als Buchstabe jeweils der in der obigen Liste unterstrichene Buchstabe gewählt wird.
Will man also die Schriftart fett wählen, so hat man **ALT F** einzugeben. Dadurch wird neben Fett die Bestätigung durch [X] dargestellt, die gewählten Parameter werden (als Bestätigung) durch das System „angekreuzt".
Will man für die Position „hochgestellt" wählen, so muß **ALT H** eingegeben werden. Als Bestätigung stellt das System ((•) neben „Hochgestellt". (Die beiden anderen Positionen (Normal und Tiefgestellt) sind mit ( ) versehen.)

3.5.5 Kontrolle Schrift und Schriftparameter

Geht man mit dem Cursor über einen Text, so kann man an jeder Stelle ALT t z (Format Zeichen) eingeben. Man kann dann in dem Fenster „Zeichen" Schrift, Schriftgröße, Schriftfarbe und Schriftart ablesen. Diese Informationen sind im Text gespeichert und können immer auf diese Weise kontrolliert werden.
Schrift und Schriftgrösse sowie die Schriftarten fett (F), kursiv (I) und unterstrichen (U) können auch ohne Öffnen des Fensters aus der 2. Zeile der Bildschirmmaske entnommen werden.

3.6 Anzeige eines Textes in endgültiger Schriftform

Gelegentlich ist es wünschenswert, einen Text in der Form, wie er gedruckt wird, am Bildschirm anzuzeigen. Weil immer nur ein bestimmter Teil des Textes am Bildschirm angezeigt werden kann, ist es nötig, diesen Teil des Textes festzulegen.

3.6.1 Einstellung des Cursors auf eine bestimmte Textstelle

Textstellen können durch **Textmarken** gekennzeichnet werden. Diese Textmarken werden (unsichtbar) im Text gespeichert. Sie dienen dazu, sich in langen Texten zu orientieren. Durch die Option

Gehe zu . . .	F5

kann dann zu der Textmarke gesprungen werden. Die Funktion der Textmarken soll in diesem Abschnitt behandelt werden.

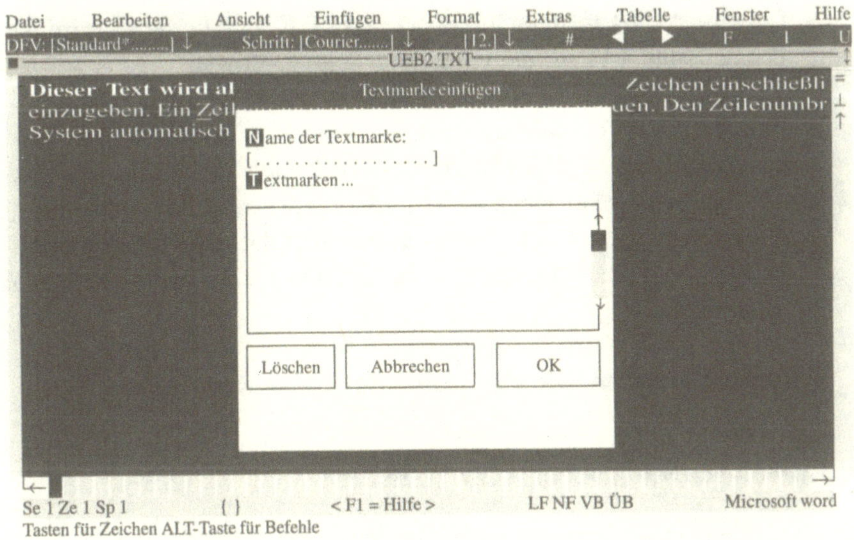

Abbildung 3.11: Setzen und Löschen von Textmarke

Setzen und Löschen von Textmarken

Um Textmarken zu setzen wird folgendermaßen vorgegangen:

1. Der Cursor wird auf die Stelle des Textes gebracht, wohin die Textmarke gebracht werden soll. (Im Beispiel Seite 1, Zeile 2 Spalte 13 (siehe auch Abb. 3.11 2. Zeile von unten).

2. Eingabe **ALT Einfügen Textmarke** (**ALT E T**) (Hierdurch wird das Fenster Abb. 3.11 geöffnet).

3. Der Name der Textmarke ist einzugeben. Der Name darf maximal 31 Stellen lang sein. Es dürfen Ziffern und Buchstaben sowie die Zeichen _ , - und . vorkommen. (Der Name darf nicht mit den zuletzt genannten Zeichen beginnen.)

> Es hat sich bewährt, die Vergabe der Namen der Textmarken zu systematisieren. Z.B. kann man
>
> <Name Kapitel>.<Name Abschnitt>.<Name der Textmarke>
>
> als Name für die Textmarke verwenden. Auf diese Weise wird verhindert, daß Namen mehrfach vorkommen, was nicht zugelassen ist.

Möchte man eine Textmarke wieder löschen so kann man an beliebiger Stelle des Textes folgendermaßen vorgehen:

1. Eingabe **ALT Einfügen** Textmarke (**ALT E T**) (Hierdurch wird das Fenster Abb. 3.11 auf der vorherigen Seite geöffnet).

2. Eingabe **ALT Textmarken**. Hierdurch wird das Rollfenster Textmarken ausgewählt. In diesem können durch die Richtungstasten Textmarken ausgewählt werden. Bei jeder Bewegung der Richtungstasten wird ein Textmarken-Name invers angezeigt. Durch <ZT> (=RETURN) wird das Rollfenster verlassen. Dadurch ist eine Textmarke ausgewählt.

3. Eingabe **Löschen**. Die ausgewählte Textmarke wird gelöscht.

Aufsuchen von Seitenanfang oder Textmarke

Um sich in einem umfangreichen Text orientieren zu können, sind Textmarken unerläßlich. Die Arbeiten des Setzens von Textmarken sind ziemlich aufwendig, sie lohnen sich allerdings beim Bearbeiten des Textes zunehmend.
Durch die Eingabe **ALT Bearbeiten Gehe zu**
kann man auf bestimmte Stelle im Text direkt zugreifen.

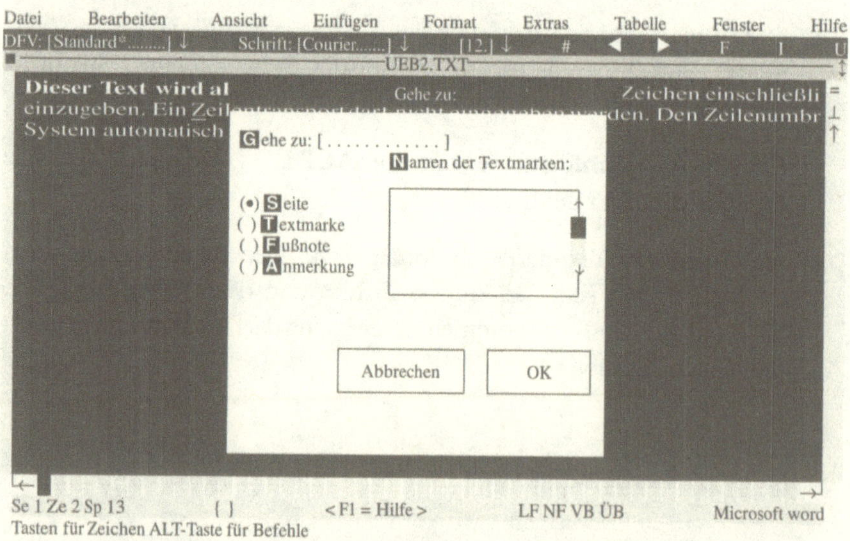

Abbildung 3.12: Direkter Zugriff

Folgende Wahlmöglichkeiten stehen zur Verfügung

Seite Zuerst wird durch ALT Seite die Option „Seite“ eingegeben. Das System stellt den • neben die Option Seite und stellt den Cursor zur Eingabe in das Feld „Gehe zu“. Hier ist die Seiten-Nummer einzugeben. Wird die Wahl durch <ZT> (= RETURN) abgeschlossen, so wird der Cursor auf den Anfang der gewünschten Seite gestellt. Das Fenster wird automatisch geschlossen.

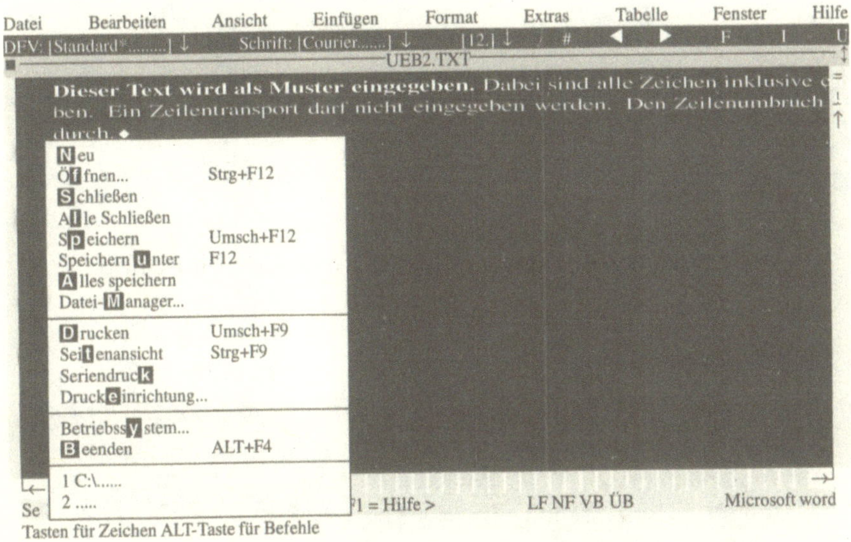

Abbildung 3.13: Datei-Funktionen

Textmarke Zuerst wird durch **ALT Textmarke** die Option Textmarke eingegeben. Das System stellt den • neben die Option Textmarke und stellt den Cursor zur Eingabe in das Feld „Gehe zu“. Hier ist der Name der Textmarke einzugeben. Wird die Wahl durch <ZT> (= RETURN) abgeschlossen, so wird der Cursor auf die eingegebene Textmarke gestellt. Das Fenster wird automatisch geschlossen.

Zu diesem Zweck wird aus dem Dateifenster, welches durch **ALT d** (Datei) zu erreichen ist, die „Seitenansicht“ durch

ALT t

aufruft. Hierdurch erhält man das Fenster Abb. 3.14 auf der nächsten Seite

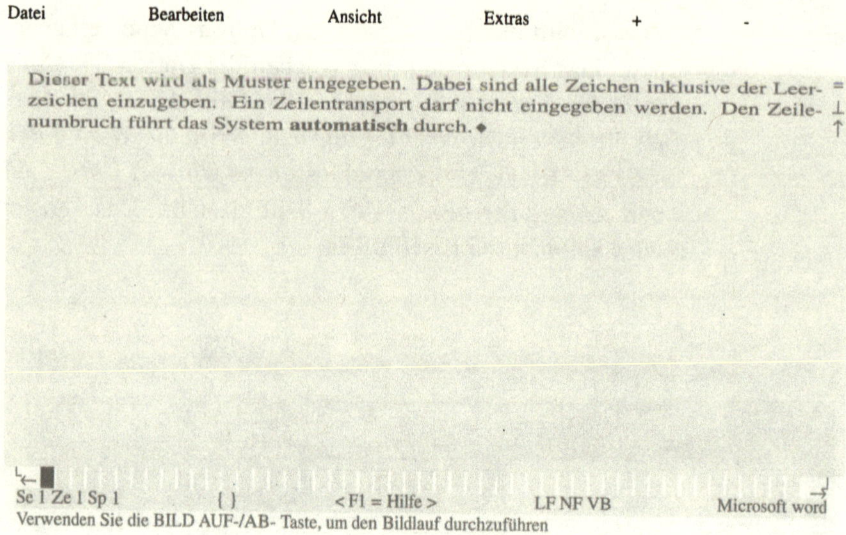

Abbildung 3.14: Druck-Ansicht des Textes am Bildschirm

In der vorletzten Zeile (siehe Abb. 3.14 ist eine Information darüber ablesbar, wo sich der Cursor zur Zeit befindet. Die Parameter Se (Seite) Ze (Zeile) Sp (Spalte) bezeichnen Seite, Zeile und Zeichen-Nr. innerhalb der Zeile der Position des Cursors. Aktuell steht der Cursor auf Seite 1, Zeile 1, Zeichen 1.
Diese Position wird bei jeder Positionsveränderung des Cursors fortgeschrieben.

Dieses erste Zeile der Bildschirmmaske ist eine Funktionszeile. Demzufolge können folgende Operationen ausgeführt werden:

Datei Nach der Seitenansicht kann die Datei gedruckt werden. Ein Fenster stellt auch die Funktion der Druckereinrichtung zur Verfügung.

Drucken	Umsch+F9
Druckereinreichtung ...	
Seitenansicht beenden	ESC

Bearbeitung Hiermit wird eine Möglichkeit geschaffen, den Cursor an eine bestimmte Stelle des Textes zu stellen und die entsprechende Seite zur Ansicht bereitzustellen.

Gehe zu . . .	F5

Die Einstellung auf eine bestimmte Textstelle wurde im vorigen Abschnitt behandelt.

Ansicht Der Text wird in der Gestalt, wie er gedruckt wird, am Bildschirm angezeigt. Die möglichen Optionen können durch die Bearbeitung eines Fensters gewählt werden.

Eine Seite
Zwei Seiten
Gegenüberliegende Seiten
100 % Zoom
200 % Zoom
Benutzerdefinierter Zoom

Die Optionen haben die folgende Bedeutung:

Eine Seite Es wird die Seite dargestellt, in der sich gerade der Cursor befindet. (Anzeige in der vorletzten Zeile der Bildschirmmaske.) Die Nummer der angezeigten Seite(n) wird in der 3. Zeile von unten z.B. Se1 angezeigt.

Zwei Seiten Es werden (von der Position des Cursors aus) 2 Seiten nebeneinander dargestellt. Die Nummer der angezeigten Seite(n) wird in der 3. Zeile von unten z.B. Se2 Se3 angezeigt.

Gegenüberl. Es werden gegenüberliegende Seiten auf dem Bildschirm nebeneinander dargestellt.
Die Nummer der angezeigten Seite(n) wird in der 3. Zeile von unten z.B. Se2 Se3 angezeigt.

100 % Die Anzeige erfolgt in Urgröße. (Vergrösserung durch Eingabe von „+“, Verkleinerung durch Eingabe von „-“ möglich.)

200 % Die Anzeige erfolgt in zweifacher Vergrößerung gegen Urgröße. Vergrößerung durch Eingabe von „+“, Verkleinerung durch Eingabe von „-“ möglich.)

Benutzerdef. Die Vergrösserung / Verkleinerung ist durch den Benutzer möglich.

Extras Bearbeitung Makros.

\+ Vergrößerung. Es wird eine vergrößerte Anzeige durchgeführt.

\- Verkleinerung. Es wird eine verkleinerte Anzeige durchgeführt.

Die Seitenansichten sollten vor allem dazu benutzt werden um festzustellen, wie die Textgestaltung auf der Seite aussieht. (Z.B. kann man auch dann, wenn der Text selbst nicht gelesen werden kann, die Textgestaltung beim Seitenumbruch sehen. Dies ist eine wichtige Methode, um festzustellen, ob der Text gut aussieht. (Profis sagen: Der Satz muß gut auf der Seite stehen.)

3.6.2 Seitenansicht

Um die Bearbeitung von größeren Texten in diesem Buch zeigen zu können, wird ein Beispiel-Text verwendet, der fast zwei Seiten lang ist.

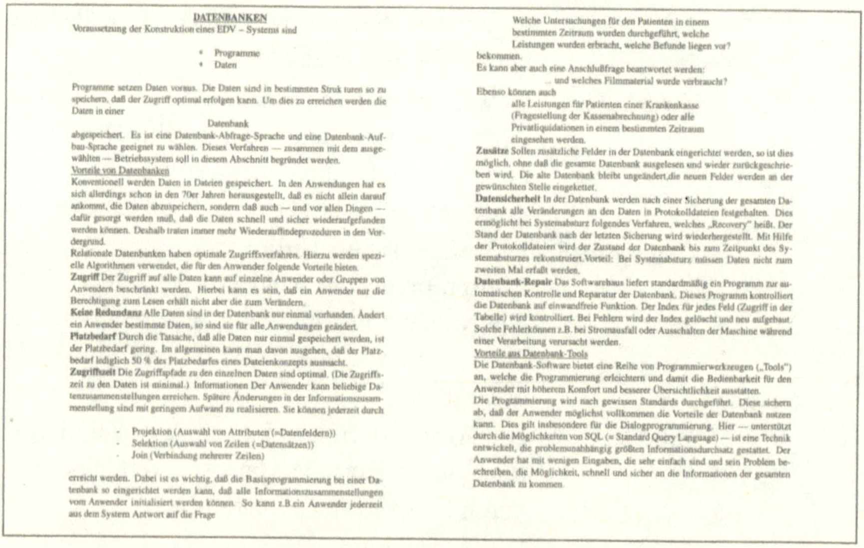

DATENBANKEN

Voraussetzung der Konstruktion eines EDV – Systems sind

- Programme
- Daten

Programme setzen Daten voraus. Die Daten sind in bestimmten Struk turen so zu speichern, daß der Zugriff optimal erfolgen kann. Um dies zu erreichen werden die Daten in einer

Datenbank

abgespeichert. Es ist eine Datenbank-Abfrage-Sprache und eine Datenbank-Aufbau-Sprache geeignet zu wählen. Dieses Verfahren — zusammen mit dem ausgewählten — Betriebssystem soll in diesem Abschnitt begründet werden.

Vorteile von Datenbanken

Konventionell werden Daten in Dateien gespeichert. In den Anwendungen hat es sich allerdings schon in den 70er Jahren herausgestellt, daß es nicht allein darauf ankommt, die Daten abzuspeichern, sondern daß auch — und vor allen Dingen — dafür gesorgt werden muß, daß die Daten schnell und sicher wiederaufgefunden werden können. Deshalb traten immer mehr Wiederauffindeprozeduren in den Vordergrund.

Relationale Datenbanken haben optimale Zugriffsverfahren. Hierzu werden spezielle Algorithmen verwendet, die für den Anwender folgende Vorteile bieten.

Zugriff Der Zugriff auf alle Daten kann auf einzelne Anwender oder Gruppen von Anwendern beschränkt werden. Hierbei kann es sein, daß ein Anwender nur die Berechtigung zum Lesen erhält nicht aber die zum Verändern.

Keine Redundanz Alle Daten sind in der Datenbank nur einmal vorhanden. Ändert ein Anwender bestimmte Daten, so sind sie für alle Anwendungen geändert.

Platzbedarf Durch die Tatsache, daß alle Daten nur einmal gespeichert werden, ist der Platzbedarf gering. Im allgemeinen kann man davon ausgehen, daß der Platzbedarf lediglich 50 % des Platzbedarfes eines Dateienkonzepts ausmacht.

Zugriffszeit Die Zugriffspfade zu den einzelnen Daten sind optimal. (Die Zugriffszeit zu den Daten ist minimal.) Informationen Der Anwender kann beliebige Datenzusammenstellungen erreichen. Spätere Änderungen in der Informationszusammenstellung sind mit geringem Aufwand zu realisieren. Sie können jederzeit durch

- Projektion (Auswahl von Attributen (=Datenfeldern))
- Selektion (Auswahl von Zeilen (=Datensätzen))
- Join (Verbindung mehrerer Zeilen)

erreicht werden. Dabei ist es wichtig, daß die Basisprogrammierung bei einer Datenbank so eingerichtet werden kann, daß alle Informationszusammenstellungen vom Anwender initialisiert werden können. So kann z.B.ein Anwender jederzeit aus dem System Antwort auf die Frage

Welche Untersuchungen für den Patienten in einem bestimmten Zeitraum wurden durchgeführt, welche Leistungen wurden erbracht, welche Befunde liegen vor?

bekommen.

Es kann aber auch eine Anschlußfrage beantwortet werden:

... und welches Filmmaterial wurde verbraucht?

Ebenso können auch

alle Leistungen für Patienten einer Krankenkasse (Fragestellung der Kassenabrechnung) oder alle Privatliquidationen in einem bestimmten Zeitraum eingesehen werden.

Zusätze Sollen zusätzliche Felder in der Datenbank eingerichtet werden, so ist dies möglich, ohne daß die gesamte Datenbank ausgelesen und wieder zurückgeschrieben wird. Die alte Datenbank bleibt ungeändert,die neuen Felder werden an der gewünschten Stelle eingekettet.

Datensicherheit In der Datenbank werden nach einer Sicherung der gesamten Datenbank alle Veränderungen an den Daten in Protokolldateien festgehalten. Dies ermöglicht bei Systemabsturz folgendes Verfahren, welches „Recovery" heißt. Der Stand der Datenbank nach der letzten Sicherung wird wiederhergestellt. Mit Hilfe der Protokolldateien wird der Zustand der Datenbank bis zum Zeitpunkt des Systemabsturzes rekonstruiert.Vorteil: Bei Systemabsturz müssen Daten nicht zum zweiten Mal erfaßt werden.

Datenbank-Repair Das Softwarehaus liefert standardmäßig ein Programm zur automatischen Kontrolle und Reparatur der Datenbank. Dieses Programm kontrolliert die Datenbank auf einwandfreie Funktion. Der Index für jedes Feld (Zugriff in der Tabelle) wird kontrolliert. Bei Fehlern wird der Index gelöscht und neu aufgebaut. Solche Fehlerkönnen z.B. bei Stromausfall oder Ausschalten der Maschine während einer Verarbeitung verursacht werden.

Vorteile aus Datenbank-Tools

Die Datenbank-Software bietet eine Reihe von Programmierwerkzeugen („Tools") an, welche die Programmierung erleichtern und damit die Bedienbarkeit für den Anwender mit höherem Komfort und besserer Übersichtlichkeit ausstatten.

Die Progammierung wird nach gewissen Standards durchgeführt. Diese sichern ab, daß der Anwender möglichst vollkommen die Vorteile der Datenbank nutzen kann. Dies gilt insbesondere für die Dialogprogrammierung. Hier — unterstützt durch die Möglichkeiten von SQL (= Standard Query Language) — ist eine Technik entwickelt, die problemunabhängig größten Informationsdurchsatz gestattet. Der Anwender hat mit wenigen Eingaben, die sehr einfach sind und sein Problem beschreiben, die Möglichkeit, schnell und sicher an die Informationen der gesamten Datenbank zu kommen.

Abbildung 3.15: Text-Beispiel

In Abb. 3.15 wird der Text (verkleinert) dargestellt.

Seitenansicht eine Seite

Es wird vorausgesetzt, daß am Bildschirm der Text so eingestellt ist, daß der Cursor auf der Seite steht, die angezeigt werden soll. Durch

ALT Datei Seitenansicht

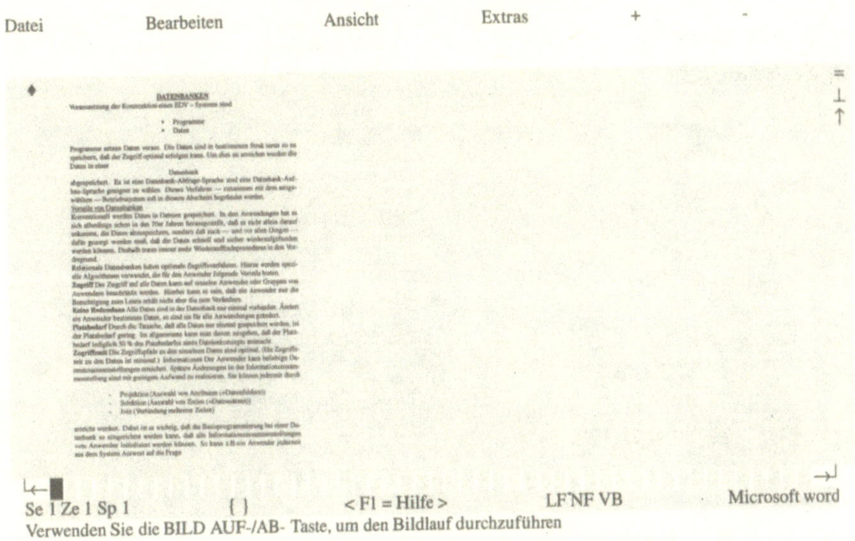

Abbildung 3.16: Ansicht eine Seite

wird die Bildschirmmaske Abb. 3.16 aufgerufen. Man beachte dabei, daß die Seitenansicht in der Grösse 100 % dargestellt wird. In dieser Größe dient die Seitenansicht lediglich dazu um zu sehen, wie der Satz auf der Seite aussieht. In dieser Grösse sollen gewissermaßen die „Grauwerte" (Verteilung von Schwarz und Weiß auf der Seite) sichtbar werden. Auf diese Weise kann häufig das einzelne Wort nicht mehr gelesen werden. Möchte man dies erreichen, dann kann man durch

ALT Ansicht

das folgende Fenster eröffnen

Eine Seite
Zwei Seiten
Gegenüberliegende Seiten
100 % Zoom
200 % Zoom
Benutzerdefinierter Zoom

Durch 200 % kann z.B. eine Verdoppelung der Schrift erreicht werden. (Man kann auch einen Benutzerdefinerte Vergrößerung festlegen.) **Hierbei beziehen sich die Prozentzahlen auf die Urgröße.**

Seitansicht zwei Seiten

Ist in dem obigen Fenster **Z**wei Seiten eingestellt, so erscheint im Fenster der Seitenansicht

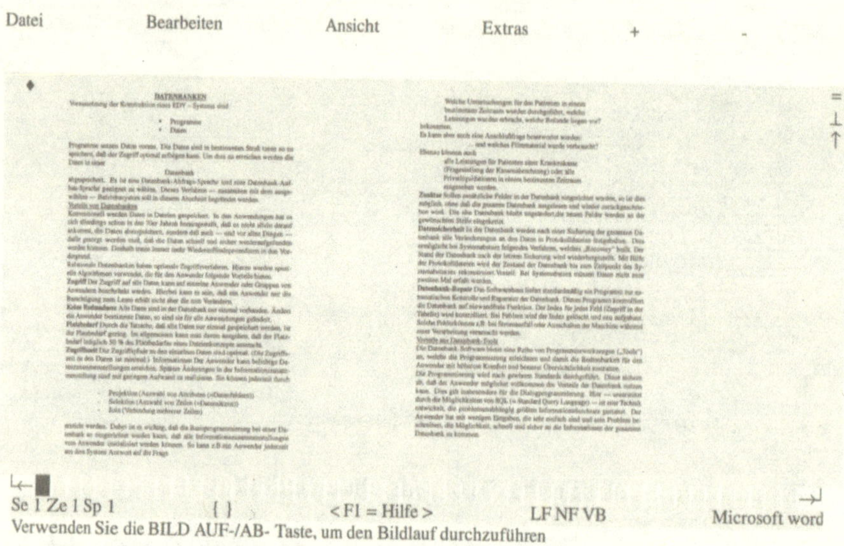

Abbildung 3.17: Ansicht zwei Seiten

Es kann in dem gleichen Fenster auch durch Aufruf von **G**egenüberliegende Seiten die jeweils gegenüberliegenden Seiten angezeigt werden.
Auf der vorletzten Zeile der Bildschirmmaske Abb. 3.17 werden jeweils die Nummern der angezeigten Seiten in der Form

Se 1 Se 2

angezeigt. Durch

ALT Ansicht

geht man wieder in das Fenster „Seitenansicht". Hier kann die Seitennummer oder eine Textmarke ausgewählt werden.

Kapitel 4

Bearbeitung von Texten

4.1 Grundsätzliches

Häufig ist es nötig, Texte inhaltlich zu verändern. Für diese Modifikation stellt **word** eine Reihe von Möglichkeiten zur Verfügung. Im einzelnen handelt es sich um folgende Operationen, die Gegenstand der Behandlung in diesem Kapitel sind.

- Schnelles Bewegen des Cursors durch den Text
- Suchen von Zeichenfolgen in einem Text
- Ersetzen einer Zeichenfolge durch eine andere in einem Text
- Kopieren eines Textteils an eine andere Stelle
- Stellen eines Textteils an eine andere Stelle
- Löschen eines Textteils
- Einlesen eines Textes in einen bestehenden Text
- Schreiben eines Textteils in eine Datei
- Arbeiten mit Textbausteinen

4.2 Schnelles Bewegen des Cursors durch den Text

Word ist ein Tastatur-orientiertes Textsystem. Bei solchen Textsystemen ist es von großer Wichtigkeit, daß der Anwender durch die Bedienung der Tastatur schnell und bequem an strukturell wichtige Stellen des Textes kommt. Hierbei ist es nötig, mehr als die Richtungstasten

$$\uparrow, \downarrow, \leftarrow, \rightarrow$$

zu benutzen. Strukturell wichtige Stelle des Textes sind z.B.

Anfang und Ende des Textes,
Anfang und Ende der Zeile,
Anfang des laufenden Absatzes,
Anfang des vorigen Absatzes.

Wie dies geschehen kann, wird in diesem Abschnitt erläutert.

4.2.1 Gesamttext und Zeile als Struktur

Betrachtet man die Zeile und den Gesamttext als Struktur, so kann man deren jeweiligen Anfang und Ende mit dem Cursor erreichen wollen. Die Abb. 4.1 zeigt grafisch an, welche Eingaben man machen muß, um von dem jetzigen Standort •

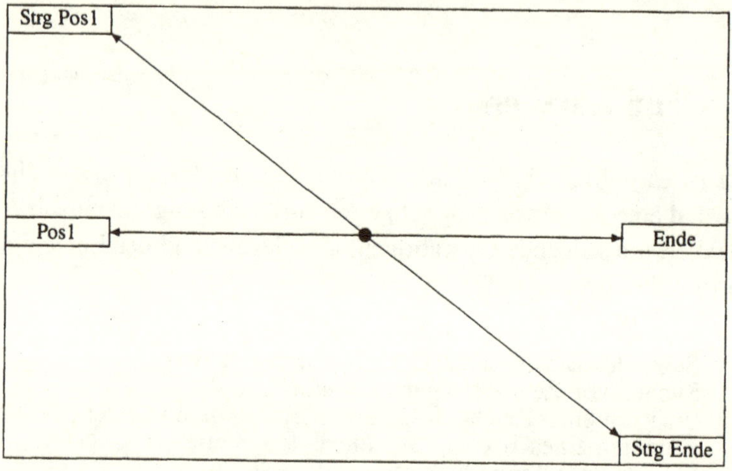

Abbildung 4.1: Cursor-Bewegungen auf der Zeile und im Gesamttext

an das jeweilige Ziel zu kommen.

Folgende Tastatur-Eingaben sind nötig, wenn man die angegebenen Ziele erreichen will.

Anfang Zeile	Pos1
Ende Zeile	Ende
Anfang des Textes	Strg Pos1
Ende des Textes	Strg Ende
Eine Bildschirmhöhe nach unten	Bild ↓
Eine Bildschirmhöhe nach oben	Bild ↑

4.2.2 Absatz als Struktur

Absatzende wird im Text dadurch erreicht, daß die Eingabetaste gedrückt wird. Die Zeile endet unbedingt an dieser Stelle. Das nächste Zeichen wird auf die nächste Zeile geschrieben. Die Absätze sind also stets vom Anwender erzeugt.

Beim Erstellen von Texten kann es nun vorkommen, daß man an den Beginn des laufenden Absatzes gelangen möchte. (Durch die Erzeugung von

Absätzen wird der Text gegliedert.) Beim Bearbeiten von Texten kann es auch vorkommen, daß man an den Anfang des vorigen Absatzes gelangen möchte. Von da aus möchte man dann den Beginn des folgenden Absatzes erreichen. Dies kann durch Tastatur-Eingabe erreicht werden. Auf diese Weise ist es also möglich, den Text anhand der Gliederung — also sinngemäß — zu durchlaufen.
Die Abb. 4.2 zeigt grafisch an, welche Eingaben man machen muß, um von dem jetzigen

Standort •

an den jeweiligen Absatzanfang zu kommen. Es können jeweils die Absatzanfänge des folgenden, des laufenden und des folgenden Absatzes durch eine Tastatureingabe erreicht werden.

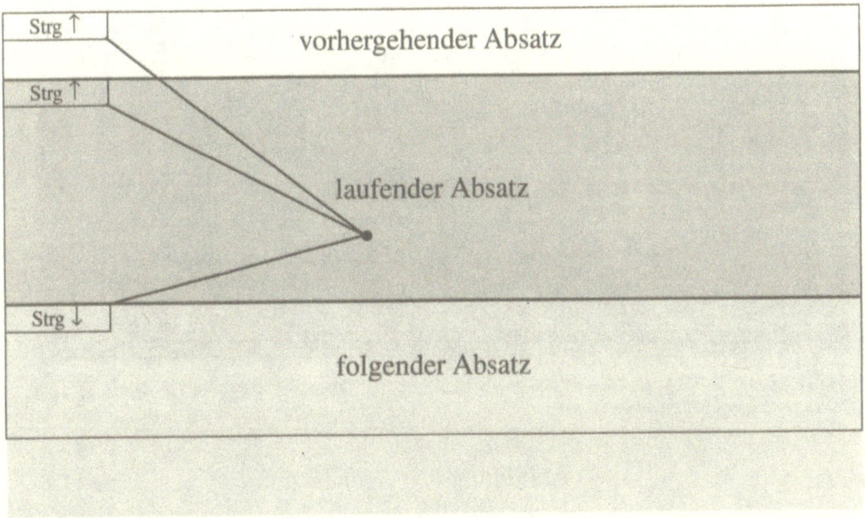

Abbildung 4.2: Cursor-Bewegungen zum Beginn eines Absatzes

In der Abbildung Abb. 4.2 sind die Absätze durch unterschiedliche Graustufen dargestellt. Die Pfeile geben an, wo die Bearbeitung fortgesetzt werden soll (wohin gesprungen werden soll). In den Kästchen sind jeweils die notwendigen Tastatur-Eingaben angegeben.

Anfang laufender Absatz . . . . Strg ↑
Anfang folgender Absatz . . . . Strg ↓
Anfang vorhergehender Absatz . . . . Strg ↑ Strg ↑

Durch Strg ↓ wird jeweils der dem jeweiligen Standort vorausgehende Absatzbeginn erreicht. Um also auf den Beginn des vorhergehenden Absatz zu erhalten, muß zunächst durch Strg ↑ auf den Beginn des laufenden Absatzes geschaltet werden und dann nochmals (wieder Strg ↑) einen Absatz zurück.

4.3 Suchen von Zeichenfolgen in einem Text

Es wird beim Bearbeiten eines Dokuments immer wieder vorkommen, daß nach gewissen Zeichenfolgen oder Worten in einem Text gesucht werden muß. Zum Beispiel wird es vorkommen, daß man in einem langen Text eine bestimmte Textstelle noch einmal lesen möchte. Dann muß diese

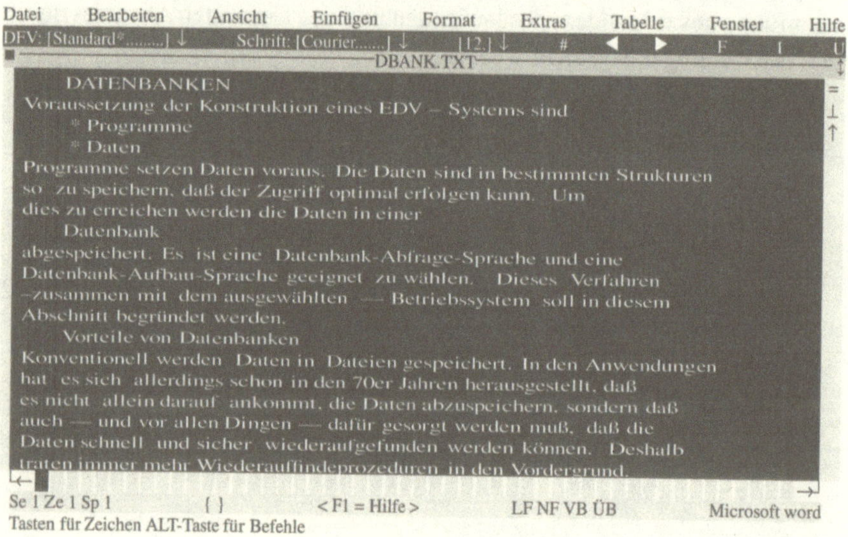

Abbildung 4.3: Suchen

Textstelle gesucht werden.

4.3.1 Erstmaliges Suchen

Um in dem Text Abb. 4.3 nach der Textstelle „Vorteile ... " zu suchen geht man folgendermaßen vor.
Um das Fenster „Suchen" zu öffnen wird

ALT Bearbeiten Suchen

also ALT b s eingegeben. Es wird damit das Fenster Abb. 4.4 auf der nächsten Seite geöffnet.
Es wird dann unter dem zu suchenden Text „Vorteile" eingegeben. Das Fenster wird durch <ZT> (=RETURN) abgeschlossen. Damit wird die Such-

funktion von der Stelle, wo der Cursor steht, abwärts im Text gesucht. Die Suche wird bei dem ersten Auftreten von „Vorteile“ beendet. Die gefundene Textstelle wird invers angezeigt, wie das Abb. 4.4 zeigt.

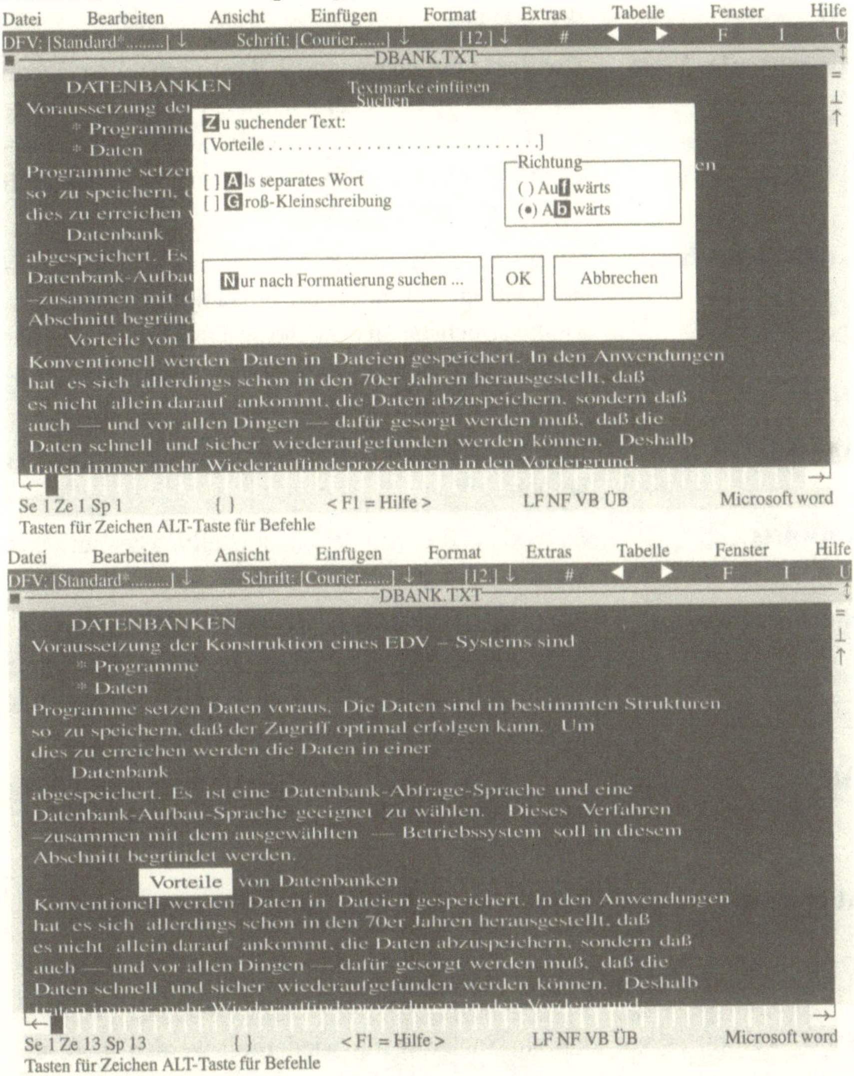

Abbildung 4.4: Fenster Suchen — „Vorteile“ gefunden

Auf der vorletzten Zeile wird jeweils die Stelle nach Seite, Zeile und Spalte angegeben.

Folgende Optionen des Suchens können verwendet werden:

zusuch. Text Es kann ein Text mit bis zu 256 Zeichen Länge eingegeben werden. Es sollte aber darauf geachtet werden, daß die Suche umso schneller geht, je kürzer der Text ist.

Als separates Wort Der Text wird als separates Wort verstanden. Wenn dies durch •gekennzeichnet ist, werden nur Worte exakt wie die Eingabe im Suchtext als Suchziel akzeptiert. (Wird z.B. Vorteil eingegegeben, dann gilt „Vorteile" nicht als gültig.)

Groß-Kleinschreib. Wenn diese Option besetzt ist, dann wird nur eine Textfolge gefunden, die hinsichtlich großen bzw. kleinen Buchstaben exakt so geschrieben ist, wie der Suchtext. (Wird z.B. im Suchtext „Vorteil" eingegeben, so wird im Text „vorteilig" nicht gefunden.)

Abwärts Es wird im Text von der Cursorstellung her abwärts gesucht.

Aufwärts Es wird im Text von der Cursorstellung her aufwärts gesucht.

Nur Formatierung Hier kann nach einer bestimmten Formatierung gesucht werden. **Der Vorteil dieser Suchmöglichkeit wird nach der im nächsten Kapitel erläuterten Strukturierung von Texten deutlich werden.**

OK Wird <ZT> eingegeben, so wird dies als Bestätigung interpretiert. Damit ist die Wahl des Suchtextes abgeschlossen.

Abbrechen Eingabe von ESC führt zum Abbruch des Fensters.

4.3.2 Wiederholung eines Suchvorgangs

Häufig kommt es vor, daß ein Suchvorgang wiederholt werden muß, um weitere Vorkommen des Suchtextes aufzufinden. Dies ist sogar der Normalvorgang, wenn eine bestimmte Zeichenfolge, die man suchen möchte, mehrfach im Text auftritt.
Hierzu ist

Umsch F4

einzugeben.

4.4 Ersetzen einer Zeichenfolge durch eine andere

Es wird beim Bearbeiten eines Dokuments immer wieder das Problem auftreten, daß gewisse Zeichenfolgen oder Worte in einem Text korrigiert werden müssen. Dabei kann es sein, daß die Zeichenfolge deswegen ersetzt werden muß, weil sie orthografisch falsch geschrieben ist, oder weil ein Wort durch ein anderes — besser passendes — ersetzt werden soll. Wenn dies in der Nähe des Standorts des Cursors geschehen soll, wird man die Korrektur direkt vornehmen, wobei die Erreichung des Ortes durch Tastatureingabe (Steuerung des Cursors) erreicht wird.
Um in dem Text Abb. 4.3 auf Seite 62 nach der Textstelle den orthografischen Fehler „Abrage“ zu beheben (Ersatz von „Abrage“ durch „Abfrage“), geht man folgendermaßen vor.

4.4.1 Eingabe der Parameter

Um das Fenster „Ersetzen“ zu öffnen wird

ALT Bearbeiten Ersetzen

also ALT b e eingegeben. Es wird damit das Fenster Abb. 4.5 geöffnet.

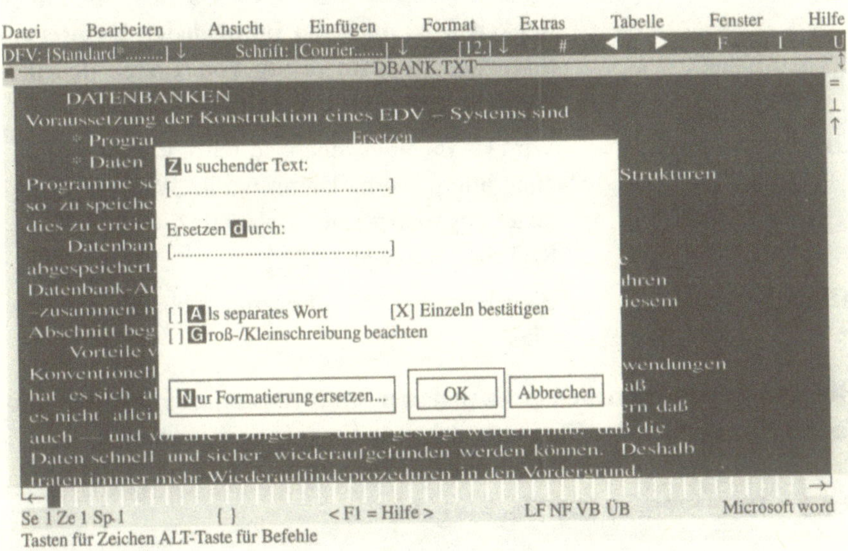

Abbildung 4.5: Fenster Ersetzen

Folgende Eingaben sind erforderlich:

Zu suchender Text Es ist die Zeichenfolge eingegeben, die gesucht und dann ersetzt werden soll. (Beispiel: Abrage)

Ersetzen durch Es ist einzugeben, durch welche Zeichenfolge der zu suchende Text ersetzt werden soll. (Beispiel: Abfrage)

Als separates Wort Wenn exakte Worte gesucht und ersetzt werden sollen ist **Alt A** einzugeben. Das Feld wird „X" besetzt, sonst bleibt es leer. (Beispiel: keine Eintragung, obwohl ein Wort ersetzt werden soll.)

Einzeln bestätigen Ist dieses Feld besetzt, wird jede Ersetzung einzeln bestätigt, ist das Feld leer, werden alle Ersetzungen automatisch ausgeführt, ohne daß eingegriffen werden kann. (Beispiel: Durch Eingabe von **Alt A** wird das Feld durch „X" besetzt.)

Groß-Kleinschreibung Ist dieses Feld besetzt, werden beim Suchen nach der Zeichenfolge große und kleine sonst gleiche Buchstaben als unterschiedlich betrachtet. (z.B. a ≠ A) (Beispiel: Das Feld bleibt leer.)

Nur Formatierung Hier kann nach einer bestimmten Formatierung gesucht werden. **Der Vorteil dieser Suchmöglichkeit wird nach der im nächsten Kapitel erläuterten Strukturierung von Texten deutlich werden.** (Beispiel: Das Feld bleibt leer.)

OK Wird <ZT> eingegeben, so wird dies als Bestätigung interpretiert. Damit ist die Wahl des Suchtextes abgeschlossen. (Beispiel: Es wird <ZT> = RETURN eingegeben.)

Abbrechen Eingabe von ESC führt zum Abbruch des Fensters.

Die jeweils unterstrichenen Buchstaben sind (zusammen mit der Alt-Taste) einzugeben, um die entsprechende Steuerung zu erhalten.

4.4.2 Bearbeitung der Suchergebnisse

Das System durchsucht den Text nach gültigen Zeichenfolgen. (Beispiel: Es wird die Zeichenfolge „Abrage" gesucht.) Falls eine Zeichenfolge gefunden wurde, wird ein Fenster gemäss Abb. 4.6 geöffnet und die Zeichenfolge (Beispiel. Abrage) in inverser Schrift (hier: weiß auf schwarz) dargestellt.

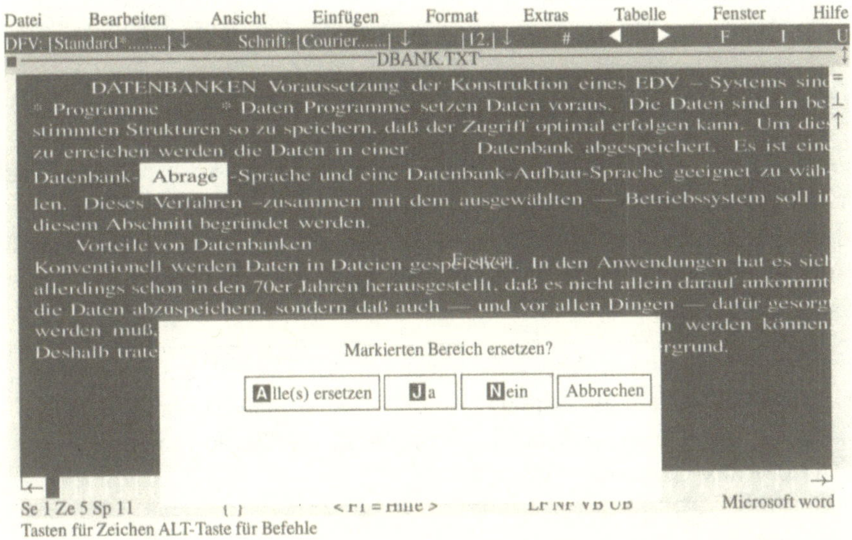

Abbildung 4.6: Zeichenfolge gefunden

Es wird der gesamte Text oder der Teil des Textes durchsucht, der markiert ist.
Je nach Eingabe wird eine Verarbeitung erreicht und das Programm in einer bestimmten Weise fortgesetzt:

Eingabe	Verarbeitung	Fortsetzung der Verarbeitung
A	Alle gültigen Zeichenfolgen ersetzen	Ende der Verarbeitung Suchen/Ersetzen
J	Ersetzung	Weitere Suche nach Suchtext
N	keine Ersetzung	Weitere Suche nach Suchtext
ESC	keine Ersetzung	Ende der Verarbeitung Suchen/Ersetzen

4.5 Kopieren eines Textteils an eine andere Stelle

Beim Schreiben von Texten kann es vorkommen, daß eine bestimmte Textstelle an einer anderen Stelle des Textes noch einmal benötigt wird. Z.B. wird in diesem Buch die Texte für „OK“ und „Abbrechen“ nach der Benutzung auf Seite 64 noch einmal auf Seite 66 benötigt. Statt die Zeilen auf

Seite 66 noch einmal zu schreiben, könnte man diese Zeilen durch Kopieren von Seite 64 erzeugen.
Um einen Textteil an andere Stelle zu kopieren geht man folgendermaßen vor.

4.5.1 Markieren des Textteils

Der zu kopierende Text wird zunächst markiert. (Der Cursor wird auf das erste Zeichen des Textteils gebracht, es wird F8 eingegeben, zeilenweise Markierung kann dann durch ↓ erreicht werden. (Eventuell müssen noch zeichenweise Korrekturen stattfinden, hierzu können die Tasten ← und → verwendet werden.)

> Dieser Vorgang ist in Abb. 4.7 dargestellt. Als Textteil ist der oben beschriebene Textteil auf Seite 64 gewählt. Der Vortext ist durch „v" markiert, der Zwischentext ist durch „z" markiert. Der Textteil soll hinter den Zwischentext gespeichert werden.

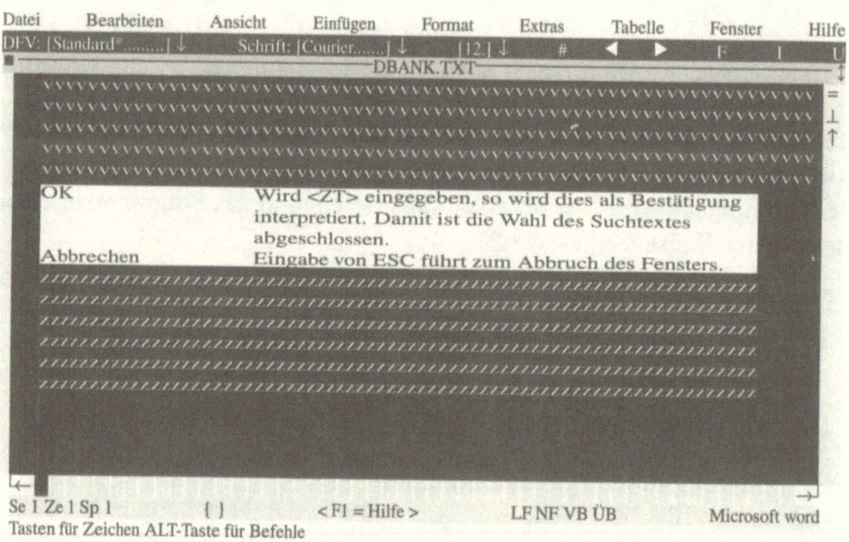

Abbildung 4.7: Text für Kopieren markiert

4.5.2 Kopieren des Textteils in den Pufferspeicher

Nachdem die Markierung erledigt ist, wird

ALT Bearbeiten Kopieren

also Alt b k aufgerufen.
Hierdurch wird der markierte Textteil in den Pufferspeicher übertragen.
Der Pufferspeicher wird in der MS-DOS-Literatur als „Papierkorb“ bezeichnet. Dies ist zwar nicht schön. Der Vergleich stimmt auch nicht, aber er hat sich eingebürgert. Im Gegensatz zu einem Papierkorb hat der Puffer nur eine Einmalfunktion. Wenn der Puffer erneut benutzt wird, geht der alte Inhalt verloren.
Wenn wie in diesem Falle mit dem Pufferspeicher gearbeitet wird, ist dafür zu sorgen, daß die weitere Verarbeitung unmittelbar folgt. Der Pufferspeicher darf selbstverständlich nicht durch zwischenzeitlich ausgeführte Operationen verändert worden sein.
Es handelt sich um einen Einmal-Speicher. Der Begriff des Papierkorbs trifft den Sachverhalt nicht genau.

4.5.3 Einstellen des Cursors auf „Kopierstelle“

Als Kopierstelle wird die Stelle bezeichnet, wohin der Textteil kopiert werden soll. Der Cursor ist vor diese Stelle zu bringen.
(Beispiel: Da der Textteil hinter alle z-Zeilen kopiert werden soll, wird der Cursor auf den Beginn der ersten freien Zeile gebracht.)
Durch Bedienen der Taste Einfg wird der Textteil an die gewünschte Stelle übertragen. Das Ergebnis zeigt die Abb. 4.8

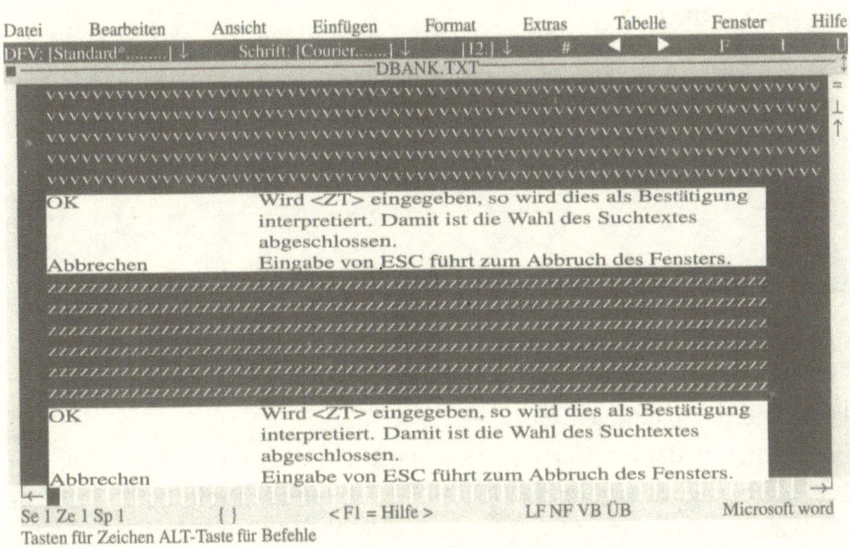

Abbildung 4.8: Text kopiert

Der Textteil steht nun hinter den mit „vvv..." markierten Text (Original) und hinter dem mit „zzz..." markierten Text (Kopie). Diese Operation ist einfach und gestattet auch schnelle Anwendung, wenn bei einer umfangreichen Textoperation das Verschieben von Texten häufiger vorkommt.

4.6 Stellen eines Textteils an eine andere Stelle

Beim Schreiben von Texten kann es vorkommen, daß eine bestimmte Textstelle an einer anderen Stelle des Textes benötigt wird. Z.B. kann es vorkommen, daß ein Absatz der gerade geschrieben wurde, lieber an einer früheren Stelle des Textes eingefügt werden soll.
Um einen Textteil an andere Stelle zu stellen, geht man folgendermaßen vor. (Zur Durchführung der Funktion des Umstellens von Texten sind wieder mehrere Operationen notwendig.) Diese Operationen werden im folgenden dargestellt.

4.6.1 Markieren des Textteils

Der umzustellende Text wird zunächst markiert. (Der Cursor wird auf das erste Zeichen des Textteils gebracht, es wird F8 eingegeben, zeilenweise Markierung kann dann durch ↓ erreicht werden. (Eventuell müssen noch zeichenweise Korrekturen stattfinden, hierzu können die Tasten ← und → verwendet werden.)

> Dieser Vorgang ist in Abb. 4.9 auf der nächsten Seite dargestellt. Als Textteil ist der oben beschriebene Textteil auf Seite 64 gewählt. Der Vortext ist durch „v" markiert, der Zwischentext ist durch „z" markiert. Der Textteil soll hinter den Zwischentext gespeichert werden.

4.6.2 Löschen des Textteils

Nachdem die Markierung erledigt ist, wird durch Drücken der Taste

Entf

der markierte Textteil gelöscht.
Hierdurch wird der markierte Textteil in den Pufferspeicher übertragen.
Der Pufferspeicher wird in der MS-DOS-Literatur als „Papierkorb" bezeichnet.
Wenn wie in diesem Falle mit dem Pufferspeicher gearbeitet wird, ist dafür zu sorgen, daß die weitere Verarbeitung unmittelbar folgt. Der

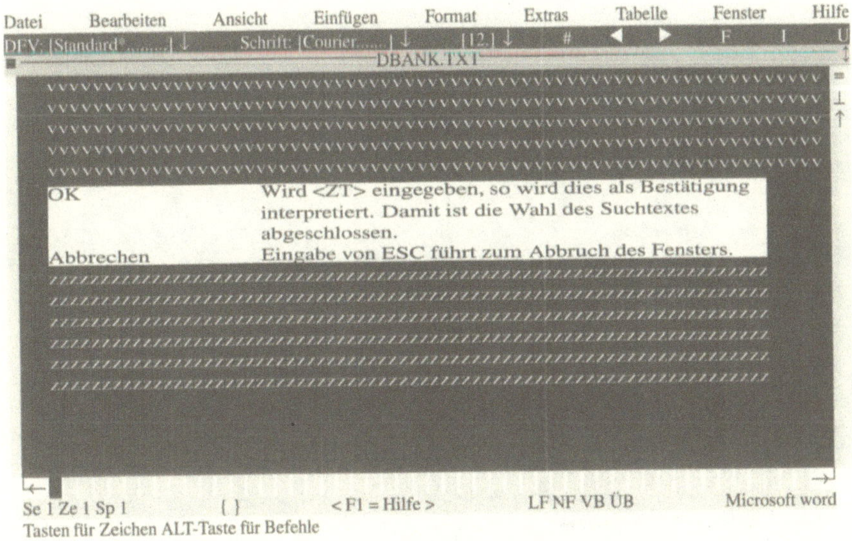

Abbildung 4.9: Text für Umstellen markiert

Pufferspeicher darf selbstverständlich nicht durch zwischenzeitlich ausgeführte Operationen verändert worden sein.

4.6.3 Einstellen des Cursors auf das Ziel

Der Cursor ist vor die Stelle zu bringen, wohin der Text gebracht werden soll.
(Beispiel: Da der Textteil hinter alle z-Zeilen kopiert werden soll, wird der Cursor auf den Beginn der ersten freien Zeile gebracht.)
Durch Bedienen der Taste Einfg wird der Textteil an die gewünschte Stelle übertragen. Das Ergebnis zeigt die Abb. 4.10 auf der nächsten Seite.
Der Textteil hinter den mit „vvv..." markierten Text (Original) ist gelöscht und hinter dem mit „zzz..." markierten Text (Kopie) eingestellt.

4.7 Löschen eines Textteils

Wenn kürzere Textteile zu löschen sind, kann man durch Löschen von Einzelzeichen mit Hilfe der Taste Entf vorgehen. Größere Textteile werden mit dem folgenden Verfahren gelöscht.

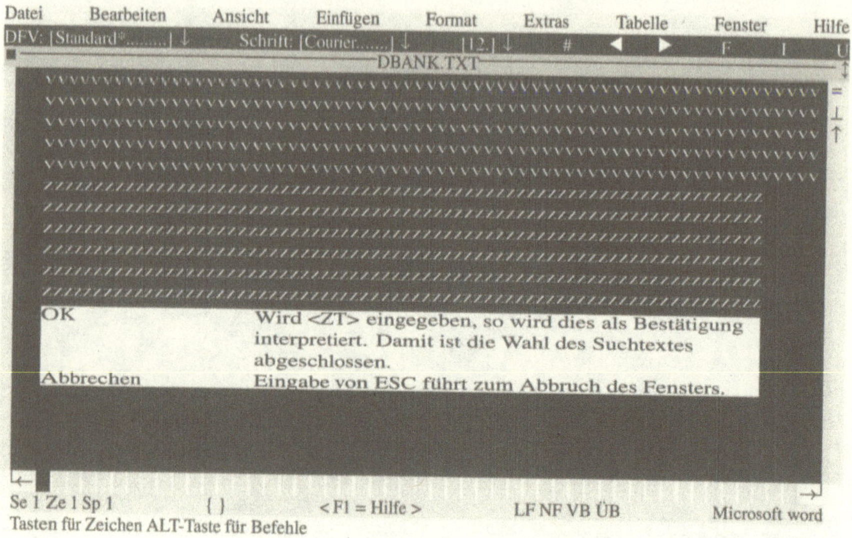

Abbildung 4.10: Text umgestellt

4.7.1 Markieren des Textteils

Der zu löschende Textteil wird zunächst markiert. (Der Cursor wird auf das

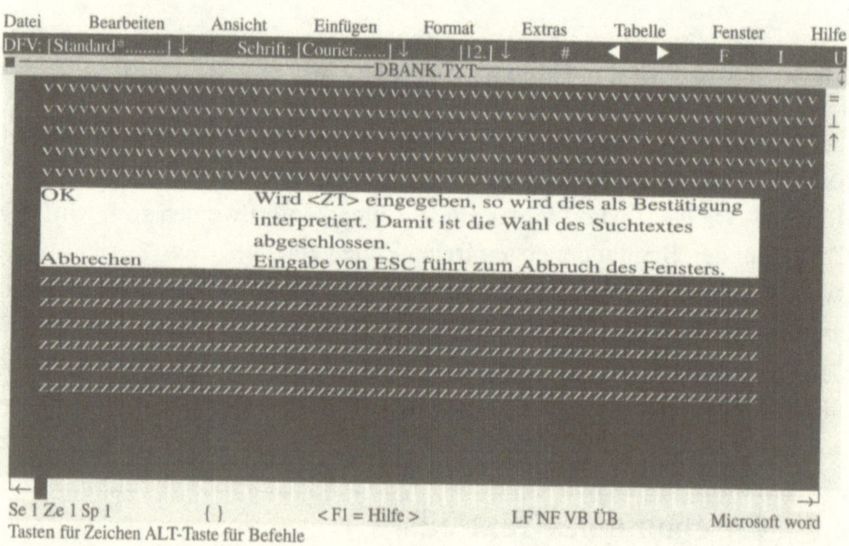

Abbildung 4.11: Text für Löschen markiert

erste Zeichen des Textteils gebracht, es wird F8 eingegeben, zeilenweise

Markierung kann dann durch ↓ erreicht werden. (Eventuell müssen noch zeichenweise Korrekturen stattfinden, hierzu können die Tasten ← und → verwendet werden.)

Dieser Vorgang ist in Abb. 4.11 auf der vorherigen Seite dargestellt. Als Textteil ist der oben beschriebene Textteil auf Seite 64 gewählt. Der Vortext ist durch „v“ markiert, der Zwischentext ist durch „z“ markiert. Der Textteil soll hinter den Zwischentext gespeichert werden.

4.7.2 Löschen des Textteils

Nachdem die Markierung erledigt ist, wird durch Drücken der Taste

Entf

der markierte Textteil gelöscht.

Hierdurch wird der markierte Textteil in den Pufferspeicher übertragen.

Der Pufferspeicher wird in der MS-DOS-Literatur als „Papierkorb“ bezeichnet.

Das Ergebnis zeigt die Abb. 4.12 auf Seite 73.

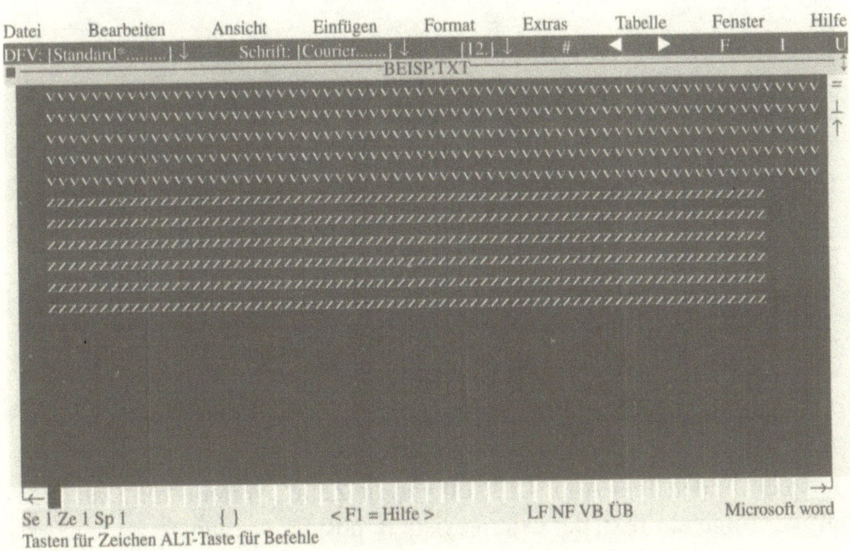

Abbildung 4.12: Text gelöscht

Der Textteil hinter den mit „vvv...“ markierten Text (Original) ist gelöscht und hinter dem mit „zzz“ markierten Text (Kopie) eingestellt.

4.8 Einlesen eines Textes in einen bestehenden Text

Wenn Texte aus einem anderen Dokument zur Verfügung stehen, die in dem zu bearbeitenden Text verwendet werden sollen, dann ist zunächst zu prüfen, ob das Format des Textes für das Einlesen geeignet ist.
Zunächst werden nur Text-Dateien (keine Grafik) vorausgesetzt. Folgende Datenformate können verarbeitet werden.

Word-Format
ASCII-Format
RTF-Format

4.8.1 Problemstellung

In einen bestehenden Text soll an vorgegebener Stelle ein Textteil eingelesen werden.

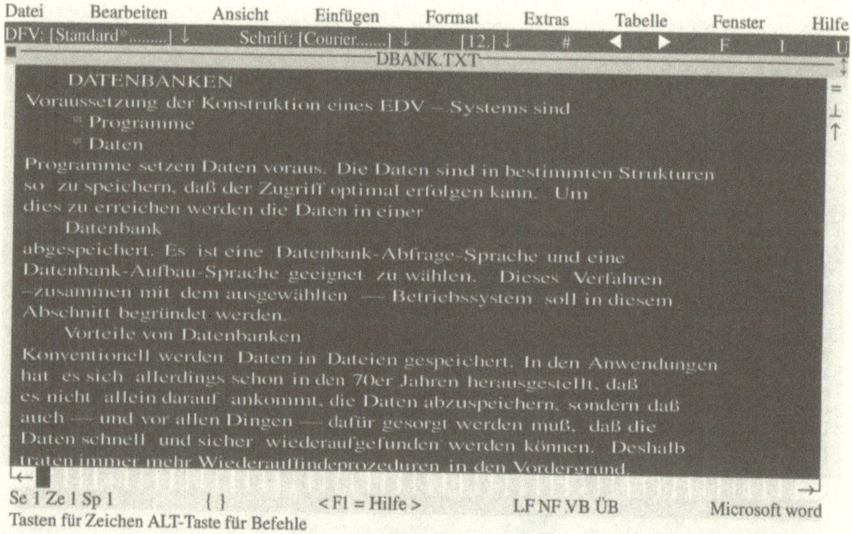

Abbildung 4.13: Text, in den ein Textteil eingelesen wird

(Beispiel: In den Text Abb. 4.13 soll vor die Zeile „Vorteile von Datenbanken“ der folgende Text, der extern existiert, postiert werden.

Als Betriebssysteme sind hierbei die Microsoft-Systeme MS-DOS, MS-DOS-Windows, Windows NT, Windows95 sowie die UNIX-Systeme UNIX-AT, Eurix und Linux zugelassen.

Dieser Textteil stehe als Datei OSYS.TXT zur Verfügung.

4.8.2 Einlesen der Datei

Der Cursor wird vor die Zeile gestellt, vor welcher der einzulesende Text postiert werden soll. (Beispiel: Der Cursor wird auf das 1. Zeichen der Zeile „Vorteile von Datenbanken“ gestellt.)
Durch Aufruf von

ALT Einfügen Datei

also ALT e d wird die Bildschirmmaske Abb. 4.14 aufgerufen.

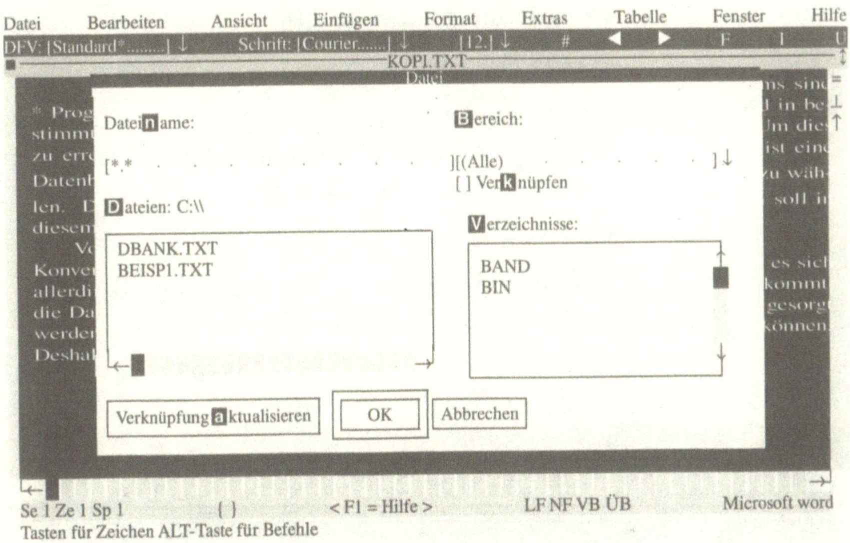

Abbildung 4.14: Einlesen Datei

Folgende Eingaben sind erforderlich:

Dateiname In diesem Feld ist der Dateiname einzugeben. Die Eingabe kann in dem Feld direkt erfolgen. Die Vorbesetzung wird überschrieben. **Im Beispiel wird hier OSYS.TXT eingegeben.**

Bereich „Bereich“ wird beim Bearbeiten von Kalkulationstabellen verwendet. Diese Operation wird hier nicht behandelt.

Verknüpfen Mehrere Dateien können miteinander verknüpft werden. (Sie werden dann gemeinsam verarbeitet ohne aber eine Datei zu sein.) Auf diese Operation kommen wir beim Behandeln von Serienbriefen zurück.

Dateien Die in diesem Bereich angegebenen Dateien können ausgewählt werden. Der Bereich ist ein Rollfenster. Der Name der jeweils ausgewählten Datei wird invers dargestellt. Der Name wird ferner unter „Dateiname“ eingetragen.

Verzeichnisse Dateien sind in mehreren Verzeichnissen (Directories) des Betriebssystems abgespeichert. Dateien (z.B. mit dem Namen TEST.TXT) in dem Verzeichnis BAND können dann mit dem Namen

BAND\TEST.TXT

erreicht werden.
Ist das Verzeichnis BAND ausgewählt, dann werden alle Dateinamen unter „Dateiname“

mit BAND\<name> angezeigt.

(<name> = Dateiname in dem Verzeichnis BAND)

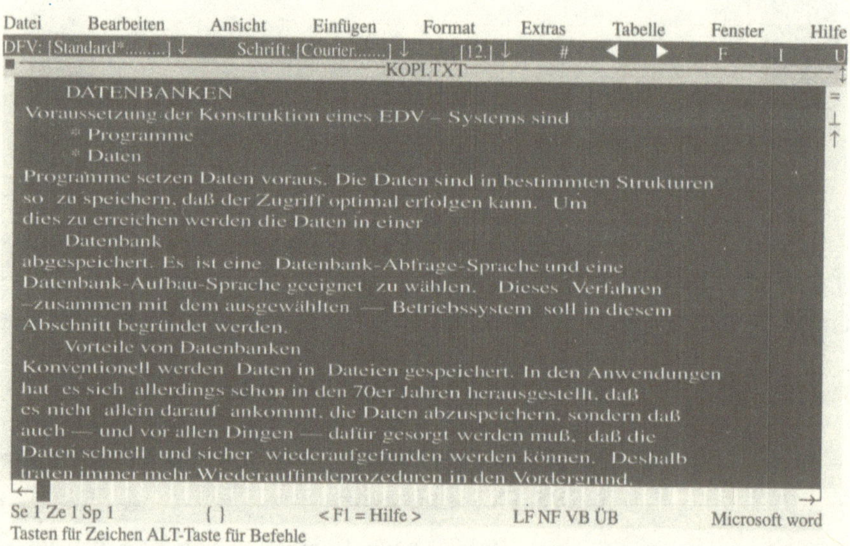

Abbildung 4.15: Eingefügter Textteil

Verknüpf. aktualis. Mehrere Dateien können miteinander verknüpft werden. (Sie werden dann miteinander verarbeitet, ohne aber eine Datei zu werden.) Diese Verknüpfung kann aktualisiert (auf den neuesten Stand gebracht) werden. Auf diese Operation kommen wir beim Behandeln von Serienbriefen zurück.

OK Wird <ZT> eingegeben, so wird dies als Bestätigung interpretiert. Damit ist die Bearbeitung der Funktion abgeschlossen. (Beispiel: Es wird <ZT> = RETURN) eingegeben.

Abbrechen Eingabe von ESC führt zum Abbruch des Fensters.

(Mit Hilfe der unterstrichenen Zeichen können die einzelnen Funktionen aufgerufen werden. So ruft die Eingabe ALT D das Rollfenster Dateien auf.)
Das Ergebnis der Einfügung in dem Beispiel wird durch Abb. 4.15 auf der vorherigen Seite dargestellt.

4.9 Schreiben eines Textteils in eine Datei

Insbesondere bei der Erstellung von großen Dokumenten ist es gelegentlich wünschenswert Textteile in (temporäre) Dateien zu speichern, um diese an anderer Stelle wieder verwenden zu können. WORD stellt hierzu die Technik der Textbausteine (siehe nächsten Abschnitt) zur Verfügung. Diese Technik ist aber zu dem genannten Zweck nicht so sehr geeignet, weil die Textbausteine mit einer Textbausteindatei geladen werden müssen. Dies verbraucht Zeit und Hauptspeicherplatz, insbesondere deshalb, weil die Textbausteindatei mehrere Textbausteine enthält und somit Ladezeit und Hauptspeicherplatz für die Textbausteine verbraucht werden, die mit in der gleichen Textbausteindatei gespeichert sind.
Aus diesem Grunde wird hier ein einfaches Verfahren gezeigt, mit dem man dennoch das Erzeugen von Dateien aus Textteilen erreichen kann.

4.9.1 Markieren des Textteils

Der in eine Datei zu speichernde Text wird zunächst markiert. (Der Cursor wird auf das erste Zeichen des Textteils gebracht, es wird F8 eingegeben, zeilenweise Markierung kann dann durch ↓ erreicht werden. (Eventuell müssen noch zeichenweise Korrekturen stattfinden, hierzu können die Tasten ← und → verwendet werden.) Als Beispiel soll der in Abb. 4.16 auf der nächsten Seite markierte Text in eine Datei OSYS.TXT gespeichert werden.

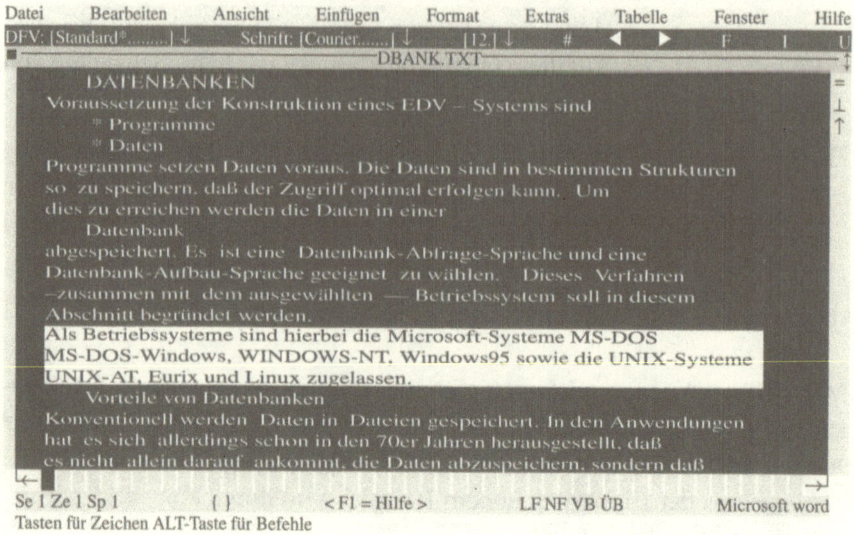

Abbildung 4.16: Text für Speichern in Datei markiert

4.9.2 Kopieren des Textteils in den Pufferspeicher

Nachdem die Markierung erledigt ist, wird

ALT Bearbeiten Kopieren — also Alt b k

aufgerufen.

Hierdurch wird der markierte Textteil in den Pufferspeicher übertragen.

Der Pufferspeicher wird in der MS-DOS-Literatur als „Papierkorb" bezeichnet.

Wenn wie in diesem Falle mit dem Pufferspeicher gearbeitet wird, ist dafür zu sorgen, daß die weitere Verarbeitung unmittelbar folgt. Der Pufferspeicher darf selbstverständlich nicht durch zwischenzeitlich ausgeführte Operationen verändert worden sein.

4.9.3 Erzeugen einer neuen Datei

Es wird nun eine Datei OSYS.TXT erzeugt, in die der im Puffer stehende Text kopiert werden soll. Hierzu wird

ALT-Datei Öffnen — also ALT d f

eingegeben. Es wird nun ein zweites Fenster geöffnet. Dieses Fenster wird angelegt und über dem geöffneten Fenster DBANK.TXT angezeigt. Das Fenster DBANK.TXT bleibt weiter geöffnet. Wir bearbeiten allerdings jetzt das Fenster OSYS.TXT.

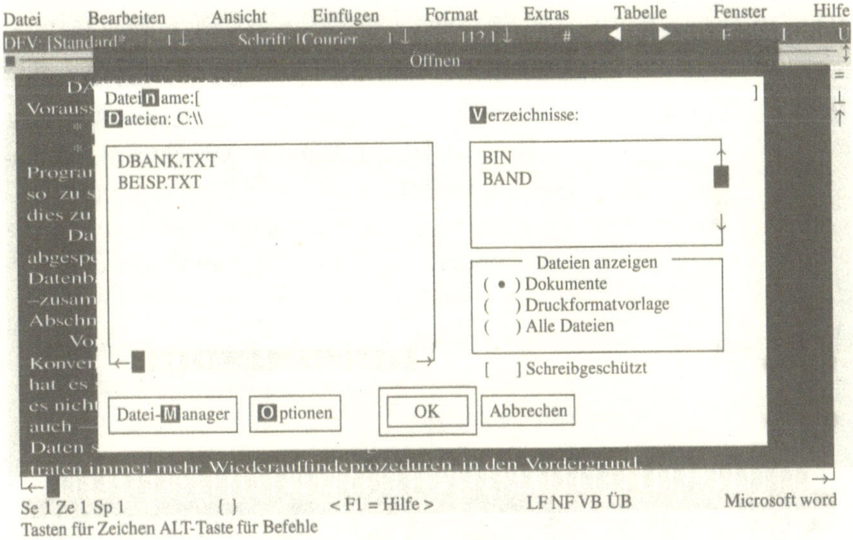

Abbildung 4.17: Öffnen Datei OSYS.TXT

Folgende Parameter können eingegeben werden:

Dateiname In diesem Feld ist der Dateiname einzugeben. Die Eingabe kann in dem Feld direkt erfolgen. Die Vorbesetzung wird überschrieben. **Im Beispiel wird hier OSYS.TXT eingegeben.**

Dateien Die in diesem Bereich angegebenen Dateien können ausgewählt werden. Der Bereich ist ein Rollfenster. Der Name der jeweils ausgewählten Datei wird invers dargestellt. Außerdem wird der Dateiname unter „Dateiname“ eingetragen.

Verzeichnisse Dateien sind in mehreren Verzeichnissen (Directories) des Betriebssystems abgespeichert. Dateien (z.B. mit dem Namen TEST.TXT) in dem Verzeichnis BAND können dann mit dem Namen

BAND\TEST.TXT

erreicht werden. Ist das Verzeichnis BAND ausgewählt, dann werden alle Dateinamen unter „Dateiname“ mit BAND\<name> angezeigt. (<name> = Dateiname in dem Verzeichnis BAND)

Dokumente anzeigen Standardmäßig werden in dem Feld „Dateien" alle **Dokumente** aus dem Rollfeld Dateien ausgewählt.

Druckformatvorlage Ist diese Option für das Anzeigen ausgewählt, dann werden im Rollfeld „Dateien" **Druckformatvorlagen** ausgewählt.
Druckformatvorlagen legen für einen Abschnitt die Formatierung der Seite, der Schrift und der Ausrichtung fest.

Alle Dateien Ist diese Option für das Anzeigen der Dateien ausgewählt, dann werden im Rollfeld „Dateien" alle Dateien ausgewählt.

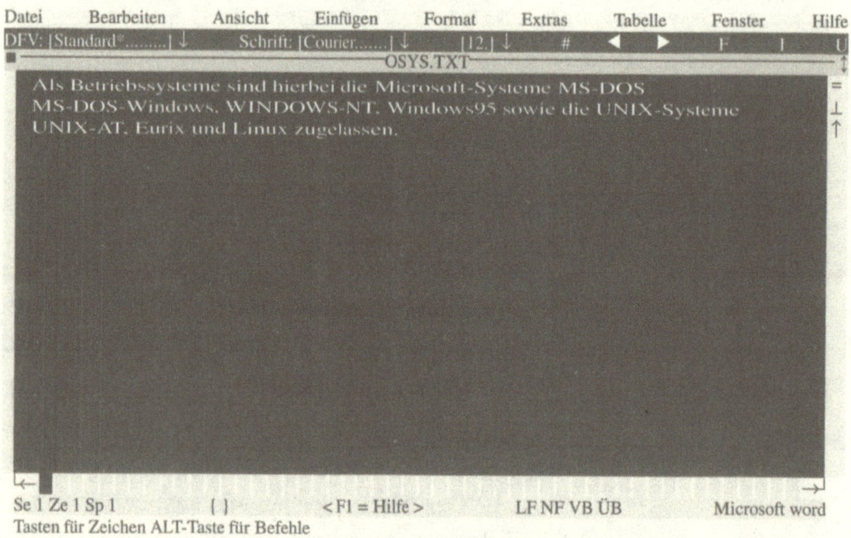

Abbildung 4.18: gespeicherter Textteil in Datei

Datei-Manager Es kann auf den Datei-Manager umgeschaltet werden. Z.B. können so Dateien nach anderen Kriterien (z.B. Suchtext, Erstellungsdatum, usw.) gesucht werden. Der Datei-Manager wird an späterer Stelle im Buch behandelt. Es handelt sich um ein Hilfsmittel zur Organisation aller mit dem Verwalten von Dokumenten zusammenhängenden Arbeiten.

OK Wird <ZT> eingegeben, so wird dies als Bestätigung interpretiert. Damit ist die Bearbeitung der Funktion abgeschlossen. (Beispiel: Es wird <ZT> = RETURN) eingegeben.

Abbrechen Eingabe von ESC führt zum Abbruch des Fensters.

> Das System kennt diese Datei nicht. Die entsprechende Frage („Soll die Datei angelegt werden?" wird mit „J" beantwortet. Es können Datei-Daten für die Verwaltung der Datei über den Datei-Manager eingegeben werden. (siehe Abb. 2.14 auf Seite 28)

4.9.4 Übertragen des Textes

Der ursprünglich markierte Text befindet sich im Pufferspeicher („Papierkorb"). Durch

Taste Umsch Einfg

wird der Text aus dem Pufferspeicher in die Zieldatei (Beispiel: OSYS.TXT) übertragen. Das Ergebnis ist in Abb. 4.18 auf der vorherigen Seite angezeigt.

4.10 Arbeiten mit Textbausteinen

4.10.1 Grundsätzliches

In jedem Arbeitsgebiet kommen gewissen Textteile vor, die immer wiederkehren. Beispiele hierfür sind:

Grußformeln am Anfang von Briefen,
Grußformeln zum Abschluß von Briefen,
wiederkehrende komplizierte Fremdworte,
Verteiler (Namen von Personen),
Vertragsklauseln.

Für die Organisation solcher Textteile wurde das Hilfsmittel der Textbausteine geschaffen. Textbausteine werden während des Erstellens eines Dokuments bereitgehalten. Sie sind mit Kurzbezeichnungen identifizierbar. Damit genügt es, diese Kurzbezeichnung beim Erstellen des Dokuments anzugeben, um den Langtext des Textbausteins in das Dokument zu stellen.
WORD kennt eine Standard-Textbaustein-Datei. Diese heißt

STANDARD.TBS

In dieser Textbaustein-Datei werden Textbausteine gespeichert. Es ist aber auch möglich, einen Textbaustein in einer oder mehreren speziellen Textbaustein-Dateien zu speichern. Der Anwender sollte darauf achten, daß die Textbaustein-Datei nicht zu groß wird. Große Textbaustein-Dateien benötigen viel Hauptspeicherplatz (in WORD wird die geöffnete Textbaustein--Datei im Hauptspeicher gehalten) und viel Zeit zum Laden der Textbaustein-Datei. Wo die Grenze hierbei liegt, ist maschinenabhängig. Aus diesem Grunde ist es zweckmäßig, bei getrennten Arbeitsgebieten eventuell getrennte Textbaustein-Dateien zu verwenden.
Die Textbaustein-Datei STANDARD.TBS ist automatisch geöffnet. Es können ohne Zusatzaufwand Textbausteine aus dieser Textbaustein-Datei verwendet werden. Sonst gilt das lediglich für die Textbaustein-Datei, die gerade geöffnet ist.
Die Textbaustein-Dateien können „verbunden" werden. Dies bedeutet, daß Textbausteine aus den verbundenen Textbaustein-Dateien benutzt werden können, während das sonst nur für die Textbaustein-Dateien gilt, die gerade geöffnet sind.

4.10.2 Erstellen und Speichern eines Textbausteins

Um einen Textbaustein erstellen zu können, muß dieser Textbaustein — auch dann, wenn er ganz allein in einer Datei stehen würde — markiert werden. Beispiel: Die in Abb. 4.19 auf der nächsten Seite markierten Zeilen sollen als Textbaustein gespeichert werden.
Um einen Textbaustein zu speichern geht man folgendermaßen vor.
Der Textbaustein ist zu markieren.
Da der Textbaustein beim späteren Einfügen in einen Text sein Format mitnimmt, ist es wichtig, den Textbaustein mit den entsprechenden Zeichen und Absatz-Formaten zu versehen.
Es wird **ALT-Bearbeiten Textbaustein**, also ALT b t, eingegeben. Dadurch wird das in Abb. 4.20 auf der nächsten Seite dargestellte Fenster geöffnet.
Folgende Eingaben können erfolgen:

Textbaustein Es wird der Name des Textbausteins eingetragen. Name und Tastaturschlüssel zusammen dürfen maximal eine Länge von 31 Zeichen haben. Bindestriche - und Unterstriche _ dürfen außer am Anfang oder am Ende vorkommen. Andere Sonderzeichen sind nicht zugelassen. (Beispiel: Es wird „Betriebssystem" eingetragen.)

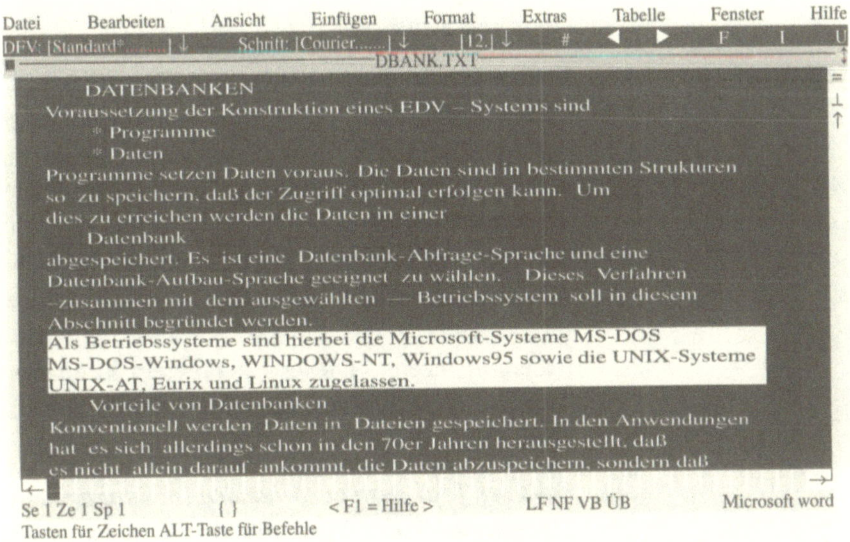

Abbildung 4.19: Textbaustein

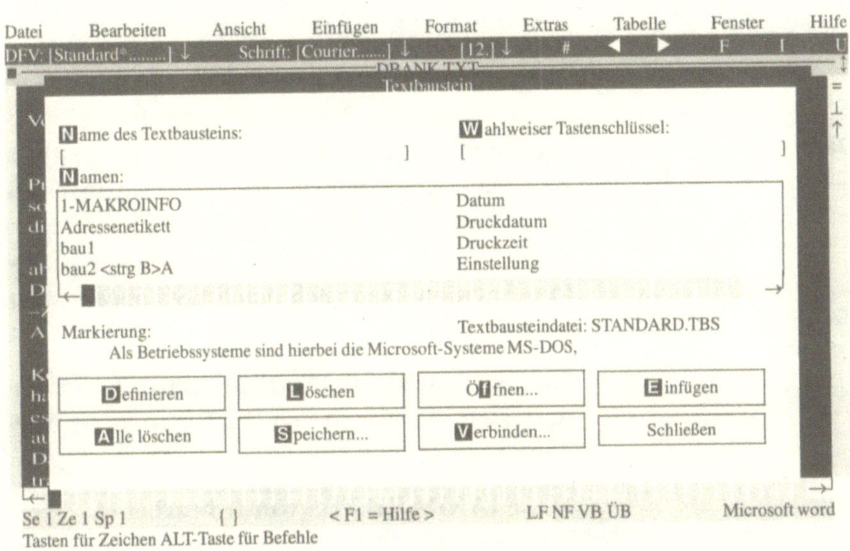

Abbildung 4.20: Textbaustein speichern

Wahlw.Tastenschlüssel Es sollte ein Tastenschlüssel verwendet werden, der möglichst kurz ist. Man kann z.B. einen aus 2 Zeichen bestehenden Schlüssel verwenden. Dem ersten Zeichen sollte ein Strg vorangestellt wird.

(Beispiel: Strg B y).

Namen In dem Rollfenster sind alle Namen von Textbausteinen angegeben, die es in der geöffneten Textbaustein-Datei gibt. Aus diesen kann man einen mit Hilfe der Tasten ↑ und ↓ auswählen. Der Name der jeweils ausgewählten Datei wird invers (weiß auf schwarz) angezeigt. Der Name des Textbausteins sowie — falls vorhanden der Tastenschlüssel — werden in den dafür vorgesehenen Eingabefeldern angezeigt. **Dieses Eingabefeld kann nur benutzt werden, wenn der Textbaustein bereits vorhanden ist.**

Falls der Textbaustein vorhanden ist, wird anstelle „Markierung“ der Name des Textbausteins sowie die erste Zeile des Textbausteins angezeigt.

Damit sind alle Dateneingaben erfolgt. Die Fortsetzung der Eingabe hängt davon ab, welche Funktion ausgeübt werden soll.

Definieren Hierdurch wird der Textbaustein in die Textbaustein-Datei übernommen. Wenn der Textbaustein existent ist, wird die Frage „Textbausteineintrag ersetzen?“ durch OK (<ZT> = RETURN) bestätigt (die Funktion kann auch durch ESC abgebrochen werden).

Hierdurch wird die Textbaustein-Datei verändert. Beim Verlassen von WORD wird die Meldung erzeugt:

STANDARD.TBS wurde bearbeitet.

Sollen die Änderungen gespeichert werden?

Ja **Nein** **Abbrechen**

Diese Nachricht ist unbedingt mit „J“ zu beantworten, da sonst die getätigten Änderungen verloren sind.

Löschen *Diese Funktion kann nur ausgeführt werden, wenn sich der Textbaustein bereits in der Textbaustein-Datei befindet.* Der Textbaustein wird gelöscht.

Alle löschen Es werden alle Textbausteine in der Textbaustein-Datei gelöscht.

Einfügen *Diese Funktion kann nur ausgeführt werden, wenn der Textbaustein bereits in der Textbaustein-Datei vorhanden ist.* Der Textbaustein wird an der Stelle eingefügt, an der der Cursor stand, als die Funktion **ALT Bearbeiten Textbaustein** aufgerufen wurde. Diese Operation kann aber auf viel einfachere Art (siehe Einfügen von Textbausteinen im nächsten Abschnitt) erreicht werden.

Speichern Eine Textbaustein-Datei, (Name kann vom Anwender gewählt werden) kann gespeichert werden. (S. Abschnitt „Verwaltung von Textbausteindateien").

Öffnen Hierdurch kann eine Textbaustein-Datei geöffnet werden. (Siehe Abschnitt „Verwaltung von Textbausteindateien").

Verbinden Hierdurch können zwei Textbaustein-Dateien verbunden werden. (Es können danach Textbausteine von den verbundenen Textbaustein-Dateien verwendet werden.) (Siehe auch: Abschnitt „Verwaltung von Textbausteindateien").

4.10.3 Einfügen von Textbausteinen

Das Arbeiten mit Textbausteinen ist sehr einfach gestaltet. Damit ist das Hilfsmittel „Textbaustein" ein sehr komfortables Hilfsmittel der Textverarbeitung. Textbausteine können auf sehr einfache Weise in einen Text eingefügt werden. Die Textbausteine werden dort in den Text eingefügt, wo sich gerade der Cursor befindet.
Es gibt zwei Verfahren zum Einfügen eines Textbausteins.

1. Verfahren: Der **Name** des Textbausteins wird eingegeben. Unmittelbar folgend wird die Taste F3 gedrückt.
2. Verfahren: Der **Tastenschlüssel** wird eingegeben.

Als Beispiel wird der Textbaustein „Betriebssystem" eingegeben. Der Text wird bis zu der Stelle geschrieben, nach welcher der Textbaustein folgen soll.

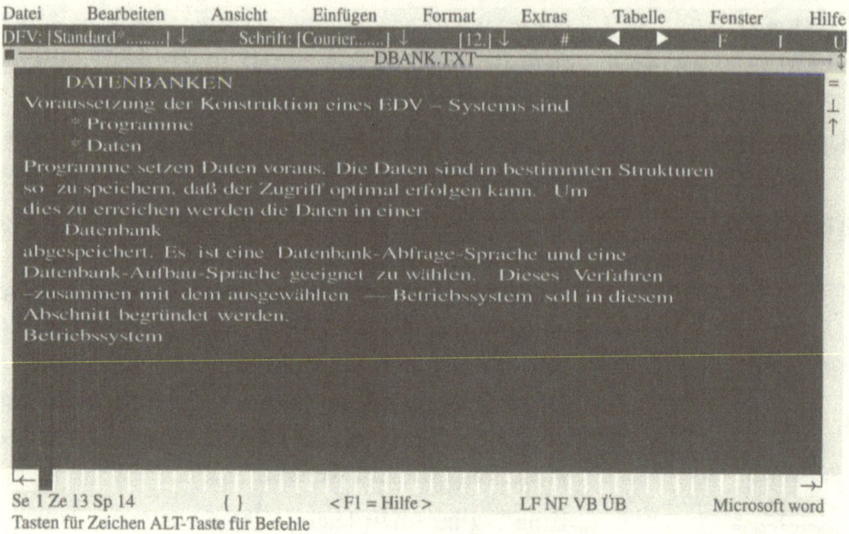

Abbildung 4.21: Textbaustein einfügen

Es wird das Wort „Betriebssystem“ eingegeben. Die Abb. 4.21 zeigt den Zustand des Bildschirms unmittelbar vor Eingabe der Taste F3. Unmittelbar folgend wird die Taste F3 gedrückt.
An der Stelle, wo der Name des Textbausteins (Betriebssystem) steht könnte auch der Tastenschlüssel Strg B y eingegeben werden. Der Tastenschlüssel benötigt keine zusätzliche Eingabe.

4.10.4 Standard-Textbausteine

Das System Word stellt eine Reihe von Textbausteinen standardmäßig zur Verfügung. Gleichgültig, welche Textbaustein-Datei eröffnet ist, hat der Anwender Zugriff auf diese Textbausteine.

Datum Es wird das in der Maschine gespeicherte Datum in der Form TT. Monat JJJJ (TT = Tag (keine führende Nullen), Monat = Monatsname, JJJJ = Jahreszahl (4-stellig)) erzeugt. Beispiel: 1. Mai 1996

Druckdatum Es wird der Text „(Druckdatum)“ erzeugt. Dieser Text wird beim Drucken durch das Datum im Format von Datum ersetzt.

Zeit Es wird die in der Maschine gespeicherte aktuelle Uhrzeit in der Form hh:mm (hh = Stunde (ohne führende Nullen), mm = Minuten (zweistellig)) erzeugt. Beispiel: 9:06

Druckzeit Es wird der Text „(Druckzeit)“ erzeugt. Dieser Text wird beim Drucken durch die in der Maschine gespeicherte Uhrzeit in der Form hh:mm (hh = Stunde (ohne führende Nullen), mm = Minuten (zweistellig)) erzeugt.

Seite Es wird der Text „(Seite)“ erzeugt. Dieser Text wird während des Druckens durch die aktuelle Seiten-Nummer ersetzt. Dieser Textbaustein kann in Kopf- und Fußzeilen verwendet werden, um die jeweilige Seiten-Nummer zu erzeugen.

Nächste_Seite Es wird der Text „(Nächste_Seite)“ erzeugt. Dieser Text wird während des Druckens durch die Seiten-Nummer ersetzt, die der aktuellen Seite folgt. Dies kann dazu verwendet werden, um z.B. in Briefen am unteren Ende der Seite anzugeben, welche Seite auf die aktuelle Seite folgt.

4.10.5 Verwalten von Textbaustein-Dateien

Beim Arbeiten mit Textbausteinen ist es zweckmäßig, spezielle Textbaustein-Dateien anzulegen. Arbeitet man mit der Textbaustein-Datei STANDARD.TBS, so könnte diese unhandlich groß werden. Es sei hier an dieser Stelle noch einmal wiederholt, daß Textbaustein-Dateien zur Verarbeitungszeit im Hauptspeicher gehalten werden. Dieser ist im allgemeinen 4 MB (Mega-Byte) oder 8 MB groß. Aus diesem Grunde kann es vorkommen, daß die Datei STANDARD.TBS so groß wird, daß nicht genügend Hauptspeicherplatz zur Verfügung steht oder daß die Ladezeit (bei jedem Neuaufruf von WORD) extrem lang wird. Aus diesem Grunde ist die Erzeugung einer weiteren Textbausteindatei ratsam. Diese wird einem Arbeitsgebiet zugeordnet. Immer, wenn in diesem Arbeitsgebiet gearbeitet wird, wird mit dieser Text-Baustein-Datei gearbeitet.

Textbaustein-Datei speichern

Die Textbaustein-Datei STANDARD.TBS wird beim Laden von WORD stets ebenfalls in den Hauptspeicher geladen. Um eine neue Textbaustein-Datei zu speichern sind 2 Arbeitsschritte nötig. Dies soll an einem Beispiel dargestellt werden.

1. Erzeugen einer Textbaustein-Datei mit neuem Namen und Inhalt der Datei STANDARD.TBS
2. Löschen alle Textbausteine in der neuen Textbaustein-Datei

Beispiel: Die Textbaustein-Datei INFO.TBS soll neu angelegt werden. Die Datei soll zunächst keine Textbausteine enthalten. Die Datei INFO.TBS soll aus der Datei STANDARD.TBS erzeugt werden.

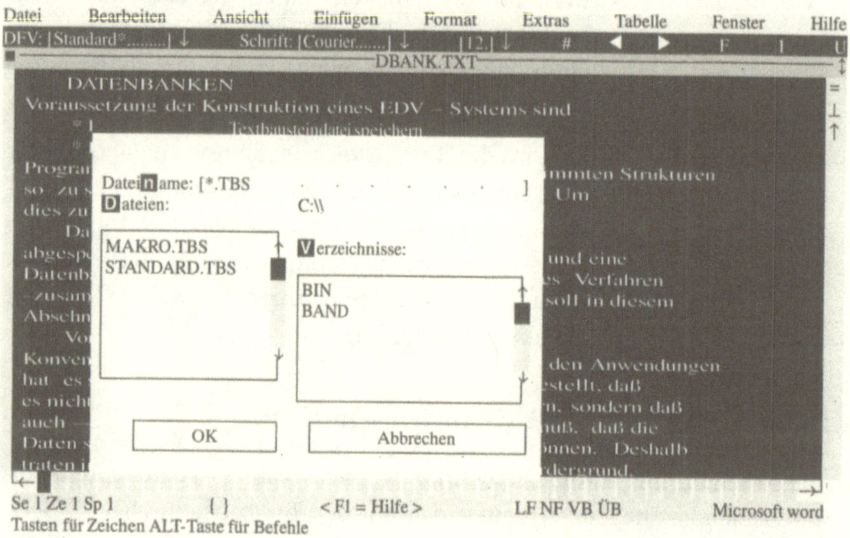

Abbildung 4.22: Textbaustein-Datei speichern

1. Speichern STANDARD.TBS in neue Textbaustein-Datei

Durch Eingabe von **ALT Bearbeiten Textbaustein** wird die Maske Textbaustein, die in Abb. 4.20 auf Seite 83 dargestellt ist, aufgerufen. Zusätzlich muß noch

ALT Speichern

also ALT s eingegeben werden. Hierdurch wird das Fenster „Textbaustein-Datei speichern“ (Abb. 4.22) erzeugt.
Folgende Eingaben können erfolgen:

Dateiname In diesem Feld ist der Dateiname einzugeben. Die Eingabe kann in dem Feld direkt erfolgen. Die Vorbesetzung wird überschrieben. **Im Beispiel wird hier INFO.TBS eingegeben.**

Dateien Die in diesem Bereich angegebenen Dateien können ausgewählt werden. Der Bereich ist ein Rollfenster. Der Name der jeweils ausgewählten Datei wird invers dargestellt. Außerdem wird der Dateiname unter „Dateiname" eingetragen. Es werden nur die Dateien angezeigt, die Textbaustein-Dateien sind.

Verzeichnisse Dateien sind in mehreren Verzeichnissen (Directories) des Betriebssystems abgespeichert. Dateien (z.B. mit dem Namen INFORM.TBS) in dem Verzeichnis BAND können dann mit dem Namen

BAND\INFORM.TBS

gefunden werden.
BAND\INFORM.TBS heißt „Pfad der Datei".

OK Wird <ZT> eingegeben, so wird dies als Bestätigung interpretiert. Damit ist die Bearbeitung der Funktion abgeschlossen. (Beispiel: Es wird <ZT> = RETURN) eingegeben.

Abbrechen Eingabe von ESC führt zum Abbruch des Fensters.

im Beispiel ist damit die Textbaustein-Datei INFO.TBS mit den Textbausteinen, die sich auch in der Datei STANDARD.TBS befinden, gespeichert.

2. Löschen alle Textbausteine

Da nun in der erzeugten Textbaustein-Datei (im Beispiel INFO.TBS) alle Textbausteine von STANDARD.TBS gespeichert sind, müssen diese noch gelöscht werden.
Die erzeugte Textbaustein-Datei (im Beispiel INFO.TBS) ist nun die aktuelle Textbaustein-Datei. Durch die Eingabe

ALT Bearbeiten Textbaustein

wird das Fenster Abb. 4.23 auf der nächsten Seite eröffnet, welches bereits auf Seite 83 erläutert wurde.
Durch Eingabe von **ALT Alle löschen — also Alt a**
werden alle Textbausteine gelöscht. (Es bleiben die Zugriffe auf die Textbausteine Datum, Druckdatum, Zeit, Druckzeit, Seite, Nächste_Seite und Fußnote erhalten. Hier handelt es sich um Standard-Textbausteine, die nicht gelöscht werden können.)

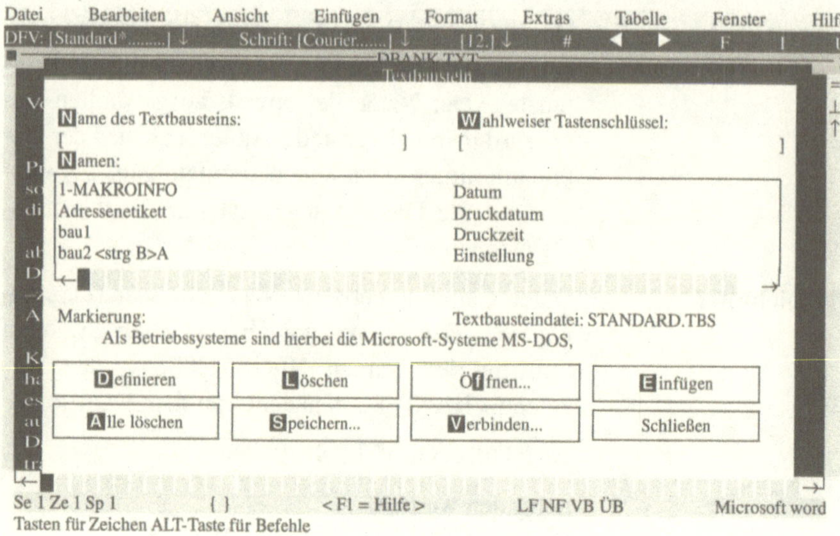

Abbildung 4.23: Textbaustein

Eröffnen Textbaustein-Datei

Beim Laden von WORD wird gleichzeitig die Textbaustein-Datei STANDARD.TBS geladen und eröffnet. Möchte man eine andere Textbaustein-Datei eröffnen und als aktuelle Textbaustein-Datei verwenden, dann ist das Fenster Abb. 4.23 durch die Eingabe

ALT Bearbeiten Textbaustein

zu erzeugen. Durch die Eingabe von **ALT Öffnen**, also ALT f, wird das Fenster Abb. 4.24 auf der nächsten Seite geöffnet.

Folgende Eingaben sind möglich:

Dateiname In diesem Feld ist der Dateiname einzugeben. Die Eingabe kann in dem Feld direkt erfolgen. Die Vorbesetzung wird überschrieben.

Dateien Die in diesem Bereich angegebenen Dateien können ausgewählt werden. Der Bereich ist ein Rollfenster. Der Name der jeweils ausgewählten Datei wird invers dargestellt. Außerdem wird der Dateiname unter „Dateiname" eingetragen. Es werden nur die Dateien angezeigt, die Textbaustein-Dateien sind.

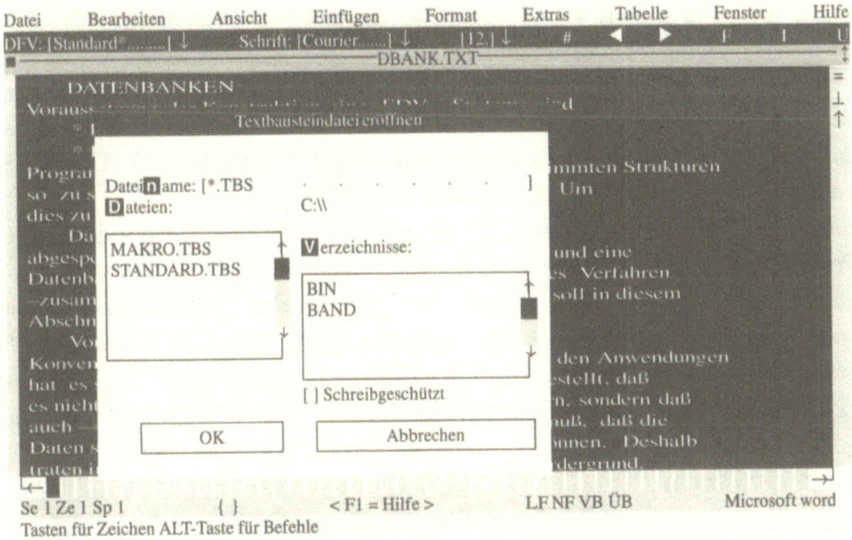

Abbildung 4.24: Textbausteindatei eröffnen

Verzeichnisse Dateien sind in mehreren Verzeichnissen (Directories) des Betriebssystems abgespeichert. Dateien (z.B. mit dem Namen INFORM.TBS) in dem Verzeichnis BAND können dann mit dem Namen

BAND\INFORM.TBS

gefunden werden.

Schreibgeschützt Wenn dieses Feld aktiviert ist (X), dann wird die Datei schreibgeschützt eröffnet. (Die Datei kann nicht überschrieben werden, ohne daß dies angezeigt wird.)

OK Wird <ZT> eingegeben, so wird dies als Bestätigung interpretiert. Damit ist die Bearbeitung der Funktion abgeschlossen. (Beispiel: Es wird <ZT> = RETURN) eingegeben.)

Abbrechen Eingabe von ESC führt zum Abbruch des Fensters.

Die eröffnete Textbaustein-Datei ist nunmehr die aktuelle Textbaustein-Datei.

Nutzung von weiteren Textbaustein-Dateien

Die aktuelle Textbaustein-Datei ist zunächst die einzige Textbaustein-Datei, aus der Textbausteine entnommen werden können. (Entweder handelt es sich bei der aktuellen Textbaustein-Datei um die Datei STANDARD.TBS oder die aktuelle Textbaustein-Datei wurde eröffnet.)
Für eine effektive Organisation ist es zweckmässig, eine für das jeweilige Projekt optimale Textbaustein-Datei zu erzeugen und dann allein zu verwenden. Es ist aber in WORD auch möglich, zusätzliche Textbaustein-Dateien zu nutzen. In WORD können diese zusätzlichen Dateien durch „verbinden" genutzt werden. Wenn man beispielsweise die Datei STANDARD.TBS zusätzlich zu einer Textbaustein-Datei INFO.TBS nutzen möchte geht man folgendermaßen vor.
Durch die Eingabe

ALT Bearbeiten Textbaustein

wird das Fenster Abb. 4.23 auf Seite 90 eröffnet. Durch die Eingabe von **ALT Verbinden**, also ALT v, wird das Fenster Abb. 4.25 geöffnet.

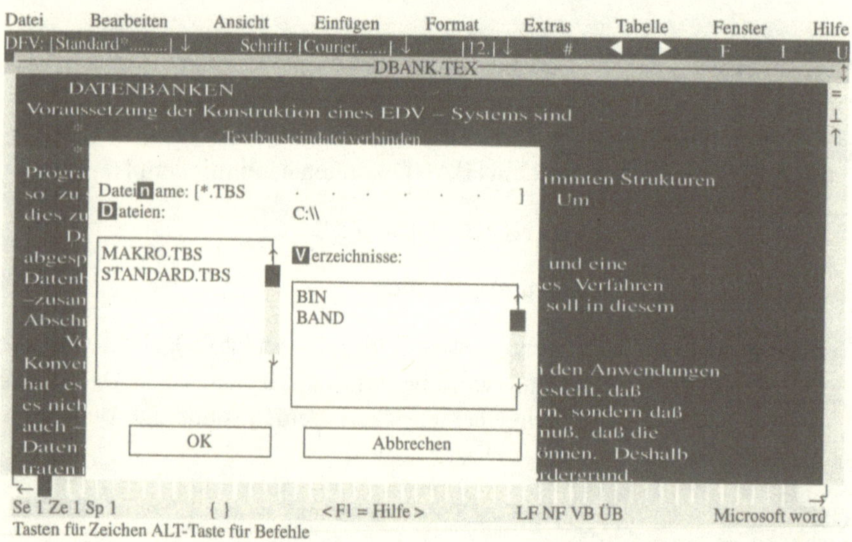

Abbildung 4.25: Textbausteindatei verbinden

Folgende Eingaben sind möglich:

Dateiname In diesem Feld ist der Dateiname einzugeben. Die Eingabe kann in dem Feld direkt erfolgen. Die Vorbesetzung wird überschrieben.

Dateien Die in diesem Bereich angegebenen Dateien können ausgewählt werden. Der Bereich ist ein Rollfenster. Der Name der jeweils ausgewählten Datei wird invers dargestellt. Außerdem wird der Dateiname unter „Dateiname" eingetragen. Es werden nur die Dateien angezeigt, die Textbaustein-Dateien sind.

Verzeichnisse Dateien sind in mehreren Verzeichnissen (Directories) des Betriebssystems abgespeichert. Dateien (z.B. mit dem Namen INFORM.TBS) in dem Verzeichnis BAND können dann mit dem Namen

BAND\INFORM.TBS

gefunden werden.

OK Wird <ZT> eingegeben, so wird dies als Bestätigung interpretiert. Damit ist die Bearbeitung der Funktion abgeschlossen. (Beispiel: Es wird <ZT> = RETURN) eingegeben.

Abbrechen Eingabe von ESC führt zum Abbruch des Fensters.

Es muß entweder über Dateiname oder Dateien der Name der Textbaustein-Datei eingegeben werden. Dieser ist durch „OK" zu bestätigen.
Nun können die Textbausteine aus der „verbundenen" Textbaustein-Datei zusätzlich zu den Textbausteinen aus der aktuellen Textbaustein-Datei genutzt werden.

Drucken von Textbaustein-Dateien

Um eine gute Übersicht über eine Textbaustein-Datei zu erhalten, sollte diese gedruckt werden. Es ist hierzu nötig, daß die Textbaustein-Datei eröffnet ist. Die Textbaustein-Datei STANDARD.TBS ist beim Laden von WORD auch geöffnet. (Wird also keine Textbaustein-Datei eröffnet, so nimmt das System an, daß die Datei STANDARD.TBS gedruckt werden soll.)
Um diesen Druckauftrag zu formulieren wird

ALT Datei Drucken — also ALT d d

eingegeben. Hierdurch wird das Fenster Abb. 4.26 auf der nächsten Seite geöffnet.
An Stelle der sonst üblichen Eingabe unter **D**rucken „Dokument" wird in dem ersten Rollfenster „Textbaustein" eingegeben. Es wird sonst durch „OK" der Druckvorgang über die Warteschlange gestartet.

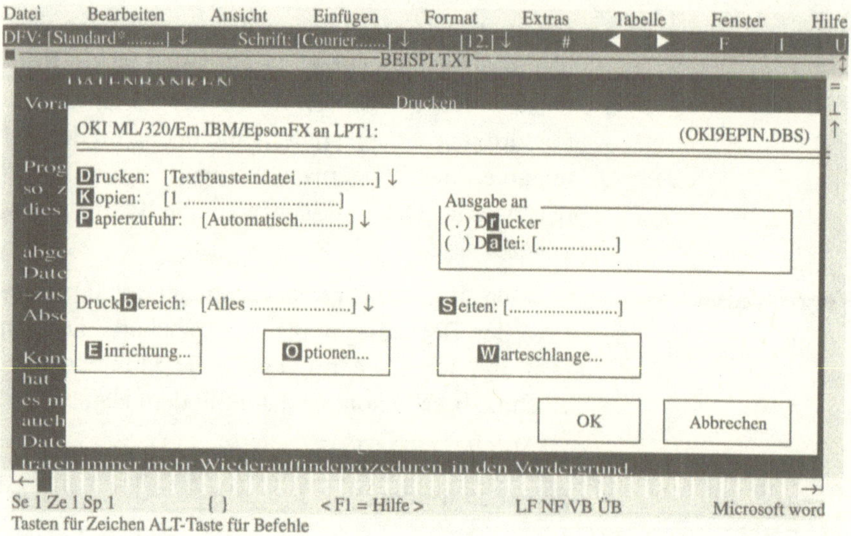

Abbildung 4.26: Textbausteindatei drucken

```
1-INFO
      «BESTIMMEN echo=" Aus" »
      «BESTIMMEN Fenster=10»
      «AWENN i=" Zu viele Fenster geöffnet. Schließen
      Sie eines und versuchen Sie es noch einmal.»
      «QUITT»
      «EWENN»
      <strg unt>dn<return>
      <strg unt>bt1-MAKROINFO<alt e>
      <strg pos1>
```

Abbildung 4.27: Basis-Textbausteine

Ein Beispiel des Anfangs einer solchen Ausgabe-Liste zeigt die Abb. 4.27.

Kapitel 5

Makros

5.1 Grundsätzliches

Zur Vereinfachung der Verarbeitung wird in WORD das Hilfsmittel der Makros zur Verfügung gestellt. Wird in den Text der Namen eines Makros eingegeben, so wird statt des Namens eine Prozedur abgewickelt und deren Ausgaben in den Text gestellt. Die zu den Makros gehörigen Prozeduren werden in den Textbaustein-Dateien gespeichert.
Die Makros werden mit **Namen** identifiziert. Den Makros können **Tastenschlüssel** zugewiesen werden. Namen und Tastenschlüssel müssen jeder für sich eindeutig gewählt werden. (Das System prüft dies.) Namen und Tastenschlüssel dürfen zusammen maximal 30 Zeichen lang sein. Als Zeichen dürfen Buchstaben und Ziffern sowie die Sonderzeichen „ .“, „-“ und „_“ verwendet werden, wobei der Punkt nicht am Ende des Namens stehen darf. Der Tastenschlüssel beginnt mit einem Strg-Zeichen. Zusätzlich kann noch ein weiteres Zeichen (Buchstabe oder Ziffer) verwendet werden. (Beispiel: <Strg S> E)

Das System WORD wird mit einer Reihe von vordefinierten Makros geliefert, die in STANDARD.TBS stehen.

> Der Autor stellt auf einer mit dem Buch ausgelieferten Diskette zusätzliche Makros in einer Datei INFO.TBS zur Verfügung.

5.2 Beispiel: Speichern markierten Text in Datei

An einem Beispiel wird dargestellt, wie die Beschreibung von Makros in diesem Buch geschehen wird.

Makro Markieren_Speichern (STANDARD)

Aufgabe: Ein markierter Text soll in eine Datei gespeichert werden, deren Namen vorgegeben wird. Die Aufgabe wurde bereits in Abschnitt „Schreiben eines Textteils in eine Datei“ Seite 77 mit konventionellen Mitteln gelöst.

Tast.Schlüssel: <Strg M> S

Meldung: Falls nichts markiert: Markieren Sie den zu speichernden Text, dann EINGABETASTE

Abfrage: Wenn Markierung beendet:

> Geben Sie den Dateinamen ein, unter dem
> der markierte Bereich gespeichert werden soll.
> [. . . . .]
> OK | Abbrechen

Zur der Beschreibung werden noch folgende Erläuterungen gegeben.

Makro Hier wird der Name des Makros notiert. In Klammern wird das Makro-Paket genannt.

Wenn die Klammer (STANDARD) enthält, handelt es sich um standardmäßig mit WORD ausgelieferte Makros, falls der Autor dieses Buches das Makro erstellt hat, steht INFO in der Klammer. Die Textbaustein-Datei INFO befindet sich auf einer Diskette, die mit dem Buch ausgeliefert wird.

Aufgabe Es wird die Aufgabe des Makros beschrieben.

Tast.Schlüssel Hier ist der Tastatur-Schlüssel angegeben.

Meldung Bei Makros werden Meldungen ausgegeben. Diese erscheinen auf der vorletzten Zeile des Bildschirms.

Abfrage Falls das Makro eine Abfrage an den Anwender startet, ist diese hier notiert. (Die Abfrage erscheint in einem Fenster.)

Hinweis Zusätzliche Hinweise erläutern die Bedienung.

5.3 Beispiele von Makros aus STANDARD.TBS

In diesem Abschnitt werden Makros beschrieben, die zur allgemeinen Verwaltung nützlich sind. Einige Makros werden sachgerecht in den jeweiligen

Sachkapiteln behandelt. Einige Makros mit geringerer Anwendungshäufigkeit sind in einer Kurzform in einem Abschnitt aufgeführt.

> Die Makros sind eine nützliche Bearbeitungshilfe. Die Bedienung ist erheblich einfacher als die Bedienung über Tastatur. Allerdings ist ein nicht unerheblicher Memorierungsaufwand nötig. Aus diesem Grunde werden nur diejenigen Makros verwendet, die häufig angewendet werden können, weil sich dadurch der Tastenschlüssel leichter einprägt.

5.3.1 Durchstreichen

Für Vertragstexte kann es sinnvoll sein, Textteile, die gelöscht werden sollen, physisch durchzustreichen. Hierzu dient ein Makro

Makro Durchstreichen (STANDARD)

Aufgabe: Ein markierter Textteil soll durchgestrichen werden.

Tast.Schlüssel: <Strg D> U

Meldung: Falls nichts markiert: Markieren Sie den zu speichernden Text, dann EINGABETASTE

5.3.2 Dateiname in Text einfügen

Der Name der Datei wird in den Text eingefügt.

Makro Dateiname (STANDARD)

Aufgabe: Es soll an die Stelle des Cursors der Dateiname gestellt werden.

Tast.Schlüssel: <Strg D> N

5.3.3 Memorandum in Text einfügen

Es wird eine Überschrift für ein Memorandum erzeugt.

Makro Memo (STANDARD)

Aufgabe: Es wird die Überschrift über ein Memorandum erzeugt:

MEMORANDUM

AN:
VON:
BETRIFFT:
KOPIE AN:
DATUM: (Druckdatum)

Tast.Schlüssel: <Strg M> 0

5.4 Ersetzen Zeichenfolge durch Textbaustein

Es wird eine Zeichenfolge durch einen Textbaustein ersetzt.

Makro Baustein_ersetzen (STANDARD)

Aufgabe: Es wird eine Zeichenfolge, die durch Eingabe festgelegt wird, durch einen Textbaustein ersetzt.

Tast.Schlüssel: <Strg B> E

Meldung: Zu ersetzenden Text eingeben, Optionen wählen, dann EINGABETASTE

Abfrage: Maske für zu suchenden Text

Zu suchender Text:
[. . . . .]

[ ] Als separates Wort
[ ] Groß-Kleinschreibung

Richtung
( ) Aufwärts
(•) Abwärts

Nur nach Formatierung suchen ... | OK | Abbrechen

Eingabe Namen Textbaustein:

Geben Sie den Namen des Textbausteins, der den markierten Text ersetzen soll, ein.
[. . . . .]
OK | Abbrechen

5.5 Textteil kopieren

Bei diesem Makro ist besonders deutlich, daß die Benutzung von Makros die Verarbeitung sehr vereinfacht. (Vergleichen Sie dazu die in Abschnitt 4.5 (Seite 67 ff.) dargestellten Verfahren.)

Makro	Text_kopieren (STANDARD)
Aufgabe:	Es ist ein Textteil an eine andere Stelle im Text zu kopieren.
Tast.Schlüssel:	<Strg T> K
Meldung:	Meldung bei Start Verarbeitung: Zu kopierenden Text markieren, dann EINGABETASTE drücken
Meldung:	Meldung nach vollendeter Markierung: Zielpunkt markieren, dann EINGABETASTE drücken

---

5.6 Textteil umstellen

Auch die Anwendung dieses Makros ist deutlich einfacher als die Benutzung der in Abschnitt 4.6 (Seite 70 ff.) dargestellten Verfahren.

Makro	Text_umstellen (STANDARD)
Aufgabe:	Es ist ein Textteil an eine andere Stelle im Text zu stellen. (Ein Textteil soll an einer Stelle gelöscht werden und dafür an einer anderen Stelle auftreten.)
Tast.Schlüssel:	<Strg T> U
Meldung:	Meldung bei Start Verarbeitung: Zu verschiebenden Text markieren, dann EINGABETASTE drücken
Meldung:	Meldung nach vollendeter Markierung: Zielort markieren, dann EINGABETASTE drücken

---

5.7 Löschen

Die Operation Löschen wird häufig eingesetzt. Aus diesem Grunde hat der Autor zu diesem Thema einige Makros geschaffen.

5.7.1 Löschen aktuelle Zeile

Dies ist ein Makro, welches sich an der physischen Gestalt des Textes (Aufteilung in Zeilen) orientiert.

Makro Lösch_zeile (INFO)

Aufgabe: Es wird die Zeile, auf der sich der Cursor befindet, gelöscht. **Soll ein Textteil aus wenigen Zeilen gelöscht werden, so ist es gelegentlich zweckmäßig dafür die einzelnen Zeilen zu löschen, weil auf diese Weise die sonst notwendige Markierung entfällt.**

Tast.Schlüssel: <Strg L> Z

Meldung: keine Meldung

5.7.2 Löschen aktuelle Position bis Zeilenende

Dieses Makro kann häufig gut verwendet werden, wenn man Änderungen an Texten anbringt.

Makro Lösch_zeilenende (INFO)

Aufgabe: Es wird die Zeile, auf der sich der Cursor befindet, von der aktuellen Position bis zum Zeilenende gelöscht.
Beispiel:
Vor der Operation:
Das ist ein Test für das Löschen.
Nach der Operation:
Das ist ein Test
(Die aktuelle Position des Cursors ist durch „_" dargestellt.)

Tast.Schlüssel: <Strg L> E

Meldung: keine Meldung

5.7.3 Löschen von aktueller Position bis Textende

Diese Operation wird bei der Bearbeitung von Texten benutzt, nachdem größere Änderungen am Text vorgenommen worden sind. (Z.B. Kopieren von Textteilen, wobei jeweils der Rest des Textes bei der zweiten Einstellung nicht verwendet wird.)

Makro	Lösch_textende (INFO)
Aufgabe:	Es wird der Text von der aktuellen Position bis zum Textende gelöscht. (Man beachte: Der Text steht im Pufferspeicher („Papierkorb"). Durch die Taste Einfg kann der Text wiederhergestellt werden.
Tast.Schlüssel:	<Strg L> T
Meldung:	keine Meldung

5.7.4 Löschen Bildschirm

Diese Operation wird verwendet, wenn auf dem Bildschirm noch Textteile stehen, die nicht weiter verwendet werden sollen, z.B. weil der Text durch „Speichern unter" bereits auf der Festplatte gespeichert ist.

Makro	Lösch_Bildschirm (INFO)
Aufgabe:	Es wird der Bildschirm (das aktuelle Fenster) gelöscht.
Tast.Schlüssel:	<Strg L> B
Meldung:	keine Meldung

5.8 Suchen und Suchen / Ersetzen

5.8.1 Suchen

Eine Makro-Instruktion gestattet einen bequemere Verarbeitung als die in Abschnitt Abschnitt 4.3 (Seite 62 ff.) dargestellte Verarbeitungsform.

Makro Suchen (INFO)

Aufgabe: Es wird der Text nach einer (vom Anwender eingegebenen) Zeichenfolge durchsucht. Das System markiert das erste Vorkommen und hält an. Zur Fortsetzung kann man die Markierung verlassen (Z.B. mit →) und dann durch Taste F4 die Operation wiederholen.

Tast.Schlüssel: <Strg S> U

Maske für zu suchenden Text

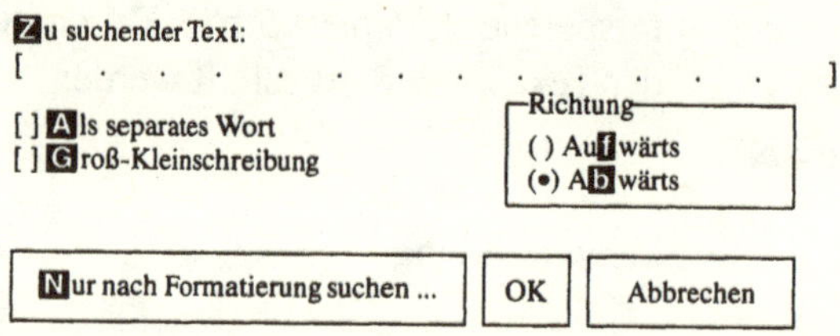

Hinweis Die Eintragungen in der Bildschirmmaske sind im Anschluß an Abb. 4.4 auf Seite 63 näher erläutert.

Meldung: keine Meldung

5.8.2 Suchen und Ersetzen

Dieses Makro durchsucht stets den gesamten Text. Es werden in dem gesamten Text Änderungen durchgeführt. Jede einzelne Änderung muß bestätigt werden.

Makro Suchersetz (INFO)

Aufgabe: Es wird der Text nach einer (vom Anwender eingegebenen) Zeichenfolge durchsucht. Das System markiert das erste Vorkommen und hält an. Es erscheint eine Maske, mit der die Ersetzung bestätigt werden kann. Die Ersetzung kann auch nicht vollzogen werden.

Tast.Schlüssel: <Strg S> E

Abfrage: Eingabe des Suchtextes:

Suchtext

[. . . . .]

[OK] [Abbrechen]

Eingabe des Zieltextes:

Zieltext

[. . . . .]

[OK] [Abbrechen]

Abfrage nach Auffinden des Suchtextes

Markierten Bereich ersetzen?

[Alle ersetzen?] [Ja] [Nein] [Abbrechen]

Meldung: Meldung am Ende des Makros: xx Anzahl Ersetzungen (xx = Anzahl der Ersetzungen)

5.8.3 Makro für eine Übersicht über die Makros

Die Hauptschwierigkeit in der Anwendung der Makros besteht darin, daß man die Tastenschlüssel memoriert. Die Verarbeitung geht natürlich am schnellsten, wenn der jeweilige Tastenschlüssel bekannt ist.
Hier hilft ein Makro xx mit dem Tastenschlüssel <Strg X> X. Es zeigt — ohne die Verarbeitung zu beeinflussen (in einem anderen Fenster) die Makros an, deren Beschreibungszeile eine bestimmte Zeichenfolge, die der Anwender eingeben kann, enthält.

Makro XX (INFO)

Aufgabe: Es wird eine Übersicht über alle Makros gegeben, deren Beschreibungszeile eine Zeichenfolge enthält. Die Zeichenfolge kann den Anfang eines Wortes, das Innere eines Wortes oder das Ende eines Wortes darstellen.

Tast.Schlüssel: <Strg X> X

Abfrage: Eingabe der Zeichenfolge:

Bitte geben Sie die Zeichenfolge an, die das Makro enthält
[. . . . .]
[OK] [Abbrechen]

Meldung: Meldung am Ende des Makros:

Alle Makros, die such enthalten:

suchen	suchen	<Strg S> U
suchen und ersetzen	suchersetz	<Strg S> E

Bitte eine Taste drücken, um fortzufahren

5.9 Zusammenfassung

Die Abschnitte über die Makros sollen deutlich gemacht haben, daß es Zeit spart, wenn man — insbesondere bei der Bearbeitung von Texten — an Stelle der Tastenverarbeitung mit Fensterwechsel besser die Makro-Verarbeitung anwendet. Allerdings ist es hierzu nötig, über zusätzliche Makros zu verfügen, wie sie z.B. in INFO.TBS den Lesern auf einer Diskette zur Verfügung gestellt werden.
Im folgenden Ablauf werden die zu einer Sachfrage gehörenden Makros jeweils (mit der charakteristischen Beschreibung) dargestellt.

5.10 Weitere Möglichkeiten

Will man weitere Möglichkeiten der Makro-Instruktionen erschließen ohne ins eigentliche Programmieren von Makro-Instruktionen zu kommen, soll hier noch ein Zugang zu den Makro-Instruktionen auch für spätere Anwendungen geschaffen werden. Das Hauptfenster ist in Abb. 5.1 auf der nächsten Seite dargestellt, es ist durch

Alt Extra Makro

zu erreichen.

5.10.1 Aufsuchen Namen Makro-Instruktionen

Um Makro-Instruktionen aufzusuchen, wird folgendermaßen vorgegangen. (nachdem mit **Alt Extra Makro** das Fenster geöffnet wurde.)

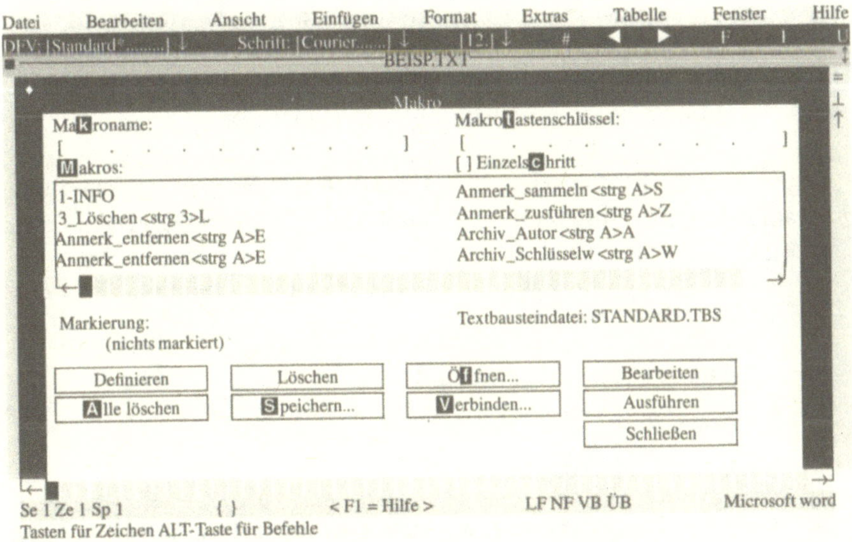

Abbildung 5.1: Hauptfenster Makro

1. Eingabe: **Alt Makroinstruktion**
2. Es handelt sich um ein Rollfenster. Durch Verwendung der Tasten ↓ oder ↑ können die Makro-Instruktionen einzeln durchsucht werden.
3. Durch Eingabe eines einzelnen Zeichens (z.B. B) wird die erste Makro-Instruktion aufgesucht, die mit diesem Buchstaben beginnt.

> Der Name der Makro-Instruktion wird unter **Makroname** und der Tastenschlüssel unter **Makrotastenschlüssel** angezeigt.

5.10.2 Verwandeln einer Makro-Instruktion in Text

Um den Inhalt einer Makro-Instruktion (als Text) kennen zu lernen, wird folgendermaßen vorgegangen.

1. Aufsuchen einer Makro-Instruktion (siehe voriger Unterabschnitt)
2. Bearbeiten: Eingabe von **Bearbeiten** — Hierdurch wird der Text der Makro-Instruktion am Bildschirm angezeigt.

Von hier aus könnte der Text der Makro-Instruktion z.B. durch

ALT Datei Drucken

ausgedruckt werden.

5.10.3 Verwandeln eines Textes in eine Makro-Instruktion

Will man einen Text (z.B. auch geänderter Makro-Instruktionen) als Makro-Instruktion aufnehmen, so geht man folgendermaßen vor.

1. Die Makro-Instruktion wird (als Text) in den Speicher geladen und am Bildschirm angezeigt (z.B. durch **ALT Einfügen Datei**) Alt Extra Makro

2. Der Text wird markiert:

   (a) Cursor Position 1: Strg Pos1

   (b) Markieren : F8

   (c) bis zu Ende: Strg Ende

3. Öffnen des Haupt-Makro-Fensters (siehe Abb. 5.1 auf der vorherigen Seite):

4. Aufruf der speziellen Makro-Instruktion

5. Eingabe **ALT Makroname** mit anschließendem Namen
   oder
   Eingabe **ALT Makrotastenschlüssel** mit anschließendem Makro-Tastenschlüssel

6. Festlegen des neuen Textes der Makro-Instruktion: **ALT Definieren**

7. (Wenn es sich um eine Änderung handelt): Die Frage „Soll die Makro geändert werden?“ wird mit <ZT>=<RETURN> beantwortet.

Kapitel 6

Formatierung von Seite und Text

6.1 Grundsätzliches

Die Seite kann eine beliebige Größe haben (Länge und Breite). Sie kann im Hoch- oder Querformat beschrieben werden. Der Text kann in unterschiedlichem Format auf die Seite gestellt werden. Wenn die Schrift — wie in Kapitel 4 beschrieben — festgelegt ist, bleiben noch folgende Formatierungen zu bestimmen.

Seite
Absatz
Abschnitt

Seite Es wird die Papiergröße (Länge und Breite) und die Stellung des Textes auf der Seite (linke, rechte, obere, untere Ränder) festgelegt.

Absatz Die Ausrichtung (links, rechts, Blocksatz) und den Einzug am Absatzbeginn, der Abstand oberhalb der Zeilen und unterhalb der Zeilen kann gewählt werden. Es kann festgelegt werden, ob Absätze auf einer Seite zusammengehalten werden müssen oder nicht.

Abschnitt Unter Abschnitt (Kapitel) wird in WORD ein größerer Teil eines Dokuments oder ein ganzes Dokument verstanden. In diesem wird der gesamte Schreibstil konstant gehalten. Insbesondere ist der Stand der Fußnoten und die Art der Seitennumerierung (fortlaufend, beginnend mit neuem Abschnitt) wählbar.

Druckformatvorlage Für bestimmte Arten von Dokumenten (z.B. Notizen, Briefe, Produktbeschreibungen usw. wird der Schreibstil in einer Druckformatvorlage festgelegt.

Diese Formatierung wird in diesem Kapitel beschrieben. Es werden auch die Standard-Druckvorlagen und die Erstellung von Druckformaten behandelt. Sie erhalten Vorschläge für Druckformate.

> Nun könnte man denken, es würde alles in Druckformaten (Schreibstilen) festgelegt. Das ist aber nicht der Fall. Es wird immer wieder Textteile geben, die in einem anderen Format als dem in der Druckfomatvorlage (Schreibstil) festgelegten geschrieben werden müssen. Aus diesem Grunde wird die Basis-Formatierung in diesem Kapitel zuerst behandelt.

6.2 Seitenformatierung

Es wird in diesem Abschnitt davon ausgegangen, daß die Formatierung für

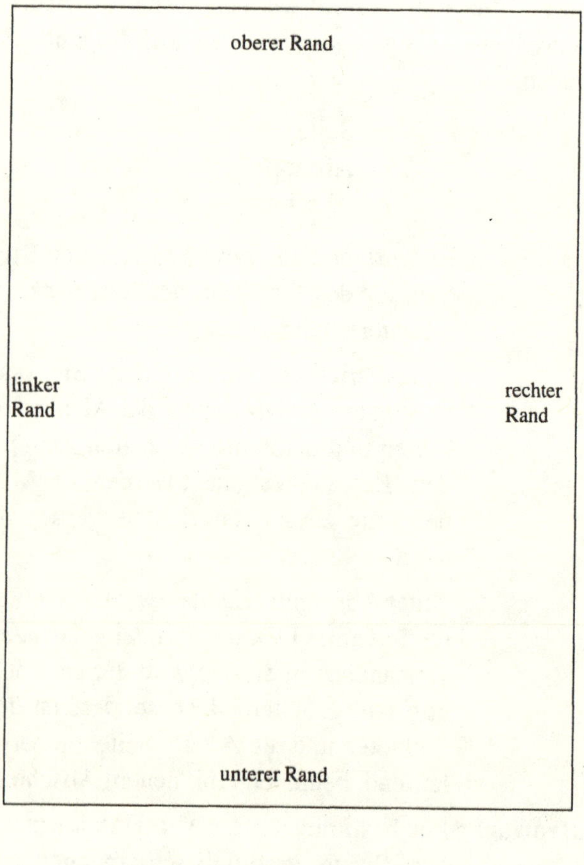

Abbildung 6.1: Format der Seite

einen Textteil festgelegt wird, der markiert wird, auch dann, wenn hierauf nicht ausdrücklich hingewiesen wird.

6.2.1 Definition der Begriffe

In Abb. 6.1 auf der vorherigen Seite ist eine Seite im Hochformat dargestellt. Der Text ist durch eine grau-unterlegte Fläche markiert. Die einzelnen Fachbegriffe sind eingezeichnet.

DIN-Format

In der Bürokommunikation spielt das DIN-Format eine besondere Rolle. Papierformate, Formate von Ablageordnern, Büromöbel (in welche die Ablageordner gestellt werden) und vieles andere ist durch das DIN-Format bestimmt. Das DIN A0 Format hat eine Papierfläche von 1 m^2. Die übrigen Formate werden hieraus durch Unterteilung „im goldenen Schnitt“ gewonnen. (Die kurze Seite verhält sich zur langen Seite wie die lange Seite zur Summe der Seiten.) Die Reihe DIN A0, DIN A1, DIN A2, DIN A3, DIN A4, ... geht je Schritt von der jeweilig halben Fläche aus. (Z.B. hat die DIN A4 Seite eine Fläche von $\frac{1}{16}$ m^2.

Industriell hergestellt hat die DIN A4 Seite eine Breite von 21,0 cm und eine Höhe von 29,7 cm. (Die Seiten werden industriell aus DIN A0 geschnitten. Toleranzen von bis zu 0.5 cm sind durchaus üblich.)

Buchformat

Bei Büchern liegen die Verhältnisse anders. Hier schreibt der Verlag oder der Herausgeber das Format vor. Bindeverfahren, Papiervorrat und andere wirtschaftliche Erwägungen haben hier Einfluß auf das Format.

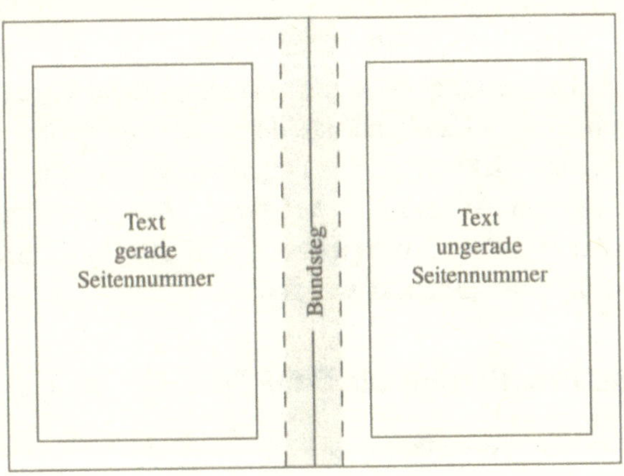

Abbildung 6.2: Bundsteg

Linker und rechter Seitenrand

Der linke und rechte Seitenrand kann grundsätzlich gleich groß sein. Besondere Vorkehrungen sind zu treffen, wenn die Rückseiten des Papiers bedruckt werden sollen. Man sollte dann darauf achten, daß die Texte auf der Seite an der gleichen Stelle stehen. (Wenn das Papier gegen das Licht gehalten wird, sollen die beiden Text-Bereiche übereinanderliegen.)
Seiten mit ungerader Seitennummer sind rechte Seiten, Seiten mit geraden Seitennummer liegen links. Die Seite mit ungerader Seitennummer wird also links gebunden, die Seite mit gerader Seitennummer rechts. Hieraus wird deutlich, daß Seiten mit gerader Seitennummer und Seiten mit ungerade Seitennummer unterschiedliche Seitenränder links und rechts besitzen müssen.

„Gespiegelte Seitenränder“

Um diese Problematik der bei Seiten mit gerader bezw. ungerader Seitennummern ungleich langen Seitenränder zu lösen, werden die Seitenränder der Seiten mit ungerader Seiten angegeben und für die Seiten mit gerader Seitennummer „gespiegelt“. (Linker Seitenrand der Seite mit ungerader Seitennummer wird rechter Seitenrand auf der Seite mit gerader Seitennummer. Rechter Seitenrand der Seite mit ungerader Seitennummer wird linker Seitenrand auf der Seite mit gerader Seitennummer.)

„Bundsteg“

Eine andere Lösungsmöglichkeit ist der „Bundsteg“. In diesem Falle wird die Breite des inneren (zusätzlichen Randes) angegeben. Dieser Bundsteg vergrößert den linken Rand bei Seiten mit ungerader Seitennummer sowie den rechten Rand bei Seiten mit gerader Seitennummer. (Bitte beachten Sie die Abbildung 6.2 auf Seite 109)

Querformat

Für tabellarische Darstellungen und für Grafiken ist es gelegentlich wünschenswert, eine Darstellung im Querformat (Engl. landscape (=Landschaft, das Format, in dem man Landschaftsbilder malt)) zu erhalten. Veränderungen am Drucker sind nicht nötig. Die Druckrichtung wird über eine Steuersequenz (ESC-Sequenz) eingestellt. **Achtung: Nicht alle Drucker gestatten die Veränderung der Druckrichtung und also kann nicht auf allen Druckern Querformat gedruckt werden.**

6.2.2 Seitenformatierung mit WORD

Um die Seitenformate festzulegen, ist

ALT Format Seitenränder — also ALT t s

einzugeben. Hierdurch wird das in der Abb. 6.3 auf der nächsten Seite dargestellte Fenster geöffnet.

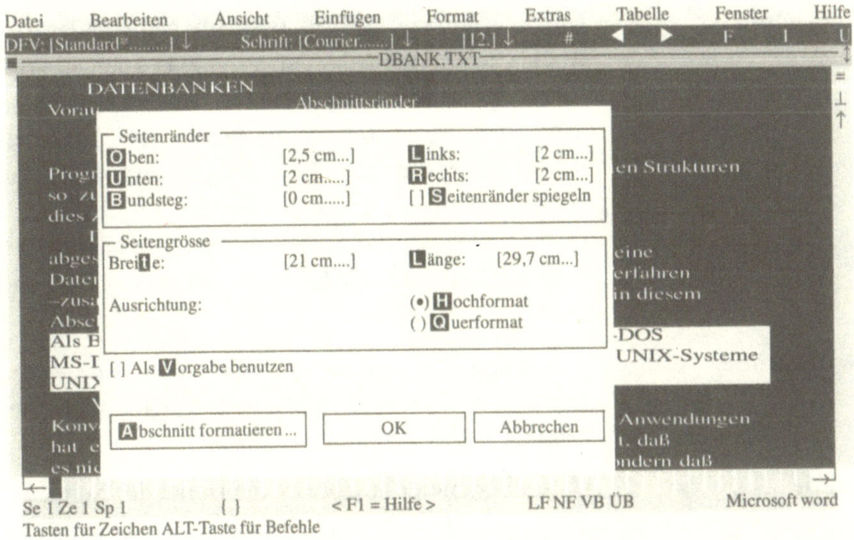

Abbildung 6.3: Formatierung der Seite

Durch folgende Eingaben können die Seitenformate festgelegt werden.

Seitenränder Es werden Parameter für den linken, rechten, oberen und unteren Seitenrand angegeben.

Links Es ist der linke Seitenrand (Siehe Abb. 6.1 auf Seite 108) anzugeben.

Rechts Es ist der rechte Seitenrand (Siehe Abb. 6.1 auf Seite 108) anzugeben.

Oben Es ist der obere Seitenrand (Siehe Abb. 6.1 auf Seite 108) anzugeben. Die Kopfzeile muß in dem oberen Rand untergebracht werden.

Unten Es ist der untere Seitenrand (Siehe Abb. 6.1 auf Seite 108) anzugeben. Die Fußnoten müssen in dem unteren Rand untergebracht werden.

Bundsteg Wenn auf Vor- und Rückseiten geschrieben wird und das Dokument gebunden werden soll, ist ein Bundsteg vorzusehen. Bei Seiten mit ungeraden Seitennummern wird dadurch der linke Rand vergrößert, bei Seiten mit geraden Seitennummern der rechte Rand. (Vergleiche auch Abb. 6.2 auf Seite 109)

Spiegeln Um zu erreichen, daß die tatsächlichen Ränder das Binden der Seiten zulassen, kann man auch so vorgehen: Es werden in den bereits behandelten Parametern die Parameter für die Seiten mit ungerader Seitennummer eingetragen. (Dabei wird der linke Seitenrand um die Breite des Bundsteges erweitert.) Dann wird dieser Parameter „Seitenränder spiegeln" gesetzt (Eingabe von ALT-S erzeugt in dem Feld ein „X").

Seitengröße Es werden im folgenden die Parameter für Länge, Breite und Format (Hochformat, Querformat) behandelt.

Breite Dieser Parameter beschreibt die Breite der Seite.

Länge Dieser Parameter beschreibt die Länge der Seite.

Hochformat Dieser Parameter legt fest, daß das Papier in Hochformat bedruckt wird.

Querformat Dieser Parameter legt fest, daß das Papier in Querformat bedruckt wird. Die Auswahl ist nur möglich, wenn der Drucker den Druck in Querformat gestattet. (Um zu sehen, welcher Drucker ausgewählt ist, geben Sie

ALT Datei Druckereinrichtung

ein.) Hier kann (durch ALT Datei) die Steuerungsdatei des Druckers und (durch ALT Druckername) der Druckername ausgewählt werden. Nähere Einzelheiten hierzu können Sie in der

Datei DRUCKER.TXT.

nachlesen. Sie haben Zugriff auf den Inhalt dieser Datei, wenn Sie diese eröffnen (**ALT Datei öffnen**).

Vorgabe Wird dieser Parameter gewählt (in dem Feld [ ] steht dann [X]), dann werden die eingegebenen Werte bei allen zukünftigen Eingaben als Vorbesetzung verwendet.

Abschnittsformat Hier besteht die Möglichkeit, Abschnittsformatierung einzugeben. Dies wird im übernächsten Abschnitt näher beschrieben.

OK Wird <ZT> eingegeben, so wird dies als Bestätigung interpretiert. Damit ist die Formatierung abgeschlossen.

Abbrechen Eingabe von ESC führt zum Abbruch des Fensters.

6.3 Formatierung des Absatzes

Absätze werden bei der Eingabe festgelegt. Gibt man ein ZT = EINGABETASTE ein, dann wird ein unbedingter Zeilentransport erzeugt. Die alte Zeile endet, der Cursor wird auf den Anfang der neuen Zeile gestellt.

6.3.1 Definitionen

Bücher, Zeitungen, Zeitschriften usw. heißen **Dokumente**. Dokumente werden „gesetzt". Unter **Satz eines Dokuments** versteht man die Kunst, den Inhalt eines Dokuments in übersichtlicher Form auf dem Papier darzustellen. Bevor die Realisierungen in WORD erläutert werden, sollen die Grundbegriffe des Satzes erläutert werden.

Einrückungen der ersten Zeile

Für manche Texte ist eine absatzweise Einrückung der ersten Zeile vorgesehen. Zum Beispiel werden einige große Tageszeitungen in dieser Form gesetzt. Aus diesem Grunde soll dieses Strukturelement auch vorgesehen sein. In diesem Abschnitt ist dies durchgeführt.

Einrückung eines Absatzes

Für manche Texte ist eine absatzweise Einrückung (für den gesamten Absatz) vorgeschrieben.

> Dann soll dieser Absatz besonders hervorgehoben werden. Diese Option muß ebenfalls möglich sein. Aus diesem Grunde soll dieses Strukturelement auch vorgesehen sein. In diesem Abschnitt ist dies durchgeführt.

Der rechte Rand ist ebenfalls eingezogen, wie man beim Vergleich der Zeilenlänge mit dem übrigen Text feststellt.

Links- und rechtsbündiger Satz, Blocksatz

Zeilen haben eine unterschiedliche Zeilenlänge. Beim Satz geht man mit dieser unterschiedlich um. Beim linksbündigen Satz beginnen die Zeilen immer am linken Textrand. Der rechte Textrand variiert von Zeile zu Zeile. Beim Blocksatz wird die unterschiedliche Zeilenlänge durch Leerraum ausgeglichen. Diesen verteilt man möglichst gleichmäßig auf die Zwischenräume zwischen den Wörtern. Der rechtsbündige Satz hat einen gleichmäßigen rechten Rand. Der linke Textrand ist dadurch von Zeile zu Zeile verschieden.

Linksbündiger Satz („Flattersatz")

Hauptsächlich bei Briefen wird der linksbündige Satz angewendet. Die Zeilen beginnen gleichmäßig am linken Textrand, der rechte Zeilenrand ist von Zeile zu Zeile verschieden („flattert").

Der Text wird (automatisch) durch (automatische) Silbentrennung so in Zeilen aufgeteilt, daß Zeilen etwa gleicher Länge entstehen. Die maximale Zeilenlänge ist dabei vom Anwender vorgegeben. Es entsteht tatsächlich eine unterschiedliche Zeilenlänge. Rechts entsteht ein Flatterrand.

Rechtsbündiger Satz

Für manche Anwendungen ist es sinnvoll, den Satz mit einem Flatterrand auf der linken Seite und einem festen Rand auf der rechten Seite zu plazieren. Auch dies sollte möglich sein, wenngleich diese Form des Satzes nicht häufig vorkommt.

Blocksatz

Der Text wird durch Silbentrennung so in Zeilen aufgeteilt, daß Zeilen etwa gleicher Länge entstehen. Die Zeilenlänge ist dabei vom Anwender vorgegeben. Die Zeilen werden durch Verbreiterung der Zwischenräume auf exakt gleiche Länge gebracht. Hierdurch entsteht ein Block.

Mehrspaltiger Satz

Insbesondere für den Text von Zeitungen und Zeitschriften, aber auch für andere Zwecke kann es sinnvoll sein, den Text in mehreren (hier 2) Spalten anzuordnen. Diese Aufteilung (in Blocksatz) soll natürlich automatisch erfolgen, und es soll möglich sein, zwischen 1-spaltigem Text und mehrspaltigem Text hin und her zu wechseln.

6.4 Strukturierung des Absatzes

WORD gestattet die Strukturierung von Absätzen. Hierdurch wird die Anordnung des Textes in einem Absatz festgelegt.

> Möchte man das Ende der Absätze explizit sehen, dann sollte
>
> **Alt Ansicht Bildschirmeinstellungen**
>
> eingegeben werden. Gibt man hier noch **Alt A** ein (Alle Zeichen anzeigen), dann werden auch die nicht druckbaren Zeichen angezeigt. Insbesondere wird das Absatzende durch ¶ dargestellt.

Um Absätze zu strukturieren, ist es nötig, diese zu markieren. Die Markierung geht der Formatierung des Absatzes stets voraus.

Die durch WORD möglichen Strukturierungen (Formatierungen) eines Absatzes werden durch Eingabe von

ALT Format Absatz

also ALT t a, in einem Fenster Abb. 6.4 dargestellt.

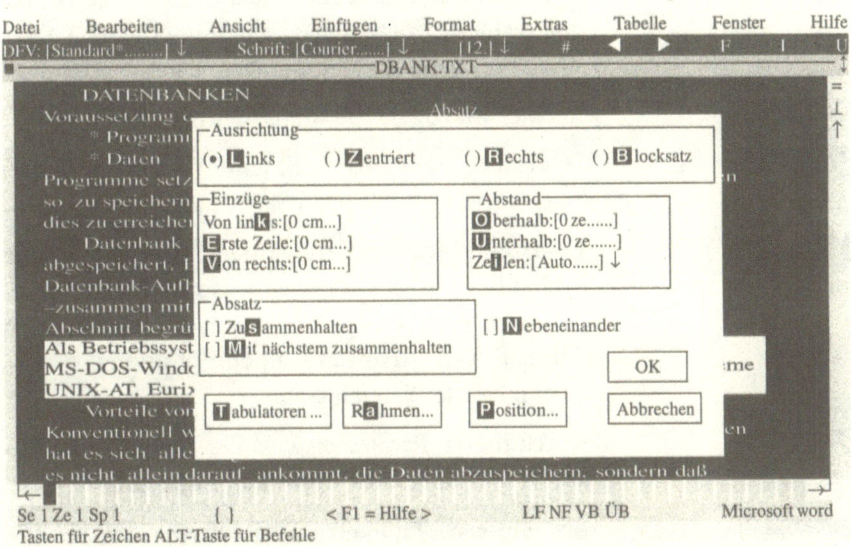

Abbildung 6.4: Strukturierung des Absatzes

Folgende Eingaben sind möglich:

<u>**Ausrichtung**</u> Durch diese Eingaben wird linksseitiger, rechtsseitiger oder Blocksatz bewirkt.

Links Linksseitiger Satz. Der Text wird mit gleichstehendem linken Rand und flatternden rechten Rand gesetzt. (Beispiel hierzu auf Seite 114)

Rechts Linksseitiger Satz. Der Text wird mit gleichstehendem linken Rand und flatternden rechten Rand gesetzt. (Beispiel hierzu auf Seite 114)

Blocksatz Blocksatz. Dies ist der übliche Satz, wie Bücher gesetzt werden. (Beispiel hierzu auf Seite 114)

Einzüge Ein Absatz kann links und/oder rechts „eingezogen" sein. (Der linke bzw. rechte Seitenrand sind vergrößert.) Es ist auch möglich, daß lediglich die erste Zeile einen vergrößerten linken Seitenrand besitzt. Dies wird häufig im Zeitungssatz angewendet, um den Beginn eines Absatzes besonders zu kennzeichnen. Als Maß für den Einzug sind cm, mm, pt (Punkt) zugelassen. (72.27 pt = 1 inch = 2.54 cm)

Von links Linker Einzug des Textteils, der markiert ist. (Linke und rechte Einzüge dienen der Hervorhebung eines Absatzes, wenn sie gleichgroß gewählt werden.)

Von rechts Rechter Einzug des Textteils, der markiert ist.

Erste Zeile Die erste Zeile eines (markierten) Absatzes besitzt einen vergrößerten linken Seitenrand.

Abstand In diesen Eingabefeldern wird der Abstand vor und nach einem Absatz (oberhalb und unterhalb) geregelt. Der Parameter „Zeilen" legt das Maß für den Abstand fest. Als Maß sind cm, pt und auch ze = (Anzahl Zeilen) zugelassen.

Oberhalb Durch diesen Parameter wird der Abstand des Absatzes oberhalb eines Absatzes festgelegt.

Unterhalb Durch diesen Parameter wird der Abstand des Absatzes unterhalb eines Absatzes festgelegt.

Zeilen Für den Abstand ist „Auto" (automatisch) oder ein (eingegebener) Abstand in cm, pt oder ze zugelassen.

Nebeneinander Absätze können nebeneinander angeordnet werden. Das Verfahren hierzu ist aber ziemlich aufwendig.

Die Aufgabenstellung läßt sich besser mit „Tabellen“ lösen. Wir werden auf die Aufgabenstellung im Kapitel „Tabellen“ zurückkommen.

Tabulatoren Für das Setzen von Tabulatoren werden Erläuterungen im Abschnitt Tabulatoren im Kapitel „Tabellen“ gegeben.

Rahmen Hierdurch ist ein Übergang in die Funktion „Rahmen von Absätzen“ gegeben. Dies wird im Kapitel „Liniengrafik“ erläutert.

Position Dieser Parameter ist mit einem zusätzlichen Fenster verbunden. Dieses gestattet die Positionierung von Absätzen. Das Verfahren hierzu ist aber ziemlich aufwendig. Die Aufgabenstellung läßt sich besser mit „Tabellen“ lösen. Wir werden auf die Aufgabenstellung im Kapitel „Tabellen“ zurückkommen.

OK Wird <ZT> eingegeben, so wird dies als Bestätigung interpretiert. Damit ist die Formatierung abgeschlossen.

Abbrechen Eingabe von ESC führt zum Abbruch des Fensters.

6.5 Strukturierung von Abschnitten

Ein Abschnitt ist die höchste Gliederungsstufe eines Dokuments. Ein Dokument besteht aus einem oder mehreren Abschnitten. Z.B. kann ein Abschnitt ein Kapitel eines Buches sein.
Strukturierungen eines Abschnitts betreffen also im allgemeinen Strukturierungen für das Dokument.
Ein Abschnitt besteht aus einem oder mehreren Absätzen. Dabei können die Absätze bestimmten Absatzarten zugeordnet sein, die unterschiedlich strukturiert (formatiert) sind.

6.5.1 Abschnittsformatierung

Die Strukturierung — Anordnung von Text — in einem Abschnitt wird durch die Eingabe von Parametern in einem Fenster festgelegt. Das Fenster wird durch Eingabe des Befehls

ALT Format Abschnitt also ALT t b

geöffnet, welches in Abb. 6.5 Seite 118 dargestellt ist.

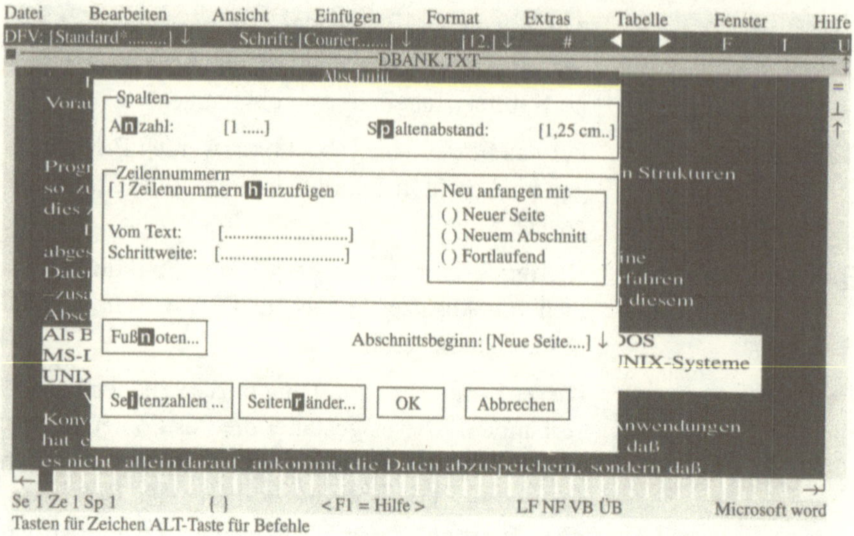

Abbildung 6.5: Strukturierung des Abschnitts

Die Parameter, welche die Formatierung des Abschnitts betreffen, sind:

Spalten — Die Strukturierung in Spalten (Anzahl und Spaltenabstand) wird festgelegt. Mit diesen Parametern ist es möglich, eine Seite mehrspaltig zu setzen. (Ein Beispiel wird im nächsten Unterabschnitt (Beispiel zum Satz in 3 Spalten) gegeben.)

Anzahl — Anzahl der Spalten. Man beachte, daß die Spaltenanzahl den Umbruch stark beeinflußt. Je höher die Spaltenanzahl ist, desto geringer ist die Zeilenlänge pro Spalte. Demzufolge steht weniger Platz für den Zeilenausgleich zur Verfügung. Es sollte also mit wachsender Spalten-Anzahl die Schriftgröße verkleinert werden. (z.B. 3-spaltig mit einer 8-pt großen Schrift.)

Spaltenabstand — Der Abstand der Spalten (standardmäßig $\frac{1}{2}$ Zoll = 1.25 cm) kann beliebig gewählt werden.

Zeilennummern — Mit diesem Parameter ist es möglich — z.B. bei juristischen Texten — jede Zeile im Ausdruck mit einer Zeilennummer zu versehen. Auf dem Bildschirm wird diese Zeilennummer nicht angezeigt! (Ein Beispiel wird ist in Abb. 6.6 dargestellt. Als Schrittweite ist hier 2 eingegeben.)

```
  Dieser Text wird als Muster eingegeben.  Der Text ist unformatiert,
2 der Text dient lediglich als Beispiel für die Numerierung mit
  einer Schrittweite von 2.  Diese Form des Ausdrucks wird
4 äußerst selten benutzt.
```

Abbildung 6.6: Zeilennummern

Vom Text Es kann ein Maß eingegeben werden, welches festlegt, wie weit die Zeilen-Nummer vom Text entfernt ist.

Schrittweite Schrittweite der Zeilen-Nummern (Abstand der Zeilen-Nummern). Die Zeilennummern werden nur mit einer bestimmten Schrittweite gedruckt. Gibt man eine Schrittweite von 10 an, dann werden nur die Zeilennummern 10, 20, 30, ... gedruckt.

Neu anfangen mit Mit diesem Parameter wird festgelegt, nach welcher Regel die Zeilen-Nummern neu beginnen.

Neuer Seite Die Zeilennumerierung beginnt je Seite neu.

Neuer Abschnitt Die Numerierung der Zeilen beginnt je Abschnitt neu.

Fortlaufend Die Numerierung der Zeilen wird fortlaufend vergeben.

Fußnoten Fußnoten stehen im Fußteil einer Seite.

Seitenzahlen Mit diesem Parameter kann die Positionierung der Seitenzahlen auf der Seite festgelegt werden (linksbündig, rechtsbündig oder zentriert im Kopf oder Fuß).

Seitenränder Mit diesem Parameter können die Seitenränder festgelegt werden. Dies wurde bereits in dem Abschnitt Seitenformatierung dieses Kapitels behandelt.

OK Wird <ZT> eingegeben, so wird dies als Bestätigung interpretiert. Damit ist die Formatierung abgeschlossen.

Abbrechen Eingabe von ESC führt zum Abbruch des Fensters.

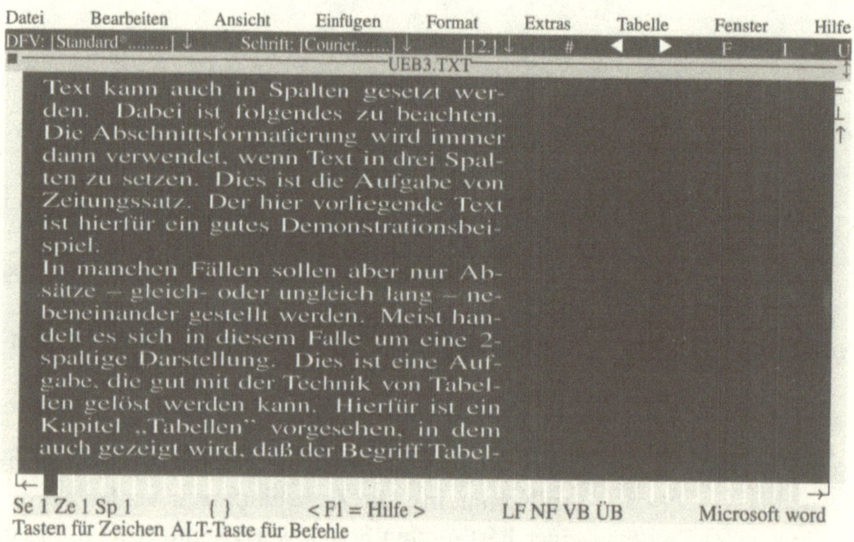

Abbildung 6.7: einspaltiges **Zwischen**ergebnis

Nach Durchführung der Abschnittsformatierung erhält man die in Abb. 6.7 dargestellte Strukturierung. Der Text ist in der Breite einer Spalte strukturiert. **Dies ist ein Zwischenresultat.**

Die erzeugte Spalte bleibt hinsichtlich der Zeilenumbrüche auch bei der weiteren Verarbeitung konstant. Wenn die Umbrüche nicht gefallen, können jetzt Änderungen an den Parametern vorgenommen und die Auswirkungen auf die Umbrüche festgestellt werden. Da lediglich Aufruf der Abschnittsformatierung und Änderung der Parameter nötig ist, sollte diese Operation solange durchgeführt werden, bis ein gutes Ergebnis erzielt ist. Das Ergebnis kann auch noch durch die nachfolgende Silbentrennung beeinflußt werden. Da diese durch Start eines Makros durchgeführt werden kann, sollte auch diese mit in diesen Verbesserungsprozeß einbezogen werden.

1. **Silbentrennung**
   (a) manuelle Silbentrennung („weiche“ Trennzeichen werden durch Strg - eingegeben.) Weiche Trennzeichen sind mögliche Trennstellen.
   (b) automatische Silbentrennung (Für die automatische Silbentrennung hat der Autor ein Makro geschaffen. Dieses kann durch Strg S I aufgerufen werden. Siehe den **Abschnitt 6.5.2**).

2. Strukturierung des Abschnitts
   (a) **Ansicht** Layout (Alt a y)
   (b) (Der Bildschirm wird umgestaltet. Es erscheinen nun 3 Spalten.)

Das Ende des 1. Abschnitts (dreispaltiger Text) wird durch

::::::::::::::::::::

gekennzeichnet. Das Ende der Seite wird durch

....

gekennzeichnet.

3. **Eingabe** des einspaltigen Textes. Der Text wird hinter die Abschnittsendemarke eingegeben.
4. Der Text wird **markiert**.
   (a) Cursor an den Anfang des Textes: Strg Pos1
   (b) Start Markierung: F8
   (c) Markieren bis zum Abschnitt-Ende: Strg Ende

5. Die **Seite** wird formatiert.
   (a) Linker Rand: (Alt l) = 2 cm
   (b) Rechter Rand: (Alt r) = 2 cm
   (c) Breite: (Alt r) = 21 cm
   (d) Länge: (Alt g) = 29,7 cm

6. Die **Schrift** wird festgelegt. (Format Alt t z)
   (a) Schriftart (Alt a) durch Rollfenster Courier
   (b) Schriftgröße (Alt g) durch Rollfenster 7pt (Die Schriftart und die Schriftgröße werden in der 2. Zeile des Bildschirms angezeigt.)

7. Der **Absatz** wird formatiert.
   (a) Ausrichtung: (Alt b) Blocksatz
   (b) Einzüge: (keine Eintragungen)

8. Der **Abschnitt** wird formatiert.

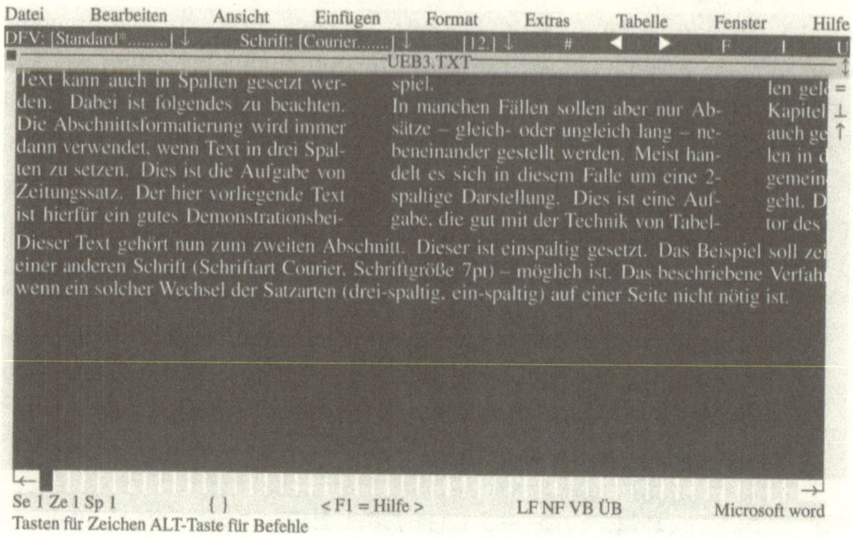

Abbildung 6.8: mehrspaltiger und einspaltiger Satz

(a) Anzahl der Spalten: (Alt n) 1 (einspaltig!)
(b) Abschnittsbeginn: (Alt b) Rollfenster: Fortlaufend
(c) Seitennumerierung: (Alt K) Keine

Das Gesamtergebnis wird in Abb. 6.8 dargestellt. Es sein hier noch einmal festgestellt, daß das hier beschriebene Verfahren natürlich auch verwendet werden kann, wenn ein Wechsel der Satzart von mehrspaltig auf einspaltig nicht vorkommt. Man beachte, daß hier auch noch die Erschwerung eines Wechsels auf einer Seite behandelt wird.

6.5.2 Silbentrennung

Texte lassen sich besser strukturieren, wenn eine möglichst bequeme Methode existiert, die Silbentrennung automatisch durchzuführen.

automatische Silbentrennung

WORD bietet die Möglichkeit, eine Funktion der automatischen Silbentrennung zu verwenden. Um die Silbentrennung in einem Text durchzuführen wird an den Anfang des Textes **Strg Pos1** gegangen. (Soll die Silbentrennung nur in einem Teil des Textes durchgeführt werden, dann ist dieser Teil des Textes zu markieren. (Cursor an den Anfang des Textteils, F8, Richtungstasten zur Markierung.))

Durch

ALT Extras Silbentrennung

wird die automatische Silbentrennung aufgerufen. Folgender Ablauf findet danach — gesteuert von WORD — statt.
Das in Abb. 6.9 dargestellte Fenster zur Steuerung der Silbentrennung wird geöffnet.

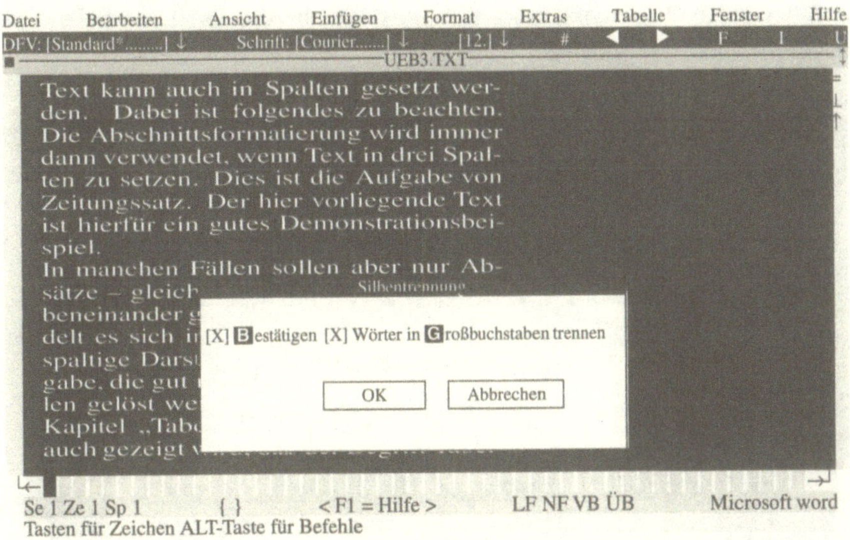

Abbildung 6.9: Steuerung der Silbentrennung

Die Steuerung wird durch folgende Parameter-Eingaben erreicht.

Bestätigen Durch Eingabe von **Alt b** kann dieser Parameter gesetzt ([X]) oder nicht gesetzt ([ ]) werden. Wenn Bestätigung verlangt wird, wird jede Silbentrennung, die vom System vorgeschlagen wird, (Abb. 6.10 auf Seite 124) zur Bestätigung bereitgestellt. Silbentrennung nur dann durch, wenn dies vom Anwender gewollt wird.

Großbuchstaben Falls dieser Parameter besetzt ([X]) ist, werden auch Wörter getrennt, die mit einem Großbuchstaben beginnen. Ist der Parameter nicht gesetzt ([ ]), werden Wörter mit Großbuchstaben nicht getrennt. Normalerweise sollte dieser Parameter nicht besetzt sein. (Hierdurch soll die Silbentrennung bei Eigennamen verhindert werden. Das wird aber nur in Sonderfällen erreicht. Besser ist es, eventuell durchgeführte Silbentrennung in Eigennamen manuell rückgängig zu machen.)

Nachdem die Steuerungsparameter eingetragen sind, beginnt das System die automatische Silbentrennung. Ist der Parameter „Bestätigen“ besetzt, so wird bei jeder vorgeschlagenen Trennung das in Abb. 6.10 auf Seite 124 dargestellte Fenster geöffnet.

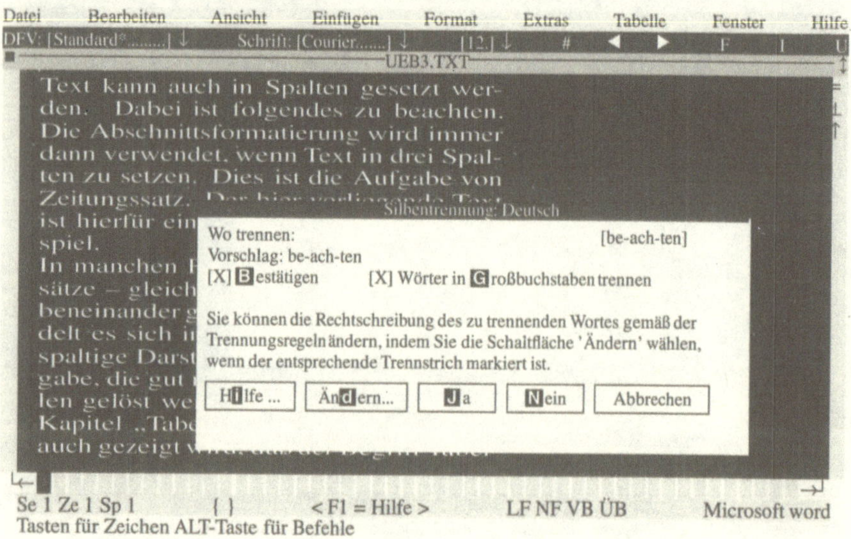

Abbildung 6.10: Trennungsvorschlag

Hier werden die Trennungsvorschläge gemacht, welche durch folgende Eingaben beantwortet werden können.

Hilfe Hier können im Hintergrund Hilfen zu den Funktionen Silbentrennung und Ändern nachgelesen werden.

Ändern Es werden (eventuell mehrere) Trennstellen angeboten. Hiervon kann eine ausgewählt werden. (Die vom System bevorzugte ist invers dargestellt.) **Das System gestattet keine andere Trennstelle als eine der angegebenen Trennstellen.** Beispiel: Das System schlägt beispielsweise

Ab-schnitt-sen-de-mar-ke

vor. Die zweite Trennstelle ist falsch. Die Trennstelle

Abschnitts-endemarke

kann durch Ändern nicht erreicht werden. (Trennung muß manuell geschehen.)

Ja Hierdurch wird die vorgeschlagene Trennstelle akzeptiert.

Nein Hierdurch wird die vorgeschlagene Trennstelle abgelehnt.

Abbrechen Eingabe von ESC führt zum Abbruch des Fensters.

automatische Silbentrennung durch Makro

Um die Silbentrennung noch weiter zu vereinfachen, hat der Autor hierfür ein Makro geschaffen, welches die Silbentrennung im gesamten Text ohne Bestätigung durchführt.

Makro Silben_Trennung (INFO)

Aufgabe: Es wird Silbentrennung im gesamten Text durchgeführt. Es wird kein Eingriff des Anwenders nötig. Wörter, die mit einem Großbuchstaben beginnen, werden getrennt.

Tast.Schlüssel: <Strg S> I

Meldung: Während der Laufzeit des Makros: Makro läuft

Manuell unterstützte Silbentrennung

Es wird immer nötig sein, die Silbentrennung manuell zu unterstützen. Das System WORD stellt die Ergebnisse der Trennung sofort nach dem manuellen Eingriff zur Verfügung. Deshalb ist es zweckmäßig, einen Text vom Anfang zum Ende zu bearbeiten.
Folgende Zeichen beeinflussen die Silbentrennung.

–	Bindestrich	Unbedingte Trennung oder Bindestrich
Strg –	„Weicher" Bindestrich	Trennung oder keine Trennung (systemüberlassen)
Umsch Str –	Geschützter Bindestrich	keine Trennung

Geschützte Trennstriche (z.B. Wandtafel-Kreide) sind solche Trennstriche, an denen niemals getrennt werden soll.

6.6 Druckformatvorlage — Festlegung des Schreibstils

Es gibt viele Gründe, weswegen es günstig ist, die Möglichkeit einer bequemen und über große Stücke des Textes hinweg gültige Formatierung zu besitzen.

1. Es kann auf einfache Weise ein gleichartiger **Schreibstil** über einen langen Text hinweg gesichert werden.
2. Der **Aufwand** für das Formatieren wird verringert und bleibt auf die unbedingt notwendigen Spezialformatierungen beschränkt.
3. Der Schreibstil in einem ganzen Arbeitsbereich (z.B. Firma) kann bequem **vereinheitlicht** werden.

In Druckformat-Dateien sind die Druckformate für Zeichen, Absatz und Abschnitt zusammengefaßt. Wenn man ein bestimmtes Dokument (Buch, wissenschaftliche Arbeit, Brief u.s.w.) bearbeiten möchte, faßt man unterschiedliche Strukturierungen z.B. für

Titelseite
Kapitelüberschrift
Überschrift
Kopf/Fußzeile
Fußnotentext
Literaturverzeichnis

zusammen, so erhält man eine **Druckformatvorlage**. Diese Dateiart wird durch

<Dateiname>.DFV

bezeichnet.

6.6.1 Gliederung des Druckformats

Jeder Eintrag in einer Druckformatvorlage erfordert folgende Teile:

Kennung Die Druckformatkennung ist der Name des Druckformats (z.B. Absatz 1, Standard, Fußnote).

Druckformat-Art Die Art des Druckformats kann Z (Zeichen), A (Absatz) oder B (Abschnitt) sein.

Erläuterung Die Erläuterung ist ein Hinweis auf den Verwendungszweck des Format (z.B. Titelseite)

Art Die Art des Druckformats (Z = Zeichen, A = Absatz, B = Abschnitt) wird hier angegeben.

Tastenschlüssel Durch die Angabe des Tastenschlüssels

Strg ß TT (**TT = Tastenschlüssel**)

kann das entsprechende Format aufgerufen werden.

Formate Die Formate für Seite, Zeichen, Absatz und Abschnitt werden je nach Art des Druckformats hier angegeben.

6.6.2 Darstellung der Druckformate

Um ein solches Druckformat anzuzeigen wird

ALT Datei öffnen

also ALT d f, eingegeben. Hierdurch wird das Fenster Abb. 6.11 eröffnet. In diesem sind bereits durch **ALT f** Druckformatvorlagen ausgewählt. Diese werden in dem Rollfenster **Dateien** angezeigt, was in der Abb. 6.11 bereits geschehen ist.

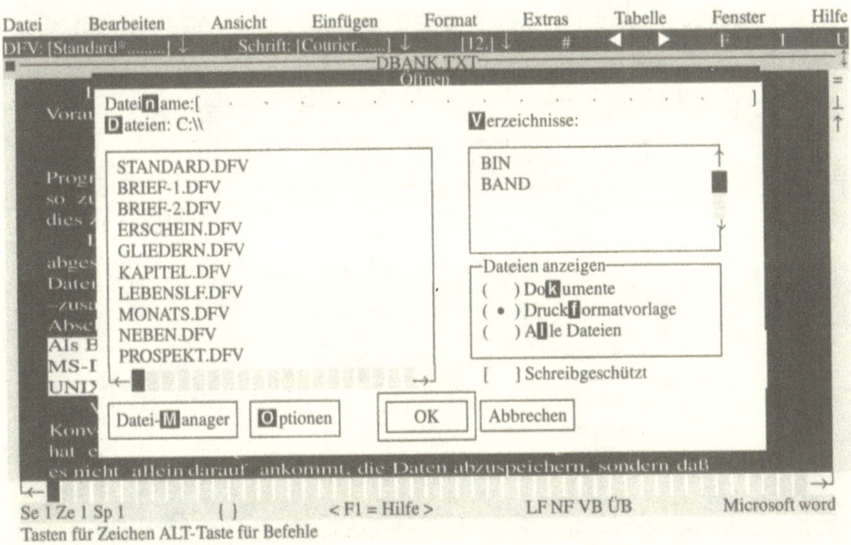

Abbildung 6.11: Öffnen Druckformatvorlage

Die gewünschte Druckformatvorlage wird in dem Rollfenster **Dateien** ausgewählt.

Das Druckformat kann auch gedruckt werden. Durch

ALT Datei Drucken

wird der Druck gestartet. Als Beispiel ist in Abb. 6.12 das Druckformat KAPITEL.DFV abgebildet.

Kennung	Tastenschl.	Name	Erläuterung
(A)	AS	Standard Roman d 11/12. Blocksatz.	ABSATZ STANDARD
(A)	TS	Absatz 7 Sans_Serif_PS 14/12 Fettdruck Großschreibung. Zentriert.Rahmenposition: Vertikal zentriert auf Seite, Horizontal zentriert auf Seite, 0,43 cm vom Text. Rahmenbreite: Einspaltig.	TITELSEITE
(A)	UK	Absatz 5 Roman d 17/12 Fettdruck. links ausgerichtet, Abstand oberhalb 6 ze, Abstand unterhalb 2 ze (Mit nächstem Absatz zusamenhalten).	KAPITELÜBERSCHRIFT
(A)	UU	Absatz 6 Draft 12 Fettdruck. Links ausgerichtet, Abstand oberhalb 2 ze (Mit nächstem Absatz zusammenhalten).	ÜBERSCHRIFT
(A)	ZA	Absatz 1 Draft 12/18. links ausgerichtet, Abstand oberhalb 1 ze.	1,5 ZG ABSTAND
(A)	LV	Absatz 4 Draft 12. links ausgerichtet, linker Einzug 1,5 cm (Einzug erste Zeile -1.5cm), Abstand oberhalb 1 ze (Darstellung in einer Spalte).	LITERATURVERZEICHNIS
(Z)	FZ	Fußnotenzeichen Draft 12 Fettdruck Hochgestellt.	FUSSNOTENZEICHEN
(A)	FT	Fußnote Draft 12. links ausgerichtet, linkier Einzug 0,75 cm (Einzug erste Zeile -1 cm), Abstand oberhalb 1 ze (Darstellung in einer Spalte).	FUSSNOTENTEXT
(B)	AB	Abschnitt 1 Seite Seitenwechsel. Seitenlänge 23,5 cm; Breite 15 cm. von links. Seitenrand oben 1,5 cm; unten 2 cm; links 1,5 cm; rechts 2 cm (Seitenränder spiegeln). Abstand der obersten Kopfzeile zum Papierrand 1,5 cm von oben. Abstand Fußzeile 1,25 cm von unten. Fußnoten selbe Seite.	ARABISCHE SEITENZAHLEN
(A)	KZ	Kopf-/Fußzeile Roman d 14/12. Blocksatz.	KOPF-/FUSSZEILE

Abbildung 6.12: Druckformatvorlage KAPITEL.DFV

Die Druckformate sind Bestandteil von WORD. Über ihren Einsatz sollen die folgenden Ausführungen Aufschluß geben.

KAPITEL.DFV Dokumente, die in Kapitel geteilt sind, können mit Hilfe dieser Formate geschrieben werden. Es sind Formate für

Titelseite
Kapitelüberschrift
Überschrift
Kopf/Fußzeile
Fußnotentext
Literaturverzeichnis

vorhanden. Als Schrift wird Roman in unterschiedlichen Größen sowie (für Titel) Sans_Serif gewählt. Die Ausrichtung ist Blocksatz.

BRIEF.DFV Dieses Druckformat unterstützt das Schreiben von Briefen. Es sind Formate für

Briefkopf(Name Absender)
Datum
Betreff
Anrede
Grußformel
Name Autor

vorhanden. Als Basisschrift wird Draft 12pt gewählt. Der Standardtext ist links ausgerichtet.

LEBENSLF.DFV Dieses Druckformat unterstützt das Schreiben von Lebensläufen. Es werden folgende Formate unterstützt:

Linksbündiger Satz
Rechtsbündiger Satz.

Die Absätze können nebeneinander positioniert werden. Als Schrift wird Draft 12 pt gewählt.

6.7 Erzeugen und Bearbeiten neues Format

In der Anwendung wird es vorkommen, daß eigene Formate (Formate mit Namen, die der Anwender vergibt) erzeugt und bearbeitet werden sollen. Dies tritt z. B. dann auf, wenn man Formate für einen speziellen Arbeitsbereich erzeugen möchte ohne dabei die Standardformate zu verändern oder wenn Formate für einen speziellen Anwendungsbereich (z.B. eine wissenschaftliche Veröffentlichung) erzeugt werden sollen.
In diesem Falle ist es notwendig, die folgenden „Stammpflege"-Operationen für Druckformate zu verwenden:

Erzeugung eines Druckformats,
Ändern eines Druckformats,
Löschen eines Druckformats.

6.7.1 Erzeugen eines Druckformats

Das Erzeugen eins Druckformats wird dadurch erreicht, daß man ein Druckformat kopiert und die Kopie mit dem gewünschten Namen versieht. (Dies erscheint als Umweg, ist aber die einfachste Methode, um ein neues Format zu erhalten.) Damit wird die nachfolgende durchzuführende Änderung die Hauptoperation beim Bearbeiten von Druckformaten.

Eröffnen Druckformat

Zunächst wird durch

Alt Datei Öffnen — also Alt D f

das folgende Fenster geöffnet.

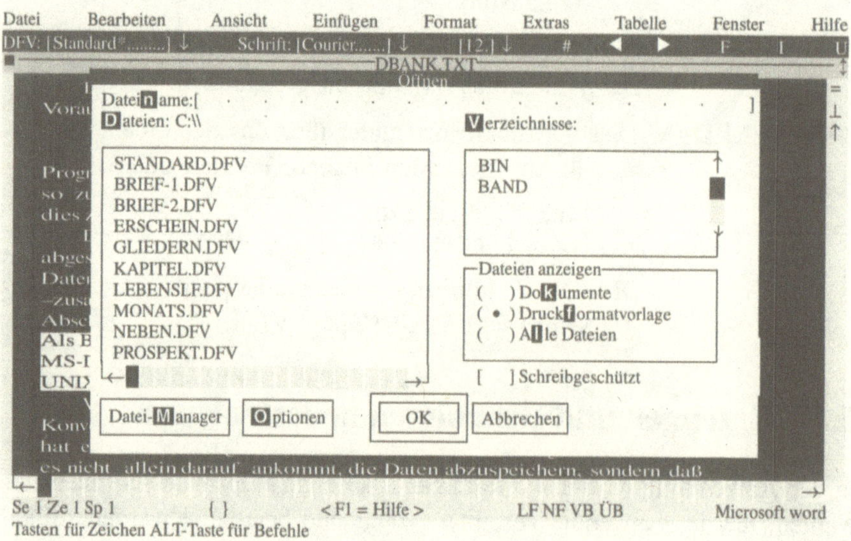

Abbildung 6.13: Öffnen Druckformatvorlage

wobei durch **Alt Druckformatvorlage** der Zugriff auf die Druckformatvorlagen (und nicht auf Dateien) erreicht wird.

Auswahl des zu kopierenden Druckformats

In dieser Maske wird nun durch **Alt Dateien** das „Rollfenster" Dateien angewählt. Mittels der Tasten ↓, ↑ kann die zu kopierende Datei ausgewählt werden. Der Name dieser Datei wird angezeigt: Kapitel.DFV, wenn das zu kopierende Druckformat z.B. „Kapitel.DFV" sein soll. Diese Maske wird durch **OK** abgeschlossen (OK = <ZT> =<RETURN>).
Nachdem das Format eröffnet ist, wird es am Bildschirm angezeigt.

Speichern unter neuem Namen

Dieses Druckformat wird nun unter einem (vom Anwender gewählten) Namen gespeichert. Hierzu wird die Maske Abb. 2.11 auf Seite 24

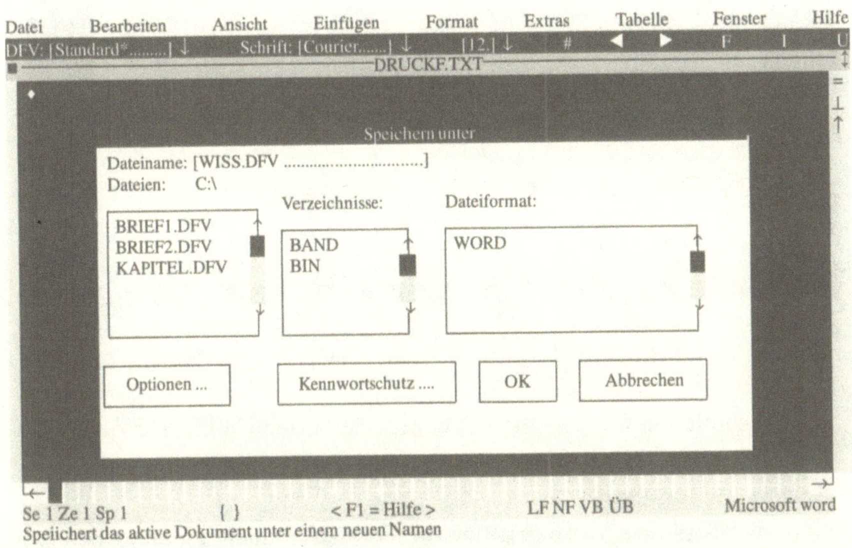

Abbildung 6.14: Speichern unter Namen

Alt Datei Speichern unter

aufgerufen. Diese hat die in Abb. 6.14 dargestellte Gestalt.
Wenn OK (<ZT> = <RETURN>) eingegeben wird, wird das Druckformat unter dem unter „Dateiname:" eingegebenen Namen abgespeichert.

6.7.2 Ändern von Druckformaten

Die Funktion „Ändern" hat eine extreme Mächtigkeit. Zum einen dient sie tatsächlich zum Ändern von Druckformaten, wenn einzelne Teile eines Druckformats geändert werden sollen. Andererseits wird diese Funktion aber auch zur Vervollständigung einer Erzeugung eines neuen Druckformats benötigt.

Das Ändern eines Druckformats wird in mehreren Schritten durchgeführt.

<u>1. Öffnen des Druckformats</u>

Wie bei der Beschreibung von Abb. 6.13 auf Seite 130 dargestellt, wird das Druckformat eröffnet. Es soll dies das Format „WISS.DFV“ sein. Das Fenster hat dann die Gestalt Abb. 6.15.

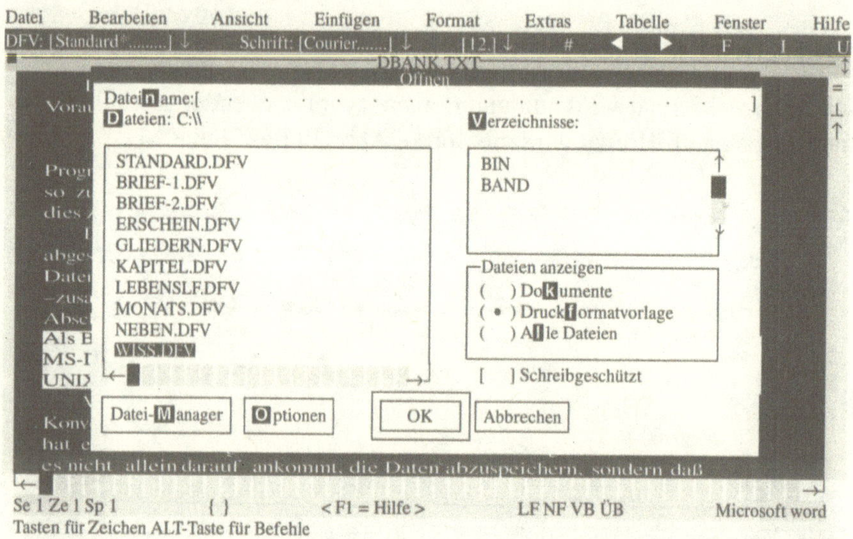

Abbildung 6.15: Öffnen Druckformatvorlage WISS.DFV

<u>2. Ändern der Formate</u>

Für das eröffnete Druckformat sollen die Formatierungen der einzelnen Elemente durchgeführt werden. Es sind folgende Formatänderungen möglich:

Formatierung Zeichen,
Formatierung Absatz,
Formatierung Abschnitt.

Wenn die Druckformatvorlage (im Beispiel: WISS.DFV) eröffnet ist, wird im Fenster das in Abb. 6.16 auf der nächsten Seite dargestellte Druckformat dargestellt.

Automatisch ist das erste Format (hier: AS Standard) markiert.

Durch Betätigen der Tasten ↓ oder ↑ wird das zu ändernde Format ausgewählt. Durch Eingabe von

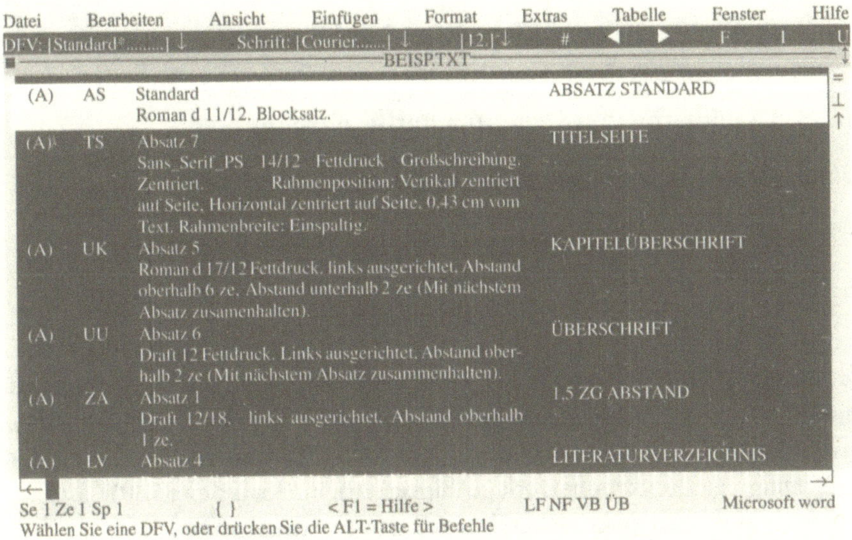

Abbildung 6.16: Druckformatvorlage WISS.DFV

Alt Formatatei

wird das in Abb. 6.17 dargestellte Fenster ausgewählt.

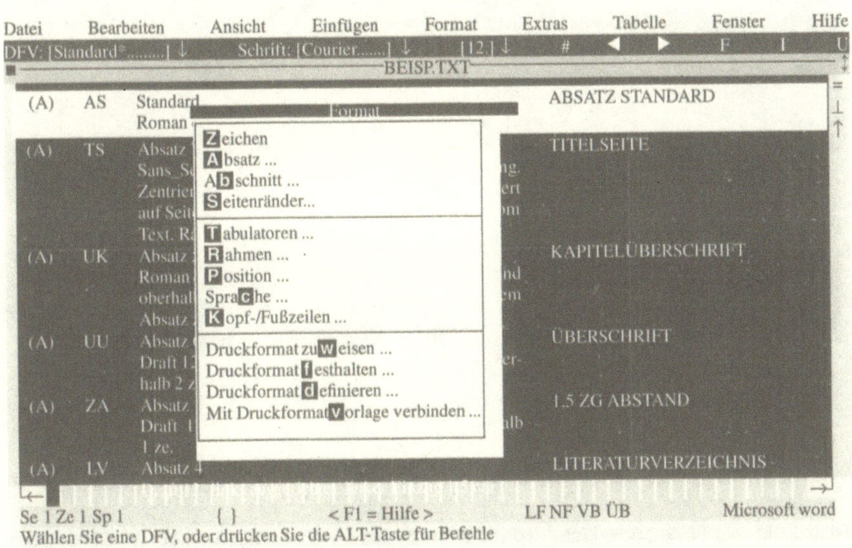

Abbildung 6.17: Druckformat – Änderung von Formaten

Sobald die Änderung vollzogen ist, werden die im Druckformat gespeicherten Texte (in Abb. 6.16 auf der vorherigen Seite) geändert.

6.7.3 Änderung von Druckformatbeschreibungen

Unter „Druckformatbeschreibung“ wird hier

Tastenschlüssel,
Bemerkung,
Druckformatkennung

verstanden. Um eine oder alle Elemente dieser Druckformatbeschreibung zu ändern, — *wenn die Änderung eine Teiloperation bei der Erzeugung eines neuen Druckformats ist, wird dies <u>immer</u> der Fall sein* — wird nach der Eröffnung der Druckformatvorlage (siehe Abb. 6.13 auf Seite 130)

Alt <u>B</u>earbeiten <u>D</u>ruckformat umbenennen

ein Fenster geöffnet, welches das Ändern der Druckformatbeschreibung ermöglicht. Dieses Fenster ist in Abb. 6.18 dargestellt.

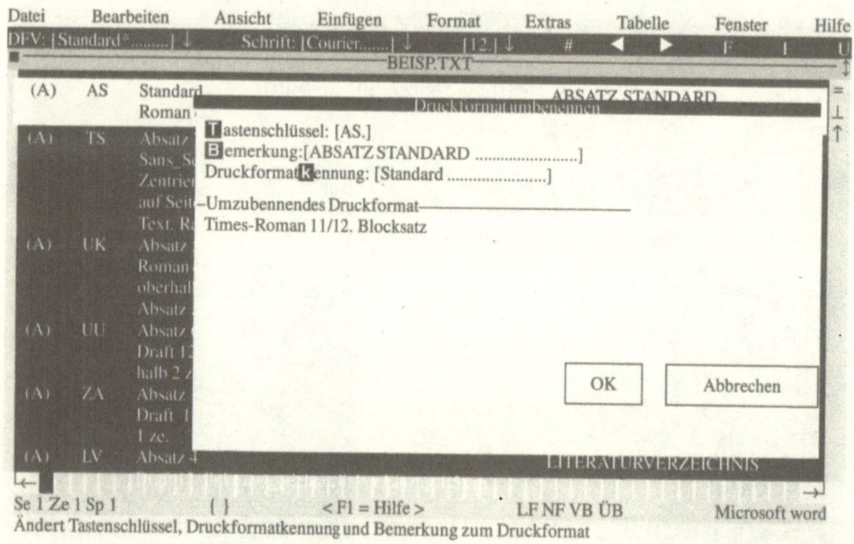

Abbildung 6.18: Druckformat – Ändern der Druckformatbeschreibung

Folgende Änderungen am Druckformat sind mit dem in Abb. 6.18 dargestellten Fenster durchführbar.

<u>T</u>astenschlüssel Der Tastenschlüssel (2 Zeichen) kann geändert bzw. neu festgelegt werden.

Bemerkung Da diese Bemerkung immer angezeigt wird, wenn mit dem Druckformat gearbeitet wird, sollte diese Bemerkung vom Anwender immer sorgfältig gemäß der angestrebten Nutzung ausgefüllt werden.

Formatkennung (Es handelt sich um ein Rollfenster.) Durch Betätigen der Tasten ↑ oder ↓ kann eine der angestrebten Anwendung angepaßte Eintragung gewählt werden.

6.7.4 Löschen von Druckformaten

Um ein Druckformat zu löschen, geht man folgendermaßen vor. Das Druckformat wird eröffnet, wie das im Zusammenhang mit Abb. 6.13 auf Seite 130 erläutert wurde. Durch Betätigen der Tasten ↓ oder ↑ wird das zu löschende Druckformat ausgewählt und (automatisch) markiert. Durch Betätigen der Tasten [Entf] wird das Format gelöscht.

6.7.5 Verbinden von Druckformaten

Aus organisatorischen Gründen ist es oft wünschenswert, ein Format (z.B. mit dem Druckformat STANDARD.TBS) zu verbinden. Dies ist besonders dann zweckmäßig, wenn mehrere Formate in einem Arbeitsgang wahlweise benutzt werden sollen. Um diese **Verbindung** zu erreichen, ist folgendes Verfahren vorgesehen.

1. Eröffnen der ersten Druckformatvorlage

Die erste Druckformatvorlage wird eröffnet, wie das im Zusammenhang mit Abb. 6.13 auf Seite 130 dargestellt wurde.

2. Einfügen Druckformatvorlage

Durch Eingabe von

Alt Einfügen Druckformatvorlage

wird, wie in Abb. 6.19 auf der nächsten Seite dargestellt, eine zweite Druckformatvorlage eingefügt.
Hierin sind einzugeben:

Name DF-Vorlage Hier ist der Name des zweiten Druckformats einzutragen, welches mit dem ersten „verbunden“ werden soll.

Dateien Der Name kann auch in dem Rollfenster „Dateien “ eingetragenwerden.

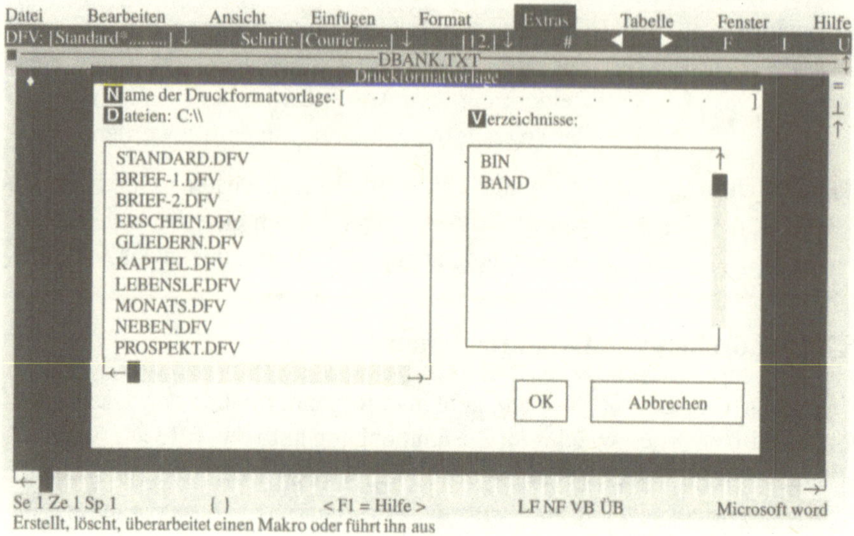

Abbildung 6.19: Druckformat – Einfügen zweites Druckformat

Verzeichnisse Mit dieser Eingabe (Rollfenster) kann das Verzeichnis eingegeben werden.

OK Wird <ZT> eingegeben, so wird dies als Bestätigung interpretiert. Damit ist die Verbindung abgeschlossen.

Abbrechen Eingabe von ESC führt zum Abbruch des Fensters.

6.8 Fußnoten

Zu der Formatierung einer Seite gehört auch, wenn dieses Hilfsmittel überhaupt verwendet werden soll, die Anbringung von Fußnoten auf der Seite. WORD unterstützt eine bestimmte Organisation, die im folgenden dargestellt wird. Soll im Text eine Fußnote verwendet werden, so ist zu verfahren, wie das auf der nächsten Seite im Detail dargestellt wird. Dies kann unmittelbar am System nachvollzogen werden.

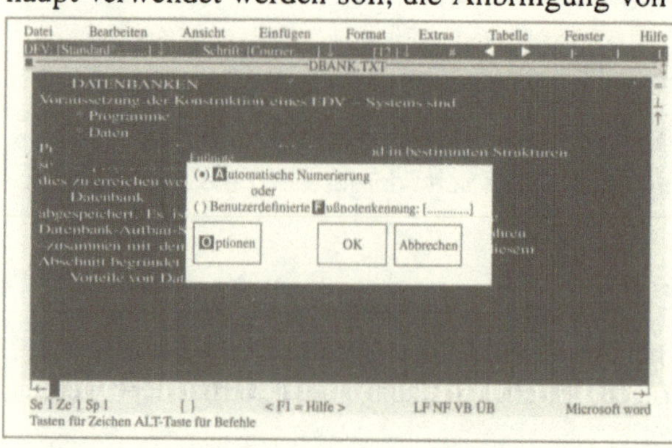

Abbildung 6.20: Einfügen Fußnote

1. Der Cursor wird an die Stelle der Seite gebracht, an der die Fußnote angebracht werden soll.
2. Es wird mit Hilfe von

   Alt Einfügen Fußnote

   das in Abb. 6.20 auf der vorherigen Seite dargestellte Fenster geöffnet.
3. Das Fenster wird mit „OK" (= RETURN) abgeschlossen.
   Hierdurch wird im Text die Nummer der Fußnote erzeugt und der Cursor auf die Position des Fußnoten-Textes eingestellt.
4. Es wird nun (z.B. nach einer Klammer) der Fußnotentext eingetragen. Dies ergibt den Fußnotentext (siehe Abb. 6.21).
5. Durch **Alt Bearbeiten Fußnote** wird das Fenster in Abb. 6.21 geöffnet.
6. Durch Eingabe von <ZT> = <RETURN> wird das Fenster mit „OK" geschlossen und der Cursor wieder auf die Fußnote im Text gestellt.
7. Hier sollte die Fußnote noch „hochgestellt" werden. Dies geschieht durch **Alt Format Zeichen** und anschließendes **Alt hochgestellt**.

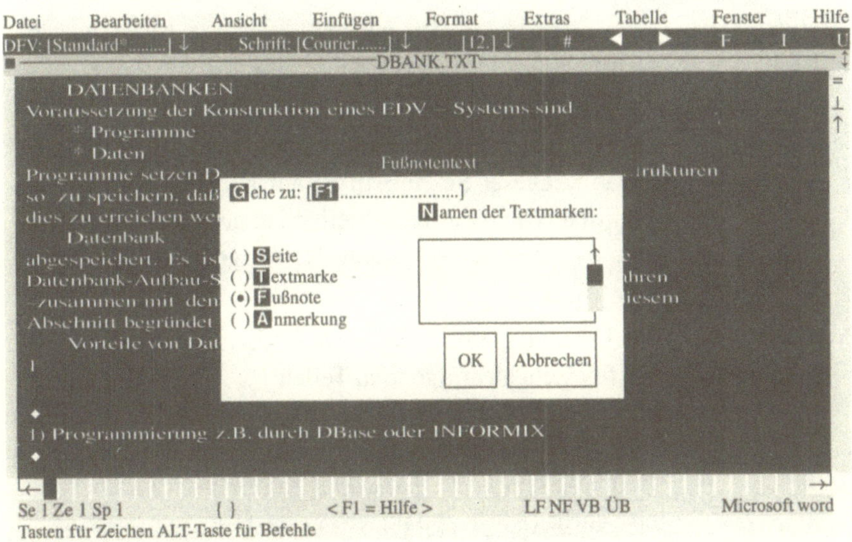

Abbildung 6.21: Fußnotentext

Kapitel 7

Anwendung: Schreiben von Normbriefen

7.1 Ziel

Dieses Kapitel soll als Zusammenfassung aller Operationen, die bisher behandelt wurden, verstanden werden.
Mit Hilfe der behandelten Funktionen — insbesondere mit dem Hilfsmittel der Makro-Instruktionen — soll ein Normbrief geschrieben werden.
Die Grundstruktur ist in der Abbildung Abb. 7.1 auf der nächsten Seite dargestellt.

Folgende Rahmenbedingungen legen das Schreiben des Briefes fest.

Schreibstil Als Druckformatvorlage (Schreibstil) wird IBRIEF.DFV gewählt. Dieser Schreibstil ist auf DIN A4 Format zugeschnitten. Wenn dieser Schreibstil abgeändert werden soll, kann dies mit den Verfahren des vorigen Kapitels geschehen.

Struktur Die Erzeugung des Briefes ist Bildschirm-gesteuert. Der Brief besteht aus folgenden Teilen:
Kopf Der Briefkopf besteht aus einem bis zu 2-zeiligen Kopf (z.B. Lothar Schumann) und einem Ort mit Datum (Reinbek, den 17.7.1994). Der Kopf ist in einer besonderen Schrift (z.B. Kapitälchen) gesetzt.
Absender In einer kleinen Schrift wird die Adresse des Absenders (unterstrichen) angegeben. Adresse Die Adresse — bestehend aus Anrede, Name, Zusatzzeile, Straße sowie Postleitzahl und Ort — wird so geschrieben, daß die Stellung einem Normbrief entspricht. Nach dem Falten erscheint die Adresse mit Absender-Adresse im Fenster eines Fenster-Umschlags.
Betreff Die Betreffzeile kann entfallen. Sonst handelt es

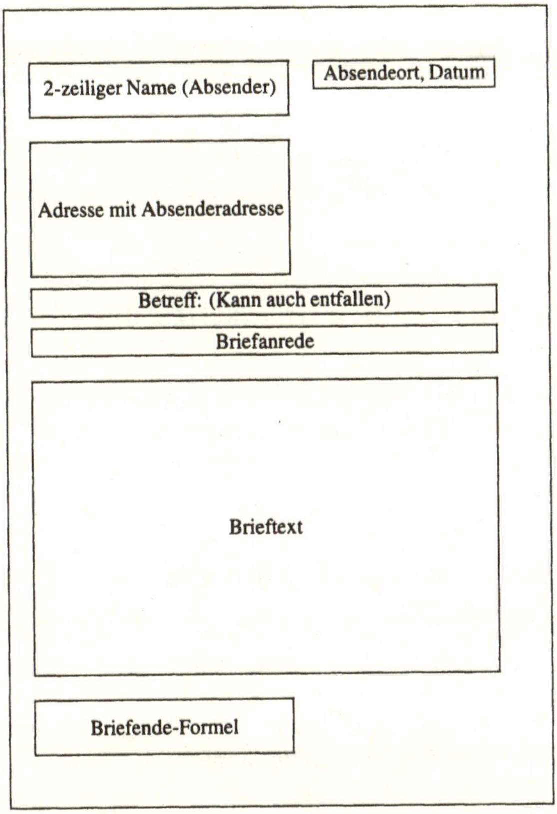

Abbildung 7.1: Standard-Brief

sich um den Titel des Briefes.

Briefanrede Die Briefanrede kann z.B. » Sehr geehrter Herr Wallner, « heißen.

Brieftext Der Brieftext wird standardmäßig in Blocksatz gesetzt. Falls dies nicht geschehen soll, kann die Art des Satzes durch Änderung des Druckformats IBRIEF.DFV erreicht werden, wie das im vorigen Kapitel gezeigt wurde.

Grußformel Hier wird die Grußformel (z.B. Mit freundlichem Gruß) eingetragen.

2. Seite Es wird automatisch eine zweite Seite erzeugt. Diese ist automatisch numeriert.

Modifikation Modifikationen des Schreibstils (z.B. Änderung des Briefkopfes) können durch Änderungen des Makros vorgenommen werden. Erläuterungen hierzu werden am Ende des Kapitels in einem getrennten Abschnitt gegeben. Diese Modifikationen sind nicht zwingend notwendig. Es werden Hinweise so gegeben, daß auch ohne spezifische Kenntnisse diese Modifikationen durchgeführt werden können.

7.2 Durchführung der Briefschreibung

Die Briefschreibung ist durch die Bildschirm-Führung durch eine Makroinstruktion stark vereinfacht, insbesondere deshalb, weil die Strukturierung des Briefes von der Makro-Instruktion selbst vorgenommen wird.

7.2.1 Beschreibung der Makro-Instruktion

Makro Brief_schreiben (INFO)

Aufgabe: Ein Normbrief wird geschrieben. Dabei kann der Anwender die Strukturelemente des Briefes

Briefkopf
Adresse mit Absenderadresse
Betreff-Zeile
Briefanrede
Brieftext
Grußformel

beliebig durch Eingaben den Anforderungen des Briefes anpassen.

Tast.Schlüssel: <Strg B> R

Abfrage: Briefkopf links und rechts

Briefkopf Eingabeform: Linke Seite\Rechte Seite (Rechte Seite bis zu 3 Zeilen, durch ; getrennt)
[. . . . .]
OK | Abbrechen

Meldung: Aufteilung Briefkopf
Aufteilung des rechten Teils des Briefkopfes in bis zu 3 Zeilen

Absender

Absender (Name, Straße, PLZ Ort)

[. . . . .]

OK | Abbrechen

Anrede

Anrede (Herrn, Frau, Firma, An ...)

[. . . . .]

OK | Abbrechen

1. Zeile Adresse

Name (1. Zeile Adresse)

[. . . . .]

OK | Abbrechen

2. Zeile Adresse

Branche 1 (2. Zeile der Adresse)

[. . . . .]

OK | Abbrechen

3. Zeile Adresse

Branche 2 (3. Zeile der Adresse)

[. . . . .]

OK | Abbrechen

Straße und Hausnummer

Straße und Hausnummer (4. Zeile der Adresse)

[. . . . .]

OK | Abbrechen

Postleitzahl

Postleitzahl

[. . . . .]

OK | Abbrechen

Ort

Ort

[. . . . .]

OK | Abbrechen

Betreffzeile

Betreff (Bitte gesamten Text (inkl. Betrifft o.ä.) eingeben

[. . . . .]

OK | Abbrechen

Briefanrede

Briefanrede (z. B. Sehr geehrte ....)

[. . . . .]

OK | Abbrechen

Brieftext

Bitte Briefinhalt eingeben im Anschluß durch <Strg B> 2
Briefende. Jetzt drücken Sie bitte die Eingabetaste.

[. . . . .]

OK | Abbrechen

Es wird nun jetzt der gesamte Brieftext eingegeben. Wenn die Grußformel eingegeben werden soll, wird <Strg B> 2 eingegeben.

Durch die Eingabe <Strg B> 2 wird die Abfrage wieder aufgenommen.

Abfrage: Grußformel

Grußformel (z.B. Mit freundlichem Gruß)

[. . . . .]

OK | Abbrechen

7.2.2 Bemerkungen zu der Makroinstruktion

Der Beschreibung der Makro-Instruktion sollen noch folgende Bemerkungen hintenangestellt werden.

1. Am Ende der Eingabe sollten Sie **ALT Ansicht Layout** eingeben um sicherzustellen, daß das Layout des Briefes vollständig erzeugt ist.
2. Kleinere Schreibfehler können manuell im Anschluß an die Eingabe des Briefes erfolgen. (Bitte geben Sie den Brief erst zu Ende ein, bevor Sie Korrekturen anfangen.)
3. Durch **ALT Datei Drucken** und anschließendes Eingeben von <ZT> (=RETURN) kann die Datei ausgegeben werden.
4. Durch **ALT Datei speichern unter** kann der gesamte Brief unter einem Namen gespeichert werden.

7.2.3 Beispiel der Eingaben

Um die Eingaben besonders zu erläutern wird im folgenden eine beispielhafte Eingabe eines Briefes erfolgen.

Es wird davon ausgegangen, daß die Makroinstruktion durch:

<Strg B> R

gestartet wurde.

Eingabeart	**Daten**
Briefkopf links und rechts	Lothar Schumann\Reinbek; Tel. 04104/4907
Absender	Lothar Schumann, Ellerholde 11, 21465 Reinbek
Anrede	Herrn
Name	Klaus Meister
2. Zeile Adresse	Musiklehrer
3. Zeile Adresse	

Eingabeart	**Daten**
Straße und Hausnummer	Kärntner Str. 12
Postleitzahl	A-40000
Betreffzeile	Kündigung des Klavierunterrichts
Briefanrede	Sehr geehrter Herr Meister,
Brieftext	hierdurch erlaube ich mir, den Klavierunterricht für meinen Sohne Holger zum Ende des Monats zu kündigen, da ich aus beruflichen Gründen Reinbek zum gleichen Termin verlasse. Leider kann Holger bereits am kommenden Montag nicht mehr am Unterricht teilnehmen, da der Umzug meiner Familie bereits vollzogen wurde.
(Nach Ende des Brieftextes	<Strg B> 2
Grußformel	Mit freundlichem Gruß

Die nebenstehende Abbildung zeigt das Ergebnis der Eingabe der angegebenen Parameter. Die Schriftstile und Schriftarten können durch Modifikationen der Druckformatvorlage verändert und an den persönlichen Stil angepaßt werden.

Die Festlegung von Kopf und Absender auf eine bestimmte Person oder eine Firma wird im nächsten Abschnitt behandelt.

Der Brief („Normbrief") ist so gestaltet, daß er — richtig gefaltet — in einen Fensterumschlag paßt.

Auch zweite Seiten sind vorgesehen. Auf der zweiten Seite wird der Adressat und das Datum des Briefes wiederholt, damit die zweiten Seiten stets wieder zur Kopfseite des Schreibens sortiert werden können.

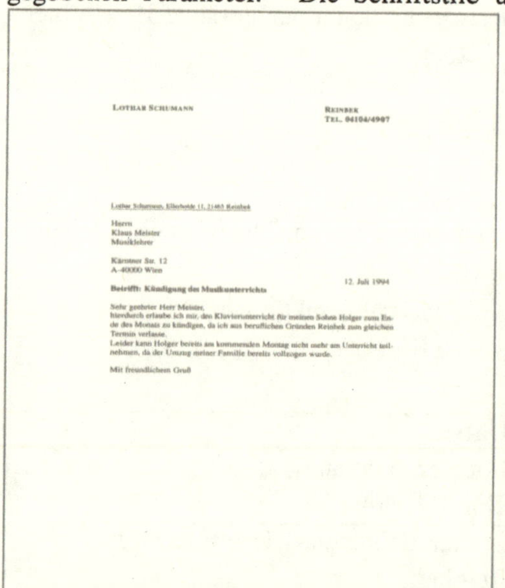

LOTHAR SCHUMANN

REINBEK
TEL. 04104/4907

Lothar Schumann, [illegible] 11, 21465 Reinbek

Herrn
Klaus Meister
Musiklehrer

Kärntner Str. 12
A-40000 Wien

12. Juli 1994

Betrifft: Kündigung des Musikunterrichts

Sehr geehrter Herr Meister,
hierdurch erlaube ich mir, den Klavierunterricht für meinen Sohne Holger zum Ende des Monats zu kündigen, da ich aus beruflichen Gründen Reinbek zum gleichen Termin verlasse.
Leider kann Holger bereits am kommenden Montag nicht mehr am Unterricht teilnehmen, da der Umzug meiner Familie bereits vollzogen wurde.

Mit freundlichem Gruß

Abbildung 7.2: Beispiel eines Briefes

Solche Möglichkeiten erleichtern das Arbeiten mit Schriftstücken erheblich.

7.3 Modifikation der Normbriefschreibung

In den Anwendungen ist es wünschenswert, einen Brief zu entwickeln, dessen Briefkopf konstant ist. Auf diese Weise könnte dann nicht nur ein Privatbogen sondern vielleicht auch noch ein Geschäftsbogen oder ein zweiter Privatbogen für besondere Anlässe entstehen. Für diesen könnten dann die Eingaben

Briefkopf (links),
Briefkopf (rechts),
Absender

— einmal gemacht — entfallen. (Hierdurch würden dann auch nicht erkannte Eingabefehler entfallen!)
In diesem Abschnitt soll gezeigt werden, wie mit den behandelten Operationen eine solche individuelle Anpassung der Makro-Instruktion für das Schreiben von Normbriefen (Tastenschlüssel: <Strg B>R) erfolgen kann.

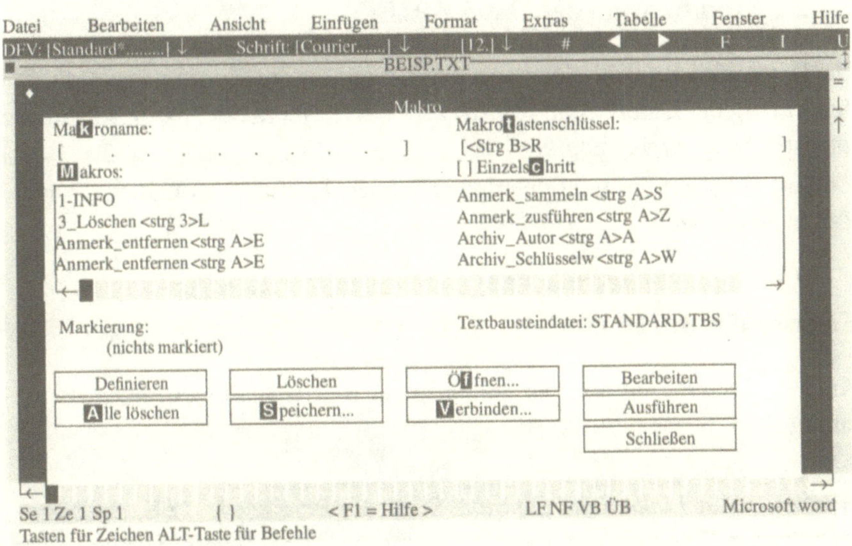

Abbildung 7.3: Makro-Instruktion: Briefschreibung

Es wird folgende Vorgehensweise gewählt:

1. Makro-Instruktion <Strg B>R → Datei „BRIEF0"
2. Modifikation der Datei „BRIEF0"
3. Datei „BRIEF0" → Makro-Instruktion <Strg B>R

Diese Vorgehensweise wird in den nächsten Abschnitten beschrieben.

7.3.1 Erzeugen Datei „BRIEF0“ aus Makro Normbriefschreibung

Durch

ALT Extras Makro

wird das Fenster zur Bearbeitung der Makro geöffnet. Es wird nun

ALT Makroname

eingegeben. Als Makro-Name ist Standard_Brief einzugeben. (Diesen Zustand zeigt Abb. 7.3 auf der vorherigen Seite.) Schließlich wird noch

ALT Bearbeiten

eingegeben. Hierdurch wird die Makro-Instruktion (als Text) am Bildschirm angezeigt. (Zur Sicherung sollte dieser Text durch **ALT _Datei speichern _unter** einem Namen (z.B. BRIEF0) gespeichert werden.)

7.3.2 Modifikation der Datei BRIEF0

Die Datei wird am Bildschirm angezeigt. Weil für die Modifikation lediglich der Anfang der Datei benötigt wird, wird nur dieser in der Abb. 7.3.2 auf der nächsten Seite angegeben.

Es sind lediglich die grau-unterlegten Zeilen zu entfernen und durch neue Zeilen zu ersetzen.

Ersetzen des Briefkopfes

Anstelle der grau-unterlegten Zeilen in der linken Spalte ist folgendes einzutragen:

«BESTIMMEN Briefkopf=„*Linke Seite**Rechte Seite*“ »

Hierbei ist für *Linke Seite* die linke Seite des Briefkopfes (z.B. der Name) einzutragen. Für *Rechte Seite* ist die rechte Seite des Briefkopfes (z.B. Ort, Telefon-Nr.) einzutragen. Es dürfen bis zu drei Zeilen eingetragen werden. Die einzelnen Zeilen sind durch „;“ zu trennen.

Beispiel:

«BESTIMMEN Briefkopf=„Lothar Schumann\Reinbek;Tel.04104/4907“ »

Bitte beachten Sie folgendes:

1. Linke und rechte Seite des Briefkopfes sind durch „\“ getrennt.
2. Die Zeilen in der rechten Seite des Briefkopfes werden durch „;“ getrennt.

```
«MELDUNG Auswahl des Schreibstils IBRIEF.DFV»
«BESTIMMEN Echo=„aus“ »
<Strg Unt>TV
<Alt n>
IBRIEF.DFV
<return>
«ABFRAGE Briefkopf=?Briefkopf Eingabeform:
Linke Seite\Rechte Seite(Rechte Seite
bis zu 3 Zeilen, durch ; getrennt)»
«BESTIMMEN Echo=„an“ »
«MELDUNG Aufteilung Briefkopf»
«BESTIMMEN Echo=„aus“ »
«BESTIMMEN L=LÄNGE(Briefkopf)»
«BESTIMMEN i=1»
«BESTIMMEN Mitte=0»
«SOLANGE i < L»
«AWENN TEIL(Briefkopf;i;1)=„\“ »
«BESTIMMEN Mitte=i»
«EWENN»
«BESTIMMEN i=i+1»
«ESOLANGE»
«BESTIMMEN LBriefkopf=TEIL(Briefkopf;1;
Mitte-1)»
«BESTIMMEN RBriefkopf=TEIL(Briefkopf;Mitte+1;
L-Mitte)»
«BESTIMMEN Kopfkz=„ “ »
«KOMMENTAR —— Kopf in Dateien ————»
«AWENN TEIL(LBriefkopf;1;1)=„+“ »
«BESTIMMEN Kopfkz=„D“ »
«BESTIMMEN Echo=„an“ »
«MELDUNG Kopf aus Dateien gebildet»
«BESTIMMEN Echo=„aus“ »
«BESTIMMEN LBriefkopf=„y“ TEIL(LBriefkopf;2;
LÄNGE(LBriefkopf)-1) „.adr“ »
«BESTIMMEN ABriefkopf=„x“ TEIL(LBriefkopf;2;
LÄNGE(LBriefkopf)-1)»
«BESTIMMEN RBriefkopf=„y“ RBriefkopf „.adr“ »
<Strg Unt>ED
«LBriefkopf»
<return>
<Strg Oben>
<Strg Unt>TW
<Alt T>
LK
<return>
<Strg Unten>
<Strg Unt>ED
«RBriefkopf»
<return>
<Strg Oben>
<Strg Unt>TW
<Alt T>
RK
<return>
<Strg Unten>
«SONST»
«LBriefkopf»
<Strg Unt>TW
<Alt T>
LK
<return>
<return>
«BESTIMMEN Echo=„an“ »
«MELDUNG Aufteilung des rechten
Teils des Briefkopfes in 3 Zeilen»
«BESTIMMEN Echo=„aus “ »
«BESTIMMEN Anf=1»
«BESTIMMEN Num=1»
«BESTIMMEN i=1»
«BESTIMMEN L=LÄNGE(RBriefkopf)»
«BESTIMMEN Rechts«1»=„ “ »
«BESTIMMEN Rechts«2»=„ “ »
«BESTIMMEN Rechts«3»=„ “ »
«SOLANGE i<L»
«AWENN TEIL(RBriefkopf;i;1)=„;“ »
«BESTIMMEN Rechts«Num»=TEIL(RBriefkopf;
Anf;i-Anf)»
«BESTIMMEN Num = Num + 1»
«BESTIMMEN Anf = i + 1»
«EWENN»
«BESTIMMEN i=i+1»
«ESOLANGE»
«BESTIMMEN Rechts«Num»=TEIL(RBriefkopf;
Anf;L-Anf+1)»
«BESTIMMEN i=1»
«SOLANGE i<=3»
«Rechts«i»»
<Strg Unt>ED
yascii11
<return>
<return>
«BESTIMMEN i=i+1»
«ESOLANGE»
<Strg Unt>TW
<Alt T>
RK
<return>
<return>
«EWENN»
«AWENN Kopfkz <>„D“ »
«ABFRAGE Absender=?Absender (Name,
Straße, PLZ, Ort) »
«MELDUNG Bearbeitung Absender»
«BESTIMMEN L=LÄNGE(Absender)»
«BESTIMMEN i=2»
———— Fortsetzung Makro ————
```

Makro-Instruktion BRIEF0

Ersetzen des Absenders

Anstelle der grau-unterlegten Zeilen in der rechten Spalte ist folgendes einzutragen:

«BESTIMMEN Absender=„*Absender*“ »

Für den Absender sind folgende Teile einzutragen:

Name (Bei Personen: auch Vorname),
Straße und Haus-Nummer,
Postleitzahl Ort

Beispiel:

«BESTIMMEN Absender=„Lothar Schumann, Ellerholde 11, 21465 Reinbek“ »

Bitte beachten Sie folgendes:

1. Zwischen die einzelnen Teile sollte ein Komma gesetzt werden.
2. Die Gesamtlänge des Absenders ist so abzustimmen, daß dieser nicht länger ist als die Breite des Adreßfensters beträgt.

7.4 Modifikation zur Änderung von <Strg B>R

Die Datei BRIEF0 ist nun modifiziert. Sie kann z.B. durch

ALT Datei speichern unter

unter dem Namen BRIEF1 gespeichert werden.
Um diese Datei zur Modifikation in STANDARD.TBS zu verwenden, wird diese Datei zunächst markiert (<Strg Pos1> F8 <Strg Ende>). Sodann wird durch

ALT Extras Makro

das Fenster zur Bearbeitung der Makro geöffnet. Es wird

ALT Makroname

eingegeben. Als Makro-Name ist Standard_Brief einzugeben. (Diesen Zustand zeigt Abb. 7.3 auf Seite 145.) Schließlich wird noch

ALT Definieren

eingegeben. Das System fragt ab, ob die Makro-Instruktion ersetzt werden soll. OK = <ZT> = <RETURN> bestätigt diese Wahl. Damit ist die Makroinstruktion „Standard_Brief“ ersetzt.

7.5 Modifikation zur Erzeugung — neue Makro

Die Datei BRIEF1 wird — wie oben beschrieben — markiert. Dann wird noch

ALT Extras Makros aufzeichnen

aufgerufen. Hierdurch wird das in der Abb. 7.4 auf der nächsten Seite dargestellte Fenster geöffnet.
In diesem Fenster sind folgende Eintragungen zu machen.

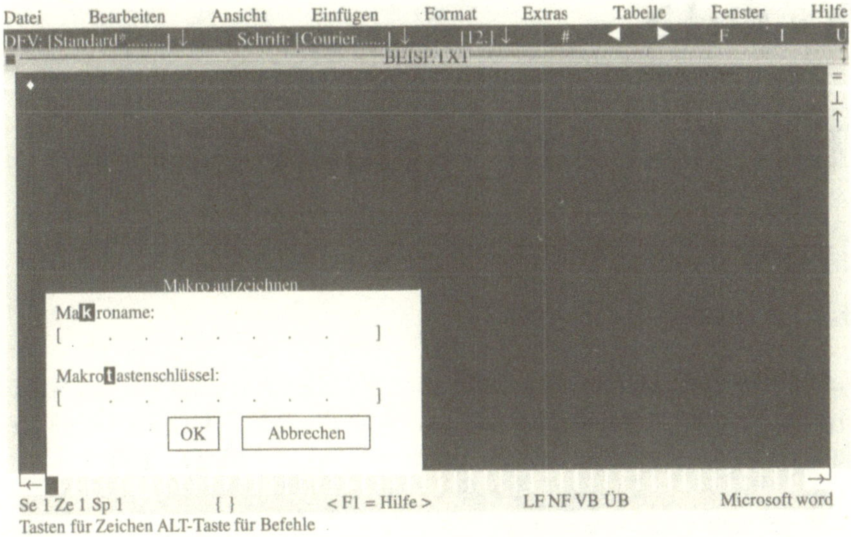

Abbildung 7.4: Makro-Instruktion: Aufzeichnen

Ma_kroname Es ist ein eindeutiger Name für die Makro-Instruktion einzugeben. (Beispiel: Privatbrief)

M.-_Tastenschlüssel Es ist ein Tastenschlüssel bestehend aus zwei Zeichen zu wählen. Dieser Tastenschlüssel ist ebenfalls eindeutig zu wählen. Dabei ist der erste Buchstabe mit „Strg" verbunden. (Beispiel: <Strg B> P).

OK Wird <ZT> eingegeben, so wird dies als Bestätigung interpretiert. Damit ist die Makro-Instruktion abgespeichert. Die Makro-Instruktion kann nun verwendet werden.

Abbrechen Eingabe von ESC führt zum Abbruch des Fensters.

Kapitel 8

Tabellen und variable Listen

8.1 Grundsätzliches

Wenn man unter den im täglichen Leben üblichen Kommunikations-Hilfsmitteln zunächst nach solchen sucht, welche die Bedingung der Unabhängigkeit von der jeweiligen Landessprache erfüllen, so wird man auf

- mathematische Formeln
- grafische Darstellungen
- Tabellen

geführt. Die erste Darstellung kann weder die Bedingung der leichten Erlernbarkeit noch die der leichten Lesbarkeit erfüllen.
Bei grafischen Darstellungen ist wegen der Vielzahl der möglichen Darstellungen und wegen der Hintergrundinformation, die oft sehr komplex ist, eine bequeme Kommunikation nicht gegeben.
Tabellen sind für die Kommunikation am besten geeignet. Tabellen sind leicht lesbar und sie sind teil-standardisiert. Dadurch sind Tabellen häufig **übersichtlicher** als normaler Fließtext. Weil das so ist, sollen Tabellen einer näheren Betrachtung unterzogen werden.
Tabellen gestalten die Darstellung von funktionalen Abhängigkeiten. Es wird der Zusammenhang zwischen Werten von *unabhängigen* Variablen und Werten von *abhängigen* Variablen dargestellt.

8.2 Elemente der Tabellen

Die hautpsächlichsten Strukturelemente der Tabellen sind

- Zeilen
- Spalten

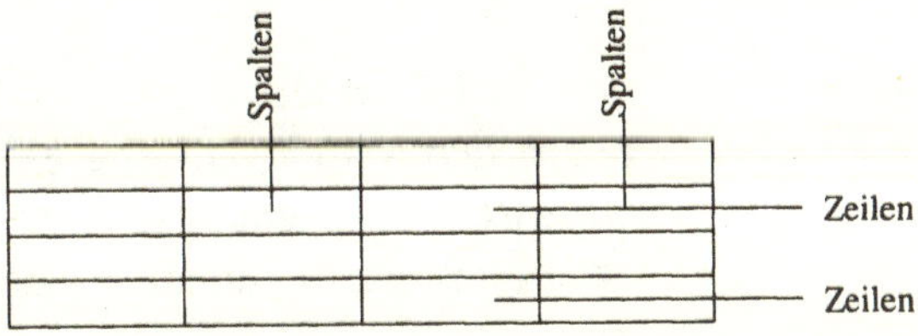

Abbildung 8.1: Begriffe der Tabelle

In der Abb. Abb. 8.1 sind diese Strukturelemente eingetragen.
Ein Beispiel einer realen Tabelle zeigt die Abb. 8.2 aus dem Statistischen Jahrbuch der Bundesrepublik Deutschland 1986. (Es wurde ein Auszug aus der Gesamt-Tabelle verwendet, der für den hier beabsichtigten Zweck ausreichend ist.)

Gegenstand	Schl.-Holst.	Hamburg	Niedersachsen	Bremen
Ärzte	5 946	6 201	15 317	2 019
Zahnärzte	1 515	1 357	3 744	443
Krankenpflegepersonen	10 689	10 022	31 729	4 213
Krankenhäuser	125	44	322	17
Betten in Krankenhäusern	26 686	16 550	68 999	8 319

Abbildung 8.2: Tabelle Gesundheitswesen (Auszug

8.3 Anforderung an das Textverarbeitungssystem

Folgende Ausprägungen der Tabellen sind im Rahmen von WORD realisierbar.

Umrahmung Die Elemente der Tabellen sind gemäß Abb. 8.1 die Zeilen und die Spalten. Die Zeilen und/oder Spalten können umrahmt werden oder dies kann entfallen. (Die Abb. 8.2 ist eine in Zeilen und Spalten umrahmte Tabelle.)

Art der Elemente Die Tabellen-Elemente können

linksbündig,
rechtsbündig,
zentriert

angeordnet werden. Diese Anordnung kann je Spalte geändert werden. (In Abb. 8.2 auf der vorherigen Seite ist die Anordnung in der ersten Spalte (Gegenstand) linskbündig, in allen anderen Spalten rechtsbündig.

Breite Spalten Die Breite einer Spalte richtet sich bei den linksbündigen, rechtsbündigen oder zentrierten Spalten nach dem jeweilig **breitesten** Element der Spalte. Die Breite der Spalte kann aber auch vorgegeben sein. Dann wird die Spalte immer linksbündig bearbeitet.

mehrzeilige El. In den Anwendungen kann es vorkommen, daß Elemente mehrzeilige Texte (mit Zeilenumbrüchen) besitzen müssen. Im allgemeinen wird dadurch erreicht, daß für die entsprechenden Spalten eine feste Breite angegeben wird.

Zusammenfassung:

Für die Konstruktion von Tabellen soll die folgende Übersicht von Nutzen sein:

- Tabellen
  - umrandet
    - linksbündig
    - rechtsbündig
    - zentriert
    - vorgegebener Breite
  - nicht umrandet
    - linksbündig
    - rechtsbündig
    - zentriert
    - vorgegebener Breite

Um eine Tabelle zu konstruieren, ist zusätzlich zu der Struktur lediglich noch die Zahl der Spalten festzulegen.
Weil die Konstruktion von Tabellen etwas komplex ist, hat der Autor ein Makro geschaffen, welches im nächsten Abschnitt erklärt wird.

8.4 Makro-Instruktion „tabelle“

Mit dieser Makro-Instruktion lassen sich alle Arten von Tabellen konstruieren. In einem Folgeabschnitt werden noch Hilfen (Zentrieren von Tabellen,

Tabellen mit Blocksatz-Elementen) behandelt. Auch hierfür wurden vom Autor komfortable Makros entwickelt.

Makro Tabelle (INFO)

Aufgabe: Eine Tabelle (gerahmt oder nicht gerahmt) soll erzeugt werden. Dabei soll es möglich sein, mit der TAB-Taste von einem Tabellenelement zum nächsten zu kommen. Die Struktur der Tabelle (Zeilen, Spalten) konstruiert das System automatisch aufgrund der bei der Eingabe der Parameter gemachten Angaben.

Tast.Schlüssel: <Strg T> O

Abfrage: Tabelle

ohne Rahmen: fllla,fllla, ... mit Rahmen: fllla.fllla.
f=Feldart(lrc) l=Länge(mm) a = Art(nfiu) normal, fett, kursiv, unterstr.
[. . . . .]
OK Abbrechen

Zu dem Makro werden noch folgende Erläuterungen gegeben. Die Spalten werden durch 6-Zeichen-lange Zeichenketten festgelegt. Diese Zeichenketten heißen „Spalten-Commands". Die einzelnen Zeichen des Spalten-Commands haben folgende Bedeutung:

Zeichen	Bedeutung
1 – 1	**Feldart** l = linksbündig r = rechtsbündig c = zentriert
2 – 4	**Breite der Spalte (in mm)** mit führenden Nullen
5 – 5	**Schriftart** n = normal f = fett k = kursiv u = unterstrichen
6 – 6	**Rahmenart** . = mit Rahmen , = ohne Rahmen

Weil bei WORD die Tabellen konstruiert werden und erst anschließend gefüllt werden, ist immer zuerst die Struktur festzulegen (<Strg T> O) und dann müssen die Inhalte in die einzelnen Tabellenelemente geschrieben werden. Im folgenden soll die in Abb. 8.2 auf Seite 151 dargestellte Tabelle in einem Beispiel in WORD geschrieben werden.

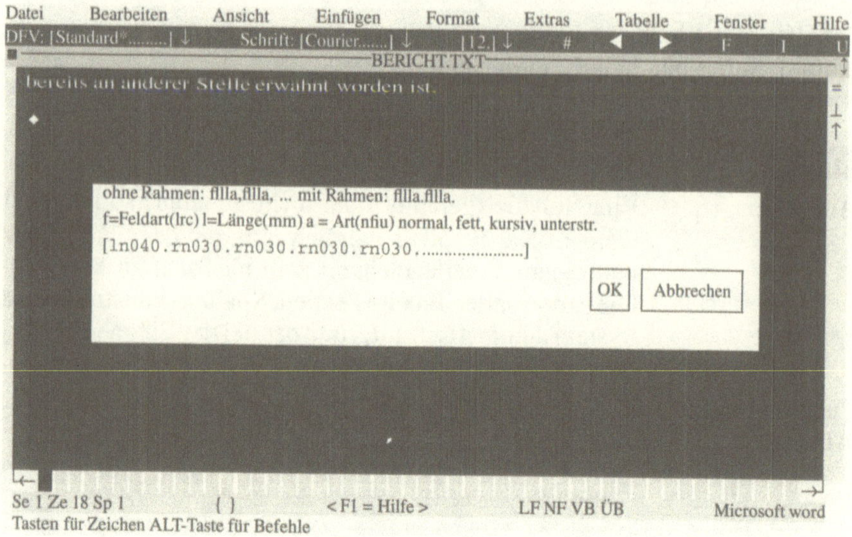

Abbildung 8.3: Text-Rest mit Tabelle

Nachdem die in Abb. 8.3 eingegebenen Daten eingegeben sind (Eingabe OK = <ZT> = <RETURN>), läuft das Makro. Das Makro ist beendet, dann wird am Bildschirm das in Abb. 8.4 auf der nächsten Seite angegebene Fenster angezeigt.

Bitte beachten Sie, daß das Makro — natürlich abhängig von dem jeweiligen Prozessor — gelegentlich Laufzeiten von ca. 1 Minute hat!

Operationen in der Tabelle

Startpunkt Der Cursor wird nach Ablauf des Makros direkt in das erste Feld gestellt.

„Zelle“ Der durch das Kreuzen von Zeile und Spalte entstehende Raum heißt „Zelle“. Einer Zelle ist stets durch jeweils eine Nummer eine Zeile und eine Spalte zugeordnet.

Vorwärts Durch die TAB-Taste erzielt man einen Vorwärtsschritt um jeweils ein Element. Bei Zeilen-Ende wird eine neue Zeile begonnen. Mit den ←, →-Tasten kann man sich in dieser Zelle bewegen.

Rückwärts Durch die Umsch+TAB-Taste erzielt man einen Rückwärtsschritt um jeweils ein Element. Ist man auf diese

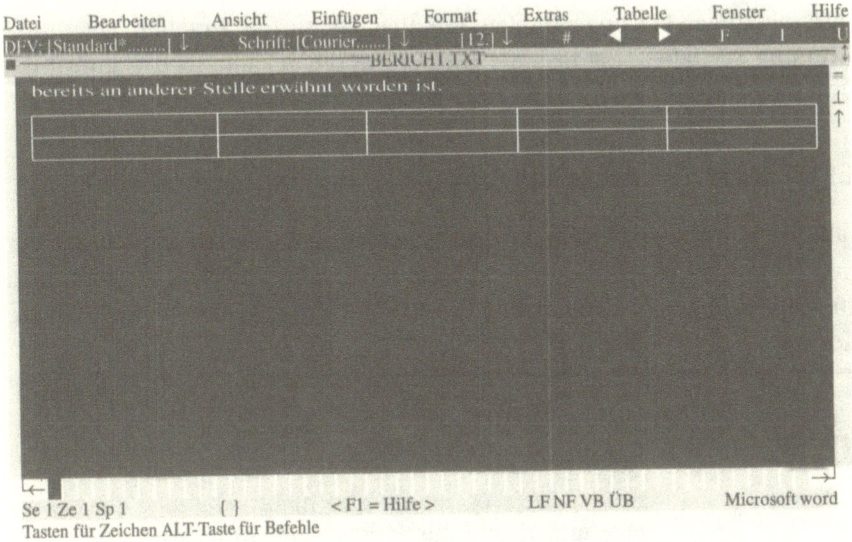

Abbildung 8.4: Nach Aufruf des Makros

Weise an den Anfang einer Zeile gelangt, dann führt der nächste Rückwärtsschritt an das Ende der nächsten Zeile. Mit den ←, →-Tasten kann man sich in dieser Zelle bewegen.

Verlassen Die Tabelle wird z.B. durch Ende ans Ende des Textes (d.h. hinter die Tabelle) verlassen.

Neue Zeile Die Eingabe <ZT> = <RETURN> bewirkt die Anlage einer neuen Zeile in der zuletzt bearbeiteten Zelle.

8.5 Hilfsmittel

In diesem Abschnitt werden Hilfsmittel vorgestellt, die zum ursprünglichen Erzeugen von Tabellen nützlich sind.

8.5.1 Gitternetzlinien

Nach Aufruf eines Tabellen-Makros (also: in einer Tabelle) kann der Aufruf

ALT Tabelle Gitternetzlinien

ausgeführt werden. Dies hat zur Folge, daß auch bei ungerahmter Tabelle punktierte Gitternetzlinien die Umgrenzung der Zellen darstellen. Da die

Gitternetzlinien bei ungerahmten Tabellen das einzige Ergebnis der Strukturierung darstellen, die man am Bildschirm sehen kann, ist der Aufruf der Gitternetzlinien in jedem Falle zu empfehlen.

8.5.2 Zentrieren von Tabellen

Tabellen nehmen nicht immer die gesamte Schreibbreite ein. Um die Ränder gleich breit zu gestalten — die Tabelle wird dann **zentriert** — kann man **im Anschluß** an die Verwendung des Makros tabelle das folgende Makro aufrufen.

Makro	Tabelle_zentrieren (INFO)
Aufgabe:	Eine Tabelle (gerahmt oder nicht gerahmt), die bereits erzeugt ist, wird durch dieses Makro zentriert.
Tast.Schlüssel:	<Strg T> Z

Mit der Operation des Zentrierens sind die Hauptoperationen für typische „Zahlen"-Übersichts-Tabellen. Aus diesem Grunde wird im folgenden ein umfassenderes Beispiel dargestellt.

8.6 Beispiel einer Zahlen-Übersichts-Tabelle

8.6.1 Übersicht über die Tabelle

Es wird die folgende Tabelle konstruiert.

Anzahl Spalten:	5
Schriftart:	Times-Roman
Schriftgröße:	10pt
Spaltenüberschriften:	Monat
	Geschäftsstelle Hamburg
	Geschäftsstelle Berlin
	Geschäftsstelle Leipzig
	Geschäftsstelle Dresden

8.6.2 Ablauf der Gesamtkonstruktion

Die Konstruktion der Tabelle geht in folgenden Schritten vor sich:

1. Konstruktion der Überschrift der Tabelle mit Hilfe <Strg T>O
2. Festlegen von Schriftart und Schriftgröße für Überschrift
3. Eintragen der Überschriften
4. Löschen von überzähligen Zeilen
5. Konstruktion des Corpus der Tabelle mit Hilfe <Strg T>O
6. Festlegen von Schriftart und Schriftgröße für Corpus Tabelle
7. Eintragen der Daten
8. Zentrieren der Tabelle

Konstruktion der Tabellen-Überschrift (Ablauf 1 – 3)

Für die Überschrift wird nach Eingabe von <Strg T>O die im folgenden angegebene Parameterfestlegung durchgeführt.

Abfrage: Tabelle

ohne Rahmen: fllla,fllla, ... mit Rahmen: fllla.fllla.
f=Feldart(lrc) l=Länge(mm) a = Art(nfiu) normal, fett, kursiv, unterstr.
[l030n.c035n.c035n.c035n.c035n. . . . .]
OK Abbrechen

Erläuterungen: Die Spaltenüberschriften sollen zentriert über den Spalten stehen. (Die Eingabe der Daten beginnt aus diesem Grunde automatisch in der Mitte der Spalte!) Die Überschriften sind 2-zeilig. Dies wird durch Eingabe von <ZT>=<RETURN> am Ende der ersten Zeile erreicht.
Bevor die Überschriften eingegeben werden, wird die **Schriftart** und die **Schriftgröße** gewählt:

Format ALT Format Zeichen
Schriftart ALT Schriftart (durch Rollfenster: Times-Roman)
Schriftgröße ALT Schriftgröße (durch Rollfenster: 10pt)

Nach diesen Operationen wird die in Abb. 8.5 auf der nächsten Seite dargestellte Form der Tabelle erreicht.

8.6.3 Löschen Zeilen, Konstruktion Corpus (Ablauf 3 – 7)

Die Überschriftszeile ist eine Doppelzeile. Es wird aber nur eine Zeile verwendet. In der Konstruktion der Tabellen werden immer 2 Zeilen angelegt. Aus diesem Grunde muß jetzt eine Zeile gelöscht werden. Hierzu sind folgende Operationen erforderlich.

1. Positionieren Cursor in die 2. Zeile
2. Löschen diese Zeile: ALT Tabelle löschen

Es ist noch in einem Fenster zu bestätigen, daß die **Zeile** zu löschen ist.

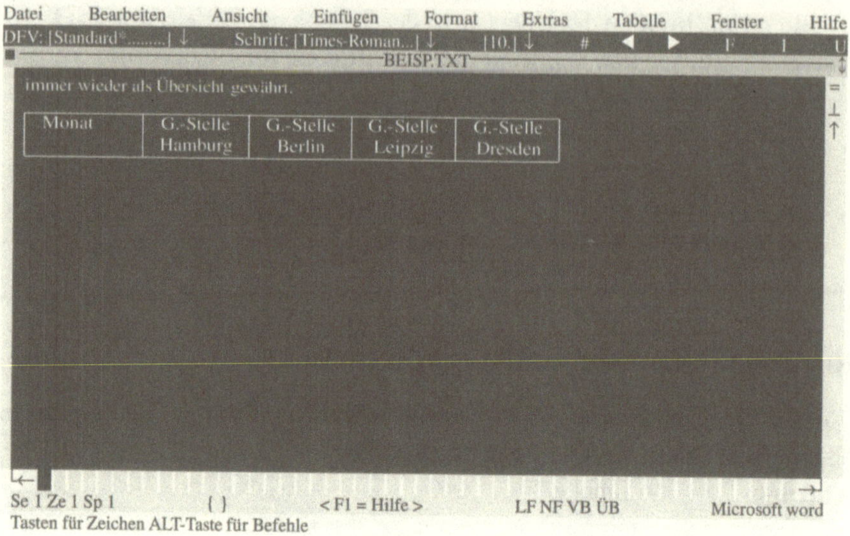

Abbildung 8.5: Tabelle nach Überschrift

Der Corpus der Tabelle wird aufgrund der Eingabe von folgenden Parametern konstruiert:

Abfrage: Tabelle

ohne Rahmen: fllla,fllla, ... mit Rahmen: fllla.fllla.
f=Feldart(lrc) l=Länge(mm) a = Art(nfiu) normal, fett, kursiv, unterstr.
[l030n.r035n.r035n.r035n.r035n. . . . .]
OK | Abbrechen

Erläuterungen: Es ist darauf zu achten, daß die Spalten die gleichen Breiten haben wie bei den Überschriften. Die Zahlenfelder werden rechtsbündig in die Spalten gestellt. (Bei der Eingabe der Werte beginnt das System **rechts**.)

Sollen Korrekturen an anderen Zellen vorgenommen werden, dann ist folgendes zu beachten: die nächste Zelle wird durch TAB erreicht, die vorhergehende durch Umsch+TAB. Innerhalb der Zelle kann mit den Tasten ← und → nach links oder rechts gegangen werden.

Bevor die Daten eingegeben werden, wird die **Schriftart** und die **Schriftgröße** gewählt:

Format ALT Format Zeichen
Schriftart ALT Schriftart (durch Rollfenster: Times-Roman)
Schriftgröße ALT Schriftgröße (durch Rollfenster: 10pt)

Nach Eingabe der Daten entsteht die Abb. 8.6.

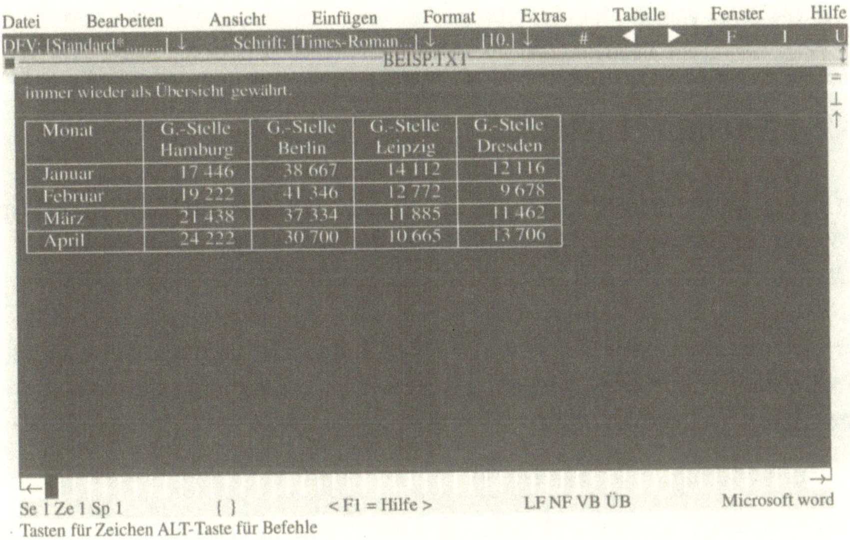

Abbildung 8.6: Tabelle nach Eingabe des Datenteils

8.6.4 Zentrieren der Tabelle (Ablauf 8)

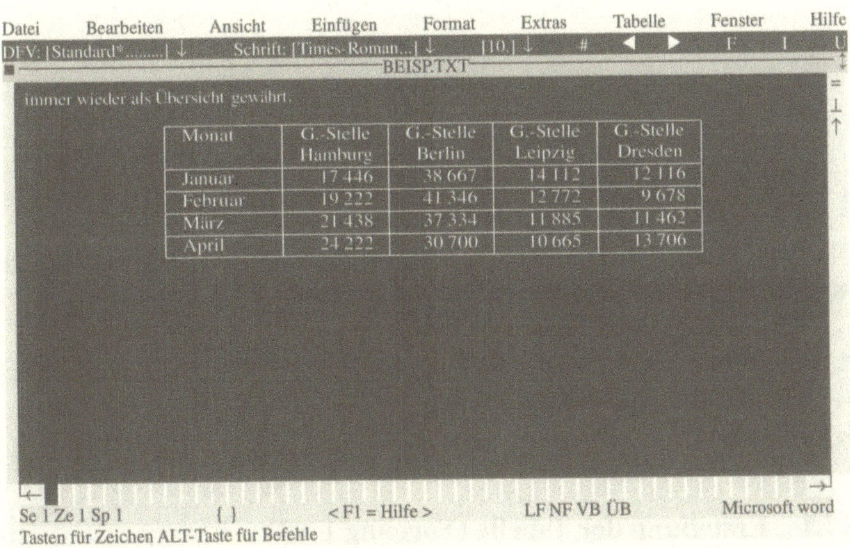

Abbildung 8.7: Tabelle nach Durchführung aller Operationen

Durch Eingabe von <Strg T>Z wird erreicht, daß die in Abb. 8.6 dargestellte Tabelle **zentriert** wird. Hierdurch wird das in Abb. 8.7 dargestellte Endergebnis erreicht.

8.7 Variable Listen

In Berichten ist die Form der „variablen Liste“ sehr gebräuchlich. In diesen Formen der Berichte — die auch in diesem Buch verwendet wird — werden neben Aufzählungen (fett) Erläuterungen (Blocksatz) dargestellt. Eine schematische Darstellung ist in Abb. 8.8 angegeben. Durch die Aufzählungen werden die Listen übersichtlich. Man kann so leicht einen bestimmten Sachverhalt in der Liste wieder auffinden. Die Erläuterungen können dem jeweiligen Sachverhalt angepaßt werden.

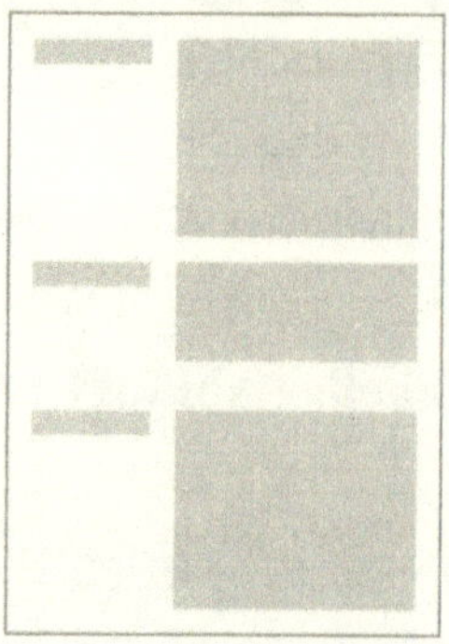

Abbildung 8.8: Schema der variablen Liste

Die Berichtsart „variable Liste“ soll wiederum an einem Beispiel erläutert werden. Es werden folgende Schritte durchgeführt:

1. Übersicht über die Tabelle
2. Konstruktion der Tabelle
3. Formatierung und Texterfassung
4. Blocksatz

8.7.1 Erstellung der Tabelle (Vorgang 1 – 2)

Bei der variablen Liste handelt es sich um eine Tabelle mit 2 Spalten. Die Tabelle hat keinen Rahmen. Die Breite der 1. Spalte betrage 35 mm, die Breite der 2. Spalte 70 mm. Die Daten in der 1. Spalte werden fett gesetzt. Auf die Eingabe <Strg T>O werden die folgenden Parameter eingegeben.

Abfrage: Tabelle

ohne Rahmen: flla,flla, ... mit Rahmen: flla.flla.
f=Feldart(lrc) l=Länge(mm) a = Art(nfiu) normal, fett, kursiv, unterstr.
[l035f,r070n, ...]

OK | Abbrechen

Am Bildschirm wird das in Abb. 8.9 angegebene Fenster angezeigt.

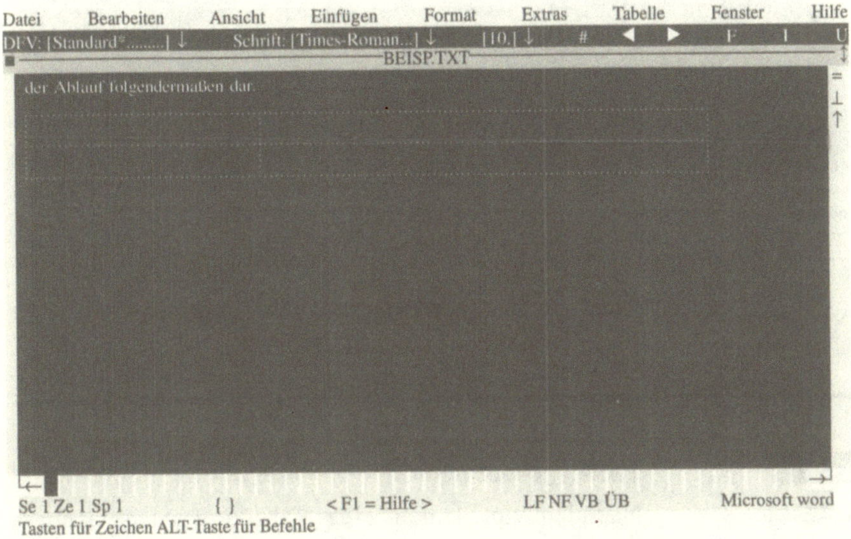

Abbildung 8.9: Corpus der variablen Liste

8.7.2 Formatierung und Texterfassung (Vorgang 3)

Es werden nun **Schriftart** und **Schriftgröße** gewählt.
Format ALT Format Zeichen
Schriftart ALT Schriftart (durch Rollfenster: Times-Roman)
Schriftgröße ALT Schriftgröße (durch Rollfenster: 10pt)
Die Abb. 8.10 auf der nächsten Seite zeigt den Zustand nach erfolgter Texterfassung.

8.7.3 Blocksatz — Vorgang 4

Um in solchen variablen Listen besseren Satz zu erreichen, wurde folgendes Makro geschaffen, mit dem man variable Listen sehr komfortabel im Text konstruieren kann.

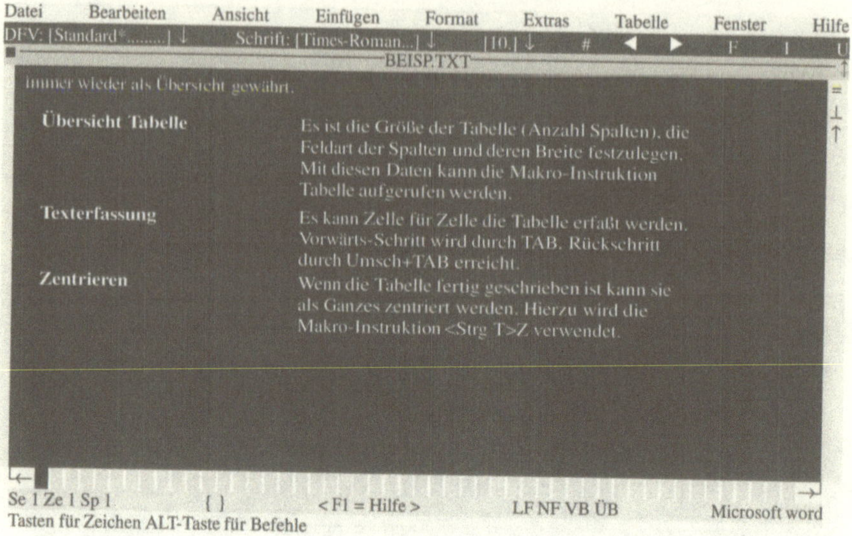

Abbildung 8.10: Nach Erfassung des Textes

Makro Tabelle_Block (INFO)

Aufgabe: Nachdem ein Element einer Tabelle erfaßt ist, kann es durch diese Makro im Block gesetzt werden. Dabei kann die Silbentrennung bestätigt werden.

Tast.Schlüssel: <Strg T> B

Abfrage: Blocksatz

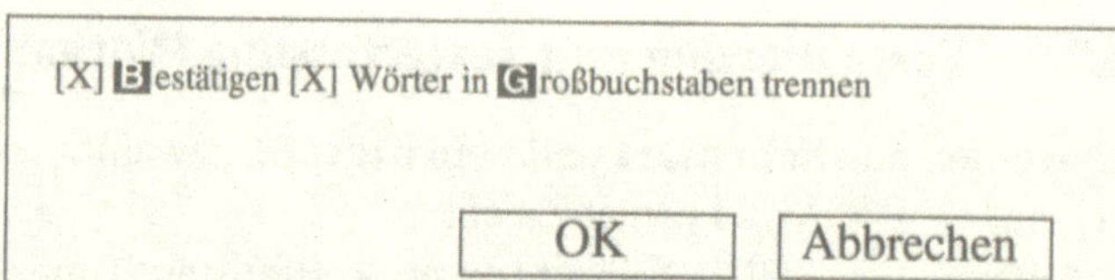

Erläuterungen: Durch Eingabe von TAB wird innerhalb der Tabelle von Element zu Element fortgeschritten. Für jedes Element kann die Makro-Instruktion <Strg T>B aufgerufen werden.

Bestätigen — Es handelt sich um einen Wechselschalter. Ist der Schalter gesetzt, dann wird jede Silbentrennung als Vorschlag zur Bestätigung (Ja/Nein) zur Verfügung gestellt.

Großbuchstaben — Ist dieser Schalter gesetzt, dann können auch Eigennamen getrennt werden.

Ist der Blocksatz für alle Elemente der Tabelle gewählt, dann erhält man die Darstellung in Abb. 8.11.

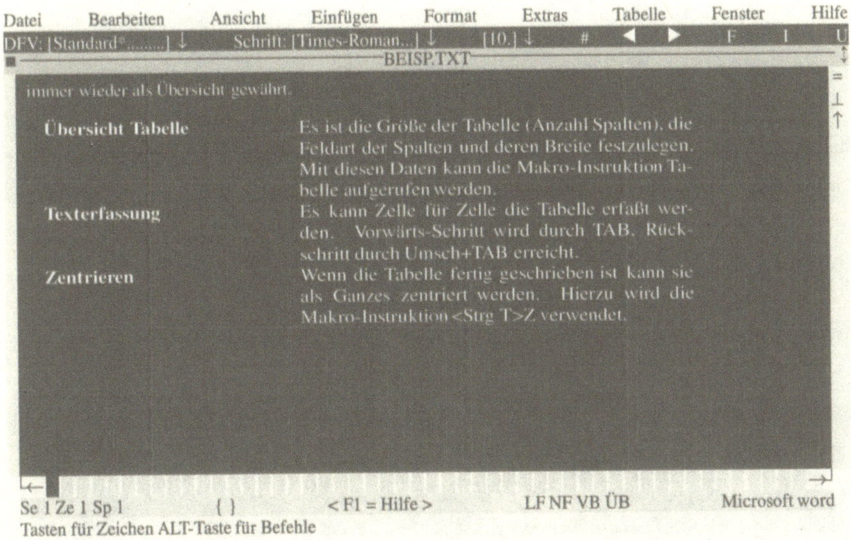

Abbildung 8.11: variable Liste im Blocksatz

8.8 Struktur- und Inhaltsänderungen an Tabellen

Die Tabellen sind bisher in der Struktur immer gleich geblieben. In den Anwendungen kann es aber nun vorkommen, daß die Struktur der Tabelle, auch nachdem sie einmal geschrieben wurde, noch geändert werden muß. Dies ist in WORD vorgesehen. Im folgenden sollen folgende Modifikationen der Tabellen behandelt werden:

Einfügen von Spalten,
Einfügen von Zeilen,
Löschen von Spalten,
Löschen von Zeilen.

Die Tabellen werden in WORD sehr komfortabel unterstützt. Es wird sich herausstellen, daß auch diese Operationen sehr einfach durchführbar sind.

8.8.1 Einfügen von Spalten

Soll eine zusätzliche Spalte eingefügt werden, so ist zuerst der Cursor zu positionieren.

Soll eine Spalte neben der n-ten Spalte der Tabelle eingefügt werden, so wird der Cursor in eine beliebige Zelle der n-ten Spalte gesetzt. Ist die n-te Spalte die letzte Spalte, so wird der Cursor innerhalb der Zelle auf das Ende (Zellenende-Marke) gesetzt. (Positionierung durch Taste ←).

Als Beispiel soll in der Tabelle Abb. 8.6 auf Seite 159 noch zwischen den Geschäftsstellen Berlin und Leipzig die Geschäftsstelle Köln eingefügt werden.
Zunächst wird der Cursor in die Spalte „Berlin" gebracht und der Befehl

ALT Tabelle einfügen

aufgerufen. Dies erzeugt das in Abb. 8.12 dargestellte Fenster.

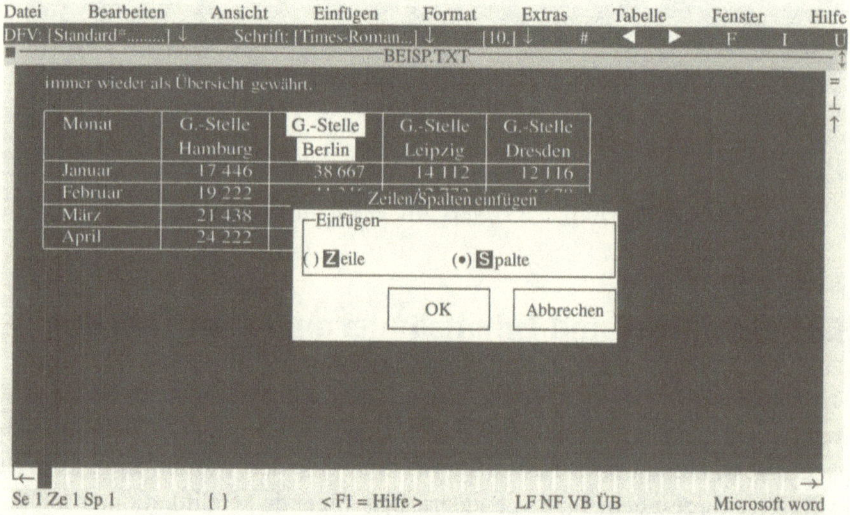

Abbildung 8.12: Vor Einfügen Geschäftsstelle Köln

In Abb. 8.12 ist deutlich die markierte Spalte (Berlin) zu sehen, hinter der die Spalte Köln eingefügt werden soll.
Nachdem das Fenster bearbeitet ist, wird die Spalte Köln eingefügt, Vor Eintragen der Daten hat die Tabelle dann die Gestalt in Abb. 8.13 auf der nächsten Seite.

8.8.2 Einfügen von Zeilen

Als Beispiel wird die nebenstehende Tabelle verwendet, in die eine Quartals-

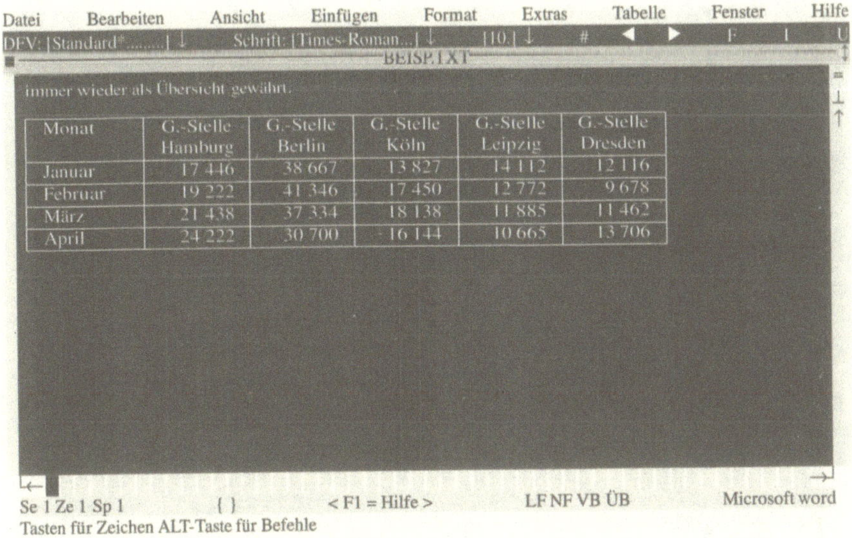

Abbildung 8.13: Vor Eingabe der Daten für die Spalte Köln

Summenzeile einzufügen ist.

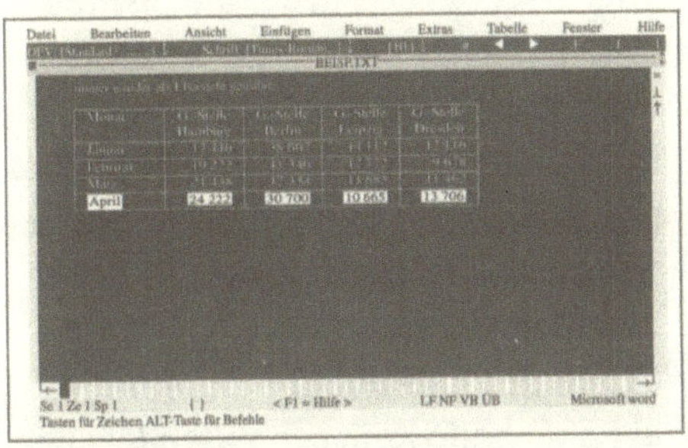

Abbildung 8.14: Tabelle mit markierter Zeile

Soll eine zusätzliche Zeile eingefügt werden, so ist zuerst der Cursor zu positionieren.
Soll eine Zeile vor der n-ten Zeile der Tabelle eingefügt werden, so wird der Cursor in die n-te Zeile gebracht und dann durch **ALT Tabelle Zeile markieren** diese Zeile markiert.
Durch **ALT Tabelle einfügen** wird eine Zeile eingefügt.

Durch den ersten Schritt wird gewissermaßen die Zeile freigehalten, durch den zweiten Schritt die Zeile freigeschlagen. Abb. 8.15 auf der nächsten Seite zeigt die Tabelle mit der für die Eingabe der Quartalswerte freigehaltenen Zeile.

Soll an eine Tabelle noch eine Zeile angehängt werden, dann können Sie einfach in die letzte Zelle der Tabelle gehen und dann die [TAB]-Taste drücken.

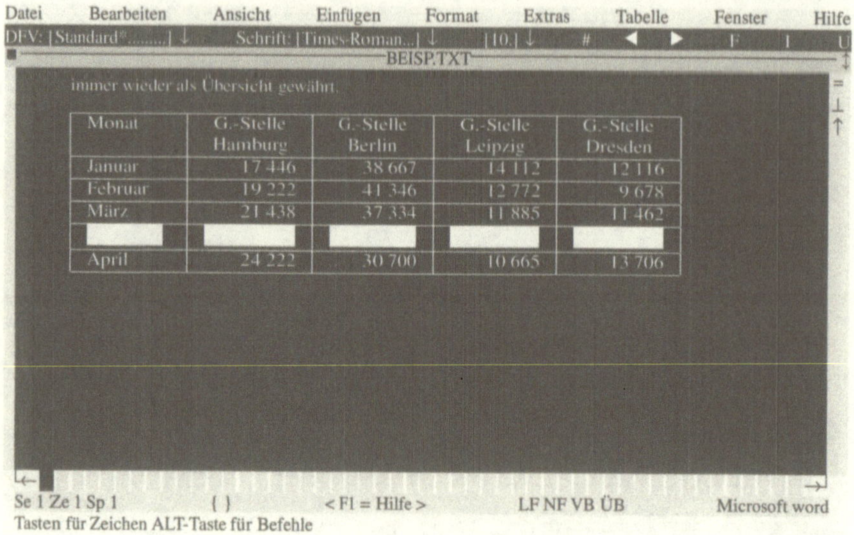

Abbildung 8.15: Tabelle mit eingefügter Zeile

8.8.3 Löschen von Spalten

Als Beispiel wird die nebenstehende Tabelle verwendet, in der die Spalte für die Geschäftsstelle Leipzig zu löschen ist.

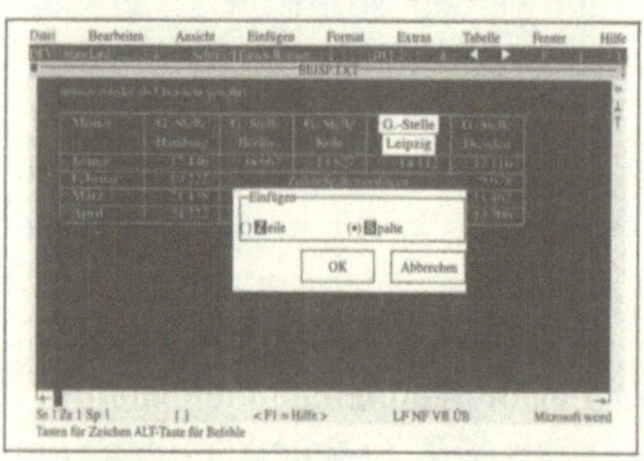

Abbildung 8.16: markierter Spalte

Soll eine Spalte gelöscht werden, so ist zuerst der Cursor in der Spalte zu positionieren. (Es kann dabei ein beliebiges Element aus dieser Spalte genommen werden.)
Durch den Command
ALT Tabelle Zeilen/Spalten löschen
wird das Löschen ausgewählt. Es wird das Fenster, wie in nebenstehender Abbildung gezeigt, eröffnet.

Durch Eingabe von **Spalte** wird erreicht, daß die Spalte gelöscht wird. Die Tabelle hat dann die in Abb. 8.17 auf der nächsten Seite dargestellte Gestalt.

8.8.4 Löschen von Zeilen

Sollen Tabellen bearbeitet werden, so ist es nötig, daß Zeilen eingefügt und gelöscht werden können. Es zeigt sich, daß diese Operationen komfortabel

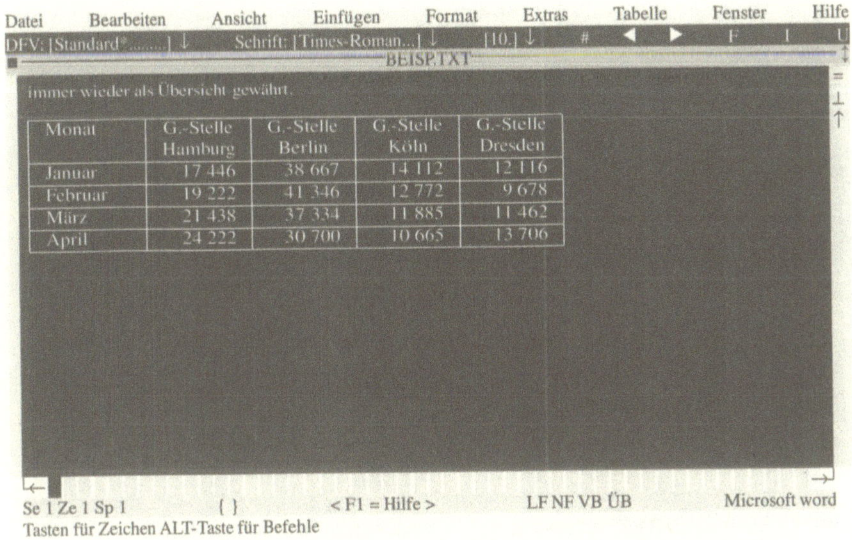

Abbildung 8.17: Tabelle mit gelöschter Spalte Leipzig

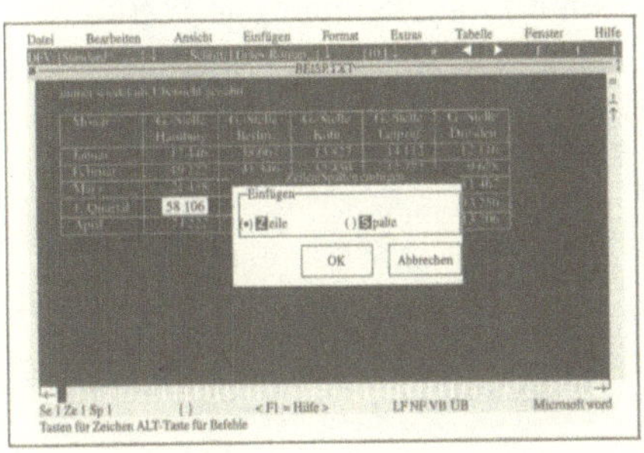

Abbildung 8.18: markierte Zeile

durchführbar sind.

Als Beispiel wird die nebenstehende Tabelle verwendet, in der die Spalte für die Quartalssumme zu löschen ist. Soll eine Zeile gelöscht werden, so ist zuerst der Cursor in die Zeile zu positionieren. (Es kann dabei ein beliebiges Element aus dieser Zeile genommen werden.)

Durch den Command **ALT Tabelle Zeilen/Spalten löschen** wird das Löschen ausgewählt. Es wird das Fenster, wie in nebenstehender Abbildung gezeigt, eröffnet.

Durch Eingabe von **Zeile** wird erreicht, daß die Zeile gelöscht wird. Die Tabelle hat dann die in Abb. 8.19 auf der nächsten Seite dargestellte Gestalt.

Es können auch mehrere Zeilen in einem Arbeitsschritt gelöscht werden. Durch

ALT Tabelle Zeile markieren

lassen sich (in Folge) mehrere Zeilen markieren. (Es ist auch möglich einzelne Zeilen zu markieren.) Durch Eingabe von

ALT Tabelle Zeilen/Spalten löschen

wird das Fenster wie in Abb. 8.19 auf der nächsten Seite geöffnet. Durch

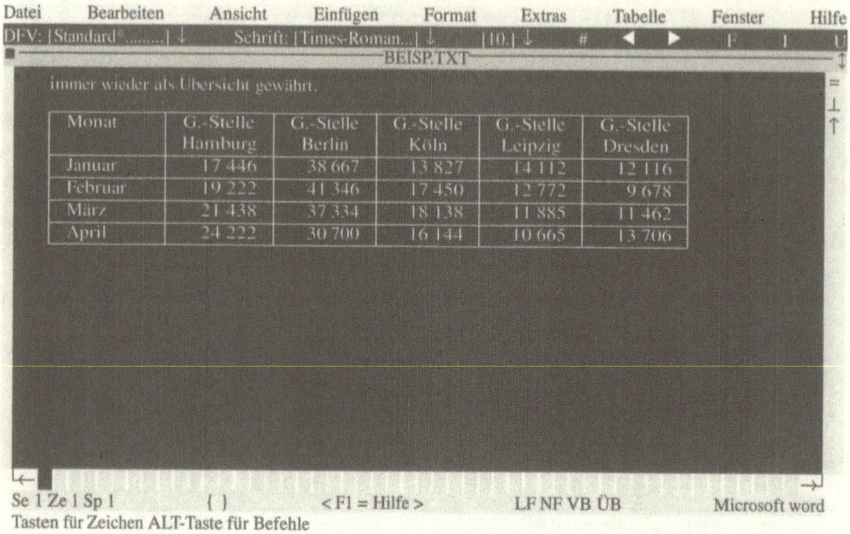

Monat	G.-Stelle Hamburg	G.-Stelle Berlin	G.-Stelle Köln	G.-Stelle Leipzig	G.-Stelle Dresden
Januar	17 446	38 667	13 827	14 112	12 116
Februar	19 222	41 346	17 450	12 772	9 678
März	21 438	37 334	18 138	11 885	11 462
April	24 222	30 700	16 144	10 665	13 706

Abbildung 8.19: Tabelle mit gelöschter Quartalszeile

Eingabe von <ZT> = <RETURN> werden nun auf einmal alle markierten Zeilen gelöscht.

Kapitel 9

Liniengraphik, Rahmen und Schraffur

WORD gestattet die Darstellung von einfacher Graphik. Unter einfacher Graphik soll dabei die Darstellung senkrechter und waagerechter Linien verstanden werden. Außerdem soll die Hervorhebung von Text durch Umrahmung und Schraffur möglich sein.

9.1 Umrahmung und Schraffur

Ein Hauptfenster steuert die Umrahmung und Schraffur. Durch den Command

ALT Format Rahmen

also ALT-t-R, wird das in Abb. 9.1 abgebildete Fenster erzeugt.

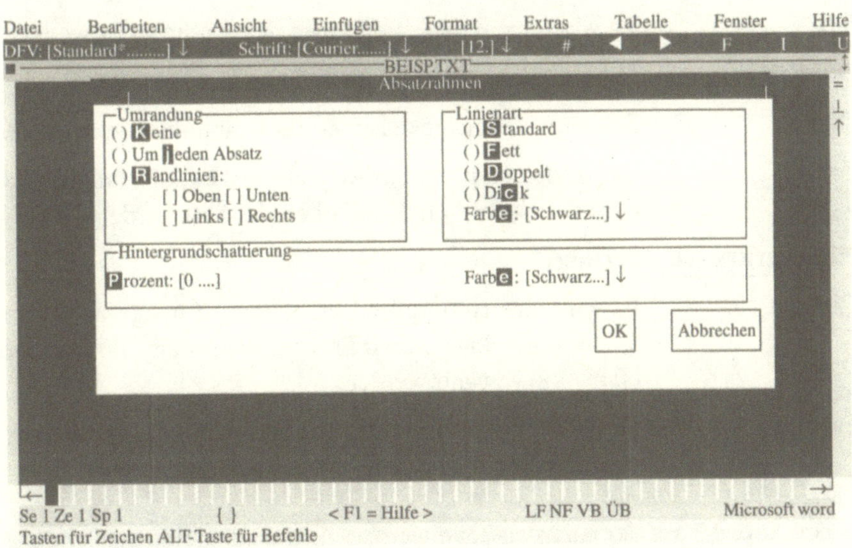

Abbildung 9.1: Rahmen und Schraffur

Folgende Eingaben haben die angegebene Wirkung. Es wird jeweils der laufende Absatz bearbeitet.

Umrahmung

Keine Es wird keine Absatzumrandung angebracht.

Jeder Absatz Es wird um jeden Absatz eine Umrandung angegeben. Die Linienart wird durch den Parameter „Linienart" festgelegt.

Randlinien Mit diesem Parameter können einzelne Linien oben, unten, links oder rechts angebracht werden. Die Linienart wird durch den Parameter „Linienart" festgelegt. Zum Beispiel kann zum Hervorheben eines Absatzes links neben dem Absatz ein „Balken" angebracht werden.

> Dies ist ein Beispiel für einen durch Balken markierten Text. Man kann dies zum Beispiel dann einsetzen, wenn man einen Text bearbeitet und neue Einfügungen besonders kennzeichnen möchte.

Linienart

Standard Es wird die normale Linienstärke verwendet. Diese Linienstärke entspricht den Linien bei Tabellen.

fett Es wird eine fette Linienstärke (fette Schrift) verwendet.

Doppelt Es wird eine doppelte Umrandung durchgeführt.

Dick Es werden extra dicke Linien zur Umrandung verwendet.

Farbe Es handelt sich um ein Rollfenster. Es können alle auf dem Drucker möglichen Farben gewählt werden.

Hintergrundschattierung

Prozent Es wird eine Hintergrundschattierung durchgeführt. Die Schattierung kann von 0 Prozent (weiß) bis 100 Prozent (schwarz) gewählt werden.

Farbe Es handelt sich um ein Rollfenster. Es können alle auf dem Drucker möglichen Farben gewählt werden.

In der Abb. 9.2 auf der nächsten Seite werden die unterschiedlichen Umrahmungen dargestellt.

Bitte beachten Sie folgende **Hinweise:**

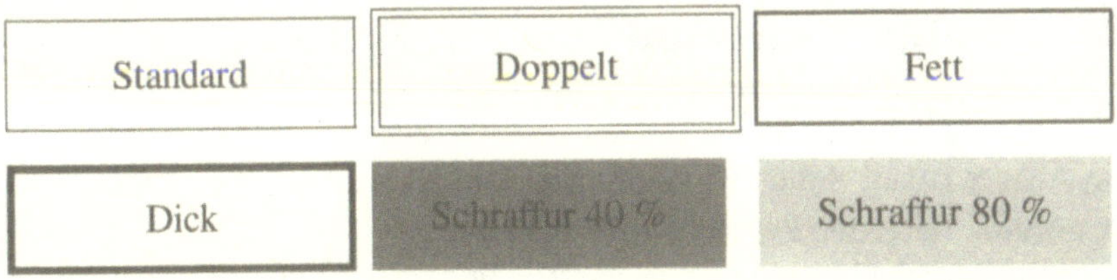

Abbildung 9.2: Umrandungsarten

1. Schraffuren über 40 % wirken meist zu dunkel, so daß sie sich von schwarzer Schrift nicht mehr genug abheben.
2. Schraffuren können am Bildschirm (bei der Erfassung des Textes) nicht sichtbar gemacht werden. Hierzu sollte mit Hilfe von
   ALT Datei Seitenansicht
   eine Darstellung erzeugt werden.

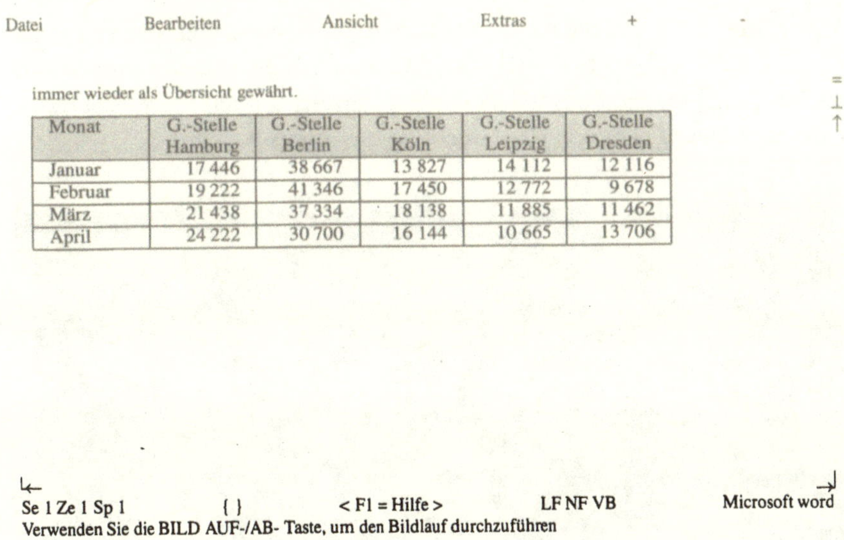

Datei Bearbeiten Ansicht Extras +

immer wieder als Übersicht gewährt.

Monat	G.-Stelle Hamburg	G.-Stelle Berlin	G.-Stelle Köln	G.-Stelle Leipzig	G.-Stelle Dresden
Januar	17 446	38 667	13 827	14 112	12 116
Februar	19 222	41 346	17 450	12 772	9 678
März	21 438	37 334	18 138	11 885	11 462
April	24 222	30 700	16 144	10 665	13 706

Se 1 Ze 1 Sp 1 { } < F1 = Hilfe > LF NF VB Microsoft word
Verwenden Sie die BILD AUF-/AB- Taste, um den Bildlauf durchzuführen

Abbildung 9.3: Tabelle mit Schraffur

3. Werden mehrere Absätze markiert (**F8** LEER), dann werden durch **ALT Format Rahmen** die markierten Absätze umrandet.
4. Schraffuren können auch zur Hervorhebung in Tabellen eingesetzt werden. Es können sowohl ganze Tabelle wie auch einzelne Zeilen oder Spalten oder auch Elemente schraffiert werden. (Beispiel siehe Abb. 9.3)

9.2 Schattierungen von Tabellen-Zeilen

Tabellenzeilen können ebenfalls schattiert werden. Als Beispiel sei die Tabelle Abb. 8.19 auf Seite 168 bearbeitet. Die Überschriftszeile soll schraffiert werden. Folgende Prozedur wird verwendet:

1. Positionieren Cursor in Überschriftszeile
2. ALT Tabelle Zeile markieren
3. ALT Format Rahmen
4. ALT Prozent 40 %
5. OK = <ZT> = <RETURN>

Läßt man sich nun mit **Datei Seitenansicht** die Tabelle anzeigen, so entsteht die in Abb. 9.3 auf der vorherigen Seite dargestellte Seitenansicht.

9.3 Vertikale Linien

Um Hervorhebungen z.B. von Absätzen zu erzielen, kann man solch einen Absatz auch links und rechts mit vertikalen Linien versehen, wie das in der Abb. 9.4 durchgeführt ist. Insbesondere in Berichten und Kurzinformationen, bei denen man auf besonders wichtige Informationen hinweisen möchte, hat sich diese Form von Hervorhebung besonders bewährt.

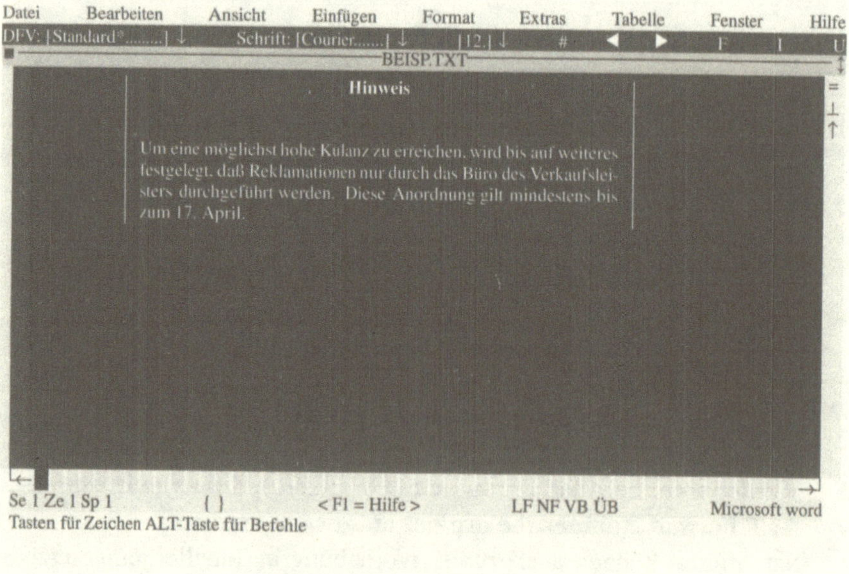

Abbildung 9.4: Vertikale Linien

Um diese vertikalen Linien zu erzielen, muß zunächst der Command

ALT Format Tabulator

aufgerufen werden. Hierdurch wird das Fenster Abb. 9.5 aufgerufen, das noch genauer behandelt wird.

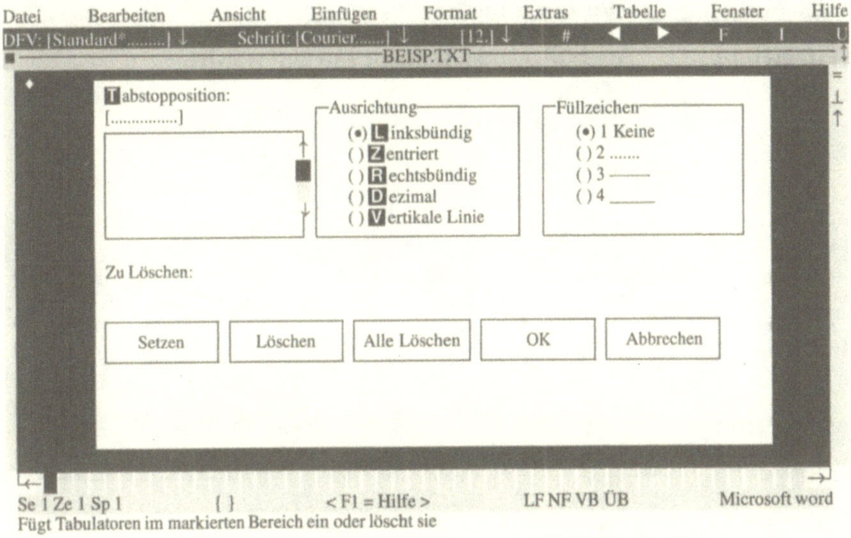

Abbildung 9.5: Fenster Tabulator

Mit diesem Fenster können die Lage der vertikalen Linien und deren Stärke festgelegt werden. Es handelt sich hier um ein kombiniertes Verfahren, welches die Funktionen der Tabulatoren und der vertikalen Striche zusammenführt. Es wird festgelegt, daß in einem Absatz der erste und der letzte Tabulator als vertikale Linie ausgebildet werden. Diese vertikale Linie wird durch die TAB-Taste geschrieben.

Im übrigen kann der Absatz beliebig formatiert werden. Im allgemeinen wird Blocksatz verwendet, um einen möglichst schönen Satz für den herausgehobenen Absatz zu erhalten.

Die hier wählbaren Parameter betreffen die Tabulatorsetzung und die Anbringung von vertikalen Strichen. Diese Parameter können auf folgende Weise in dem Fenster Abb. 9.5 gewählt werden.

Tabstopposition Es können hier die Tabulator-Stopp-Positionen **gesetzt** oder **gelöscht** werden. Das anschließende Rollfeld zeigt die z. Zt. gesetzten Tabulator-Stellungen an.

Ausrichtung Es sind die Ausrichtungen

Linksbündig
Zentriert
Rechtsbündig
Dezimal
Vertikale Linie

Füllzeichen Als Füllzeichen können gewählt werden:
Keine
.... (Punkte)
— (Bindestriche)
___(Unterstriche)

> Will der Anwender bei der ersten und bei der letzten Position eine vertikale Linie erhalten, dann muß in diesem Moment die TAB-Taste gedrückt werden. Grundsätzlich können auf einer Zeile beliebig viele vertikale Linien (auf einer Tabulator-Position) gedruckt werden. Es ist die Verantwortung des Anwenders, daß hierbei keine Tabulator-Positionen übergangen werden.

9.4 Liniengrafik

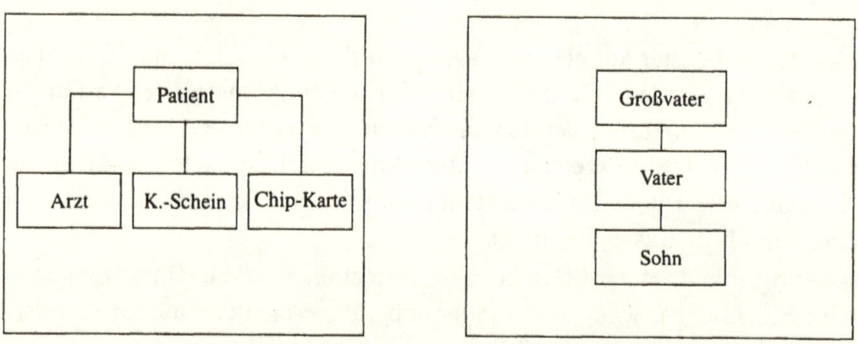

Abbildung 9.6: Typische Liniengrafik

Die Liniengrafik ist in WORD nur in bescheidenem Umfang vorhanden. Liniengrafik ist beschränkt auf die zu den Seitenrändern parallelen geraden Linien. Es können aber Grafiken, die eine Hierarchie darstellen oder solche, die aus Rechtecken zusammengesetzt sind, dargestellt werden. Es sind also lineare Darstellungen möglich, wie sie in Abb. 9.6 abgebildet sind.
Um gerade Linien zu zeichnen, wird durch

ALT Extra Linien

eine spezielle Schrift eingeschaltet, die aus den Zeichen

| , └, ┌, ┐, ┘, —

besteht. Durch ESC kann wieder in die normale Schrift umgeschaltet werden. Dieser Vorrat kann allein durch die Richtungstasten ←, →, ↑ und ↓ erzeugt werden. An jeder Stelle ist bekannt, wo das System beim vorigen Zeichen stand. Aus diesem Zeichen und der neuen Richtung wird das tatsächliche Zeichen aus dem obigen Zeichensatz erzeugt. War z.B. das letzte Zeichen „waagerecht" und ist das neue Zeichen →, so wird das Zeichen „—" erzeugt, ist das folgende Zeichen nun „↑", dann wird tatsächlich das Zeichen ┘ erzeugt.

Nicht ganz so einfach ist die Korrektur. Um Korrekturen auszuführen, muß in die normale Schrift zurückgegangen werden (Eingabe: ESC). Folgendes Verfahren kann dann zum Löschen verwendet werden:

1. Cursor über das zu löschende Zeichen.
2. F8 (Markieren)
3. **ALT Bearbeiten Ausschneiden**

Es erweist sich als bequemer, die Zeichen einzeln zu löschen, weil hierdurch weniger Fehler auftreten.

> Auf der vorletzten Bildzeile werden Zeilen-Nummer und Spalten-Nummer angegeben. Dies ist ein nützlicher Hinweis, wenn geschlossene Figuren (Rechtecke) eingegeben werden sollen.

9.5 Einfügen von Grafik

Die Eigengestaltung von Grafik ist in WORD nicht besonders ausgeprägt. Zum Einen ist nur Liniengrafik vorgesehen, zum anderen ist diese aber auf auf solche Geraden beschränkt, die parallel zu den Seitenrändern verlaufen. Schon gar nicht werden Kreis-Grafik oder alle Grafik für jede Art von Bogen unterstützt.

Hierfür sind andere Pakete (z.B. Corel-Draw) besser geeignet. Hier soll die Kompatibilität solcher Pakete mit WORD demonstriert werden.

Grafik wird in bestimmten Formaten angeboten. Encapsulated PostScript (*.eps) ist ein Format, welches in letzter Zeit wegen der allgemeinen Verbreitung immer mehr Bedeutung erhält. Aber auch das **TIFF-Format** ist weit verbreitet.

Es soll nun an diesem Beispiel gezeigt werden, wie ein solches Bild in ein WORD-Dokument übernommen werden kann.

Abbildung 9.7: Graustufen-Bild

Das Beispiel ist keineswegs typisch. Jede andere Grafik oder Zeichnung kann cbcnso in einen Text an einer vorgegebenen Stelle eingebaut werden. Das Bild liegt in Encapsulated PostScript vor. Das Bild soll in halber Originalgröße (Höhe 13 cm, Breite 9 cm) in den Text so integriert werden, daß es (mit Bildunterschrift) an den unteren Rand der Seite gebracht wird. Das Bild soll am linken Seitenrand stehen. Der Rest der Seite soll für Text verwendet werden. Der Hintergrund soll aus dem Original genommen werden. Der Untergrund ist mittelgrau.
Veränderungen an dem Bild werden sonst nicht vorgenommen. Auf die gleiche Weise könnte auch TIFF-Format oder ein anderes Format, in dem die Bilder geliefert werden, in das WORD-Format integriert werden.
Das aufgezeigte Problem soll nun schrittweise so gelöst werden, daß für jede andere Einfügung von Grafik, Zeichnung oder Photo ebenso verfahren werden kann. Aus den einzelnen Schritten werden jeweils Unterabschnitte produziert.
Folgende Teilaufgaben können bei der Bearbeitung von Grafiken unterschieden werden.

Einlesen Die Grafik wird (als Modul) in eine Datei eingelesen. Dabei wird eine rechteckige Fläche in der Datei verwendet.

Größe Die Grafik hat eine natürliche Größe. Es muß möglich sein, diese Größe proportional zu vergrößern oder zu verkleinern.

Position Die Grafik kann an unterschiedliche Positionen gemäß Abb. 9.8 auf der nächsten Seite auf einer Seite gebracht werden. Die restliche Breite der Seite wird für „umfließenden" Text verwendet.

Absatzbreite Die Breite des Absatzes kann dort, wo sich die Grafik befindet, entweder der Breite der Grafik entsprechen oder es kann die volle Seitenbreite auf der Höhe der Grafik verwendet werden oder es kann eine vorgebbare Breite für die Grafik plus Freiraum verwendet werden.

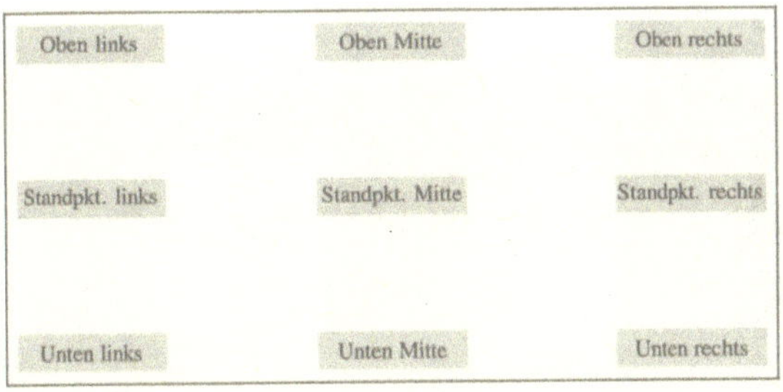

Abbildung 9.8: Positionen

9.5.1 Einlesen einer Grafik

Die erste Hauptaufgabe besteht nun darin,

die Datei einzulesen
Breite und Höhe der Datei festzulegen

Der Command, der diese Aufgabe löst, wird durch

ALT Einfügen Grafik

aufgerufen. Hierdurch wird das in Abb. 9.9 auf der nächsten Seite dargestellte Fenster geöffnet.
Folgende Parameter müssen ausgefüllt werden, wenn eine Einfügung einer Datei stattfinden soll. (In Klammern sind die Parameter angegeben, die eingegeben werden müssen, um das Ergebnis Abb. 9.11 auf Seite 180 zu erhalten.)

Name Datei Der Name der Datei — mit Erweiterung — ist einzugeben. Die Existenz der Datei wird überprüft. Wenn die Datei existiert, wird das Format richtig angezeigt. (Beispiel: golfer.eps)

Format Es handelt sich um ein Rollfeld. Man kann also mit den Tasten ↓ oder ↑ das Format angezeigt werden. (Z.B. wird bei *.eps-Dateien **PostScript** angezeigt. (Beispiel: mit Taste ↓ vorwärts rollen bis: „Postscript“.

Ausrichtung Es handelt sich um ein Rollfeld. Man kann also mit den Tasten ↓ oder ↑ die Ausrichtung (links, zentriert, rechts).

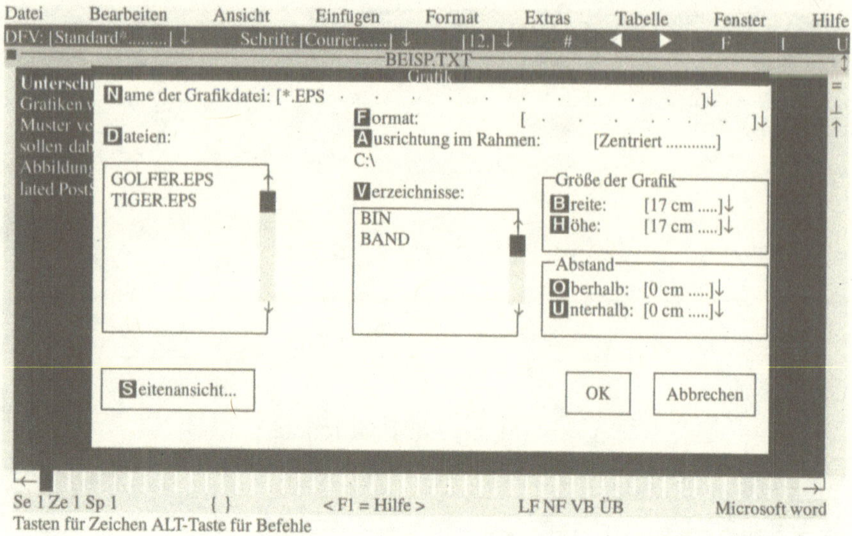

Abbildung 9.9: Einfügen Grafik

Die Ausrichtung kann durch die Eingabe des Commands Alt Format Position noch verändert werden. (Beispiel: Das Rollfeld bleibt auf der Eintragung „zentriert“.

Dateien Es handelt sich um ein Rollfeld. Der Name der Datei kann auch mit den Tasten ↓ oder ↑ die Grafikdatei ausgewählt werden. (Beispiel: Diese Eintragung wird nicht verwendet.)

Verzeichnisse Die Suche der Dateien findet in dem Standard-Verzeichnis C:\statt. Wenn ein anderes Verzeichnis gewählt werden soll, dann kann es durch dieses Rollfeld „Verzeichnis“ mit Hilfe der Tasten ↓ oder ↑ ausgewählt werden. (Beispiel: Die Datei golfer.eps steht in dem Verzeichnis C:\, so daß dieser Parameter nicht verwendet werden muß.)

Breite Als Breite wird die natürliche Breite der Grafik vom System angezeigt. Diese Breite kann auf die tatsächlich gewünschte Breite geändert werden. Auf diese Weise wird die Grafik vergrößert oder verkleinert. (Beispiel: Die natürliche Breite ist 17 cm, es wird die Breite 4,5 cm eingetragen.)

Länge Das System stellt die natürliche Länge der Grafik zur Verfügung, wenn die Breite nicht gerade verändert wurde. Ist dies der Fall, dann wird die natürliche Länge mit dem gleichen Faktor multipliziert wie die Breite. (Wurde z.B. als Breite die halbe natürliche Breite gewählt, dann wird jetzt auch die Länge auf die halbe natürliche Länge gesetzt. (Beispiel: Die natürliche Länge beträgt 20,727 cm. Bei Eintragung der Breite wird diese automatisch auf 6,5 cm eingestellt. Dies wird so belassen.)

Oberhalb Hier kann ein Abstand eingetragen werden, der oberhalb der Grafik bleiben soll. Es bleibt also ein gewählter Abstand zwischen der Grafik und dem Text davor leer. (Beispiel: 0,2 cm)

Unterhalb Hier kann ein Abstand eingetragen werden, der unterhalb der Grafik bleiben soll. Es bleibt also ein gewählter Abstand zwischen der Grafik und dem Text dahinter leer. (Beispiel: 0,2 cm)

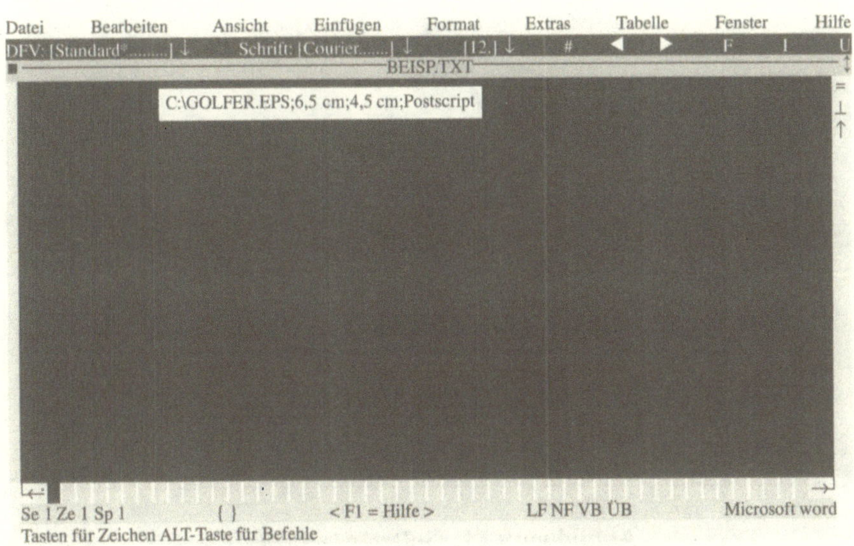

Abbildung 9.10: Grafik in codierter Form

Seitenansicht Hierdurch wird die Möglichkeit geboten, eine Seitenansicht in echter Schreibweise zu sehen. Bitte geben Sie

ALT Ansicht Bildschirmeinstellungen ein und wählen Sie dort **Verborgener Text** aus. Auf diese Weise wird erreicht, daß die Grafik als verborgener Text angezeigt wird. (Der Platz für die Grafik wird dann am Bildschirm freigehalten. So kann das Dokument richtig betrachtet werden.)

OK Wird <ZT> eingegeben, so wird dies als Bestätigung interpretiert. Damit ist die Grafik eingefügt.

Abbrechen Eingabe von ESC führt zum Abbruch des Fensters.

Die Grafik ist nach der Einfügung in codierter Form wie in Abb. 9.10 auf der vorherigen Seite dargestellt. Diese Darstellung ist markiert. Dies wird deshalb durchgeführt, damit eine weitere Verarbeitung (z.B. Festlegung der Position) stattfinden kann.

Wird diese Grafik ausgedruckt, dann erhält man (in verkleinerter Form) die in Abb. 9.11 dargestellte Papierausgabe.

Abbildung 9.11: Golferin (zentriert)

9.5.2 Variable Position

Nach dem normalen Einfügen der Grafik verbraucht diese die gesamte Breite einer Seite. Die Grafik kann dabei links, zentriert oder rechts auf der Seite stehen. Dies kann aus der Abb. 9.11 auf der vorherigen Seite entnommen werden. Häufig wird aber gefordert, daß der von der Grafik nicht verwendete Platz von Text verbraucht wird oder daß — anders ausgedrückt — der Text die Grafik voll „umspielt". Dabei sind die in Abb. 9.8 auf Seite 177 dargestellten Positionen möglich.

> Es ist immer zuerst die Grafik einzulesen. **Die Grafik ist (automatisch) markiert.** Nun wird die Position der Grafik auf der Seite festgelegt. Dies regelt automatisch die Verteilung des übrigen Textes auf der Seite.

Durch Eingabe von

ALT Format Position — also Alt-t-P

wird das Fenster Abb. 9.12 geöffnet.

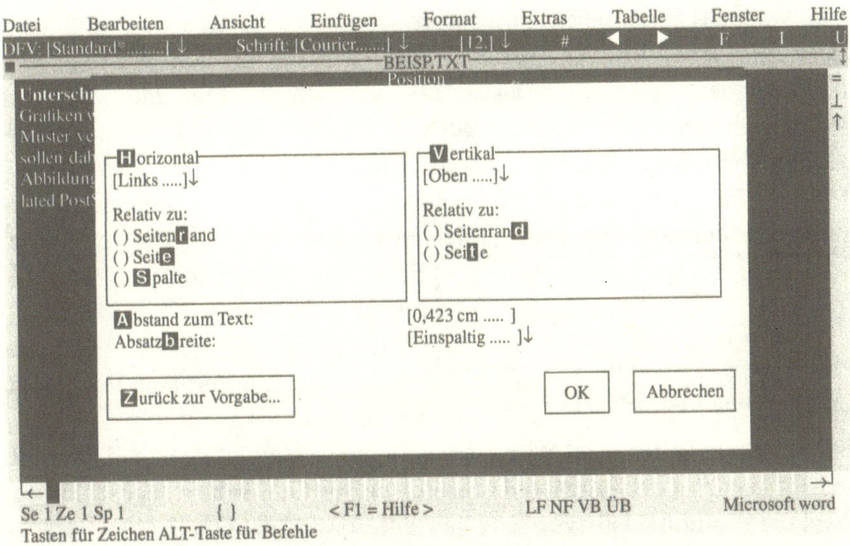

Abbildung 9.12: Festlegen der Position auf der Seite

Eine Grafik ist markiert. (Dies ist eine unbedingte Voraussetzung!) Für diese Grafik wird die Position auf der Seite festgelegt. Es ist die Verantwortung des Anwenders, daß die Position durch Abb. 9.12 so festgelegt wird, daß es nicht zu Widersprüchen kommt. Die Positionen für eine Grafik auf der Seite werden durch je eine Angabe für die horizontale und die vertikale Position bestimmt. Gewissermaßen werden hierdurch die Koordinaten der Grafik auf der Seite bestimmt. Aus diesem Grunde müssen auch die Parameter in Abb. 9.12 vollständig eingegeben werden.

Die Positionen auf der Seite werden grundsätzlich durch je eine Angabe für die horizontale und die vertikale Position auf der Seite bestimmt. Gewissermaßen werden hierdurch die Koordinaten auf der Seite bestimmt.

linksbündig	relativ zur Seite
rechtsbündig	relativ zum Seitenrand
zentriert	relativ zur Spalte
innen	
außen	

Abbildung 9.13: horiz. Positionen

Horizontale Positionen können durch alle möglichen Kombinationen von Angaben aus der nebenstehenden Tabellen gebildet werden. Es gibt also z. B. die horizontale Position „linksbündig relativ zur Seite" oder „rechtsbündig relativ zur Spalte". Auf diese Weise können 15 horizontale Positionen gebildet werden.

rel. zur Seite/Seitenrand Wird die Position relativ zum Seitenrand gewählt, so wird zunächst der Seitenrand beachtet und die Grafik dann angeschlossen. Wird die Position relativ zur Seite gewählt, so wird die Grafik ohne Berücksichtigung des Seitenrandes positioniert.

außen und innen Mit der Position „außen" wird die Position auf den gegenüberliegenden Seiten eines Dokuments nach außen ausgerichtet. Auf den geraden (linken) Seiten wird die Position links gewählt, bei den ungeraden (rechten) Seiten die Position rechts gewählt.

Vertikale Positionen können durch alle möglichen Kombinationen von Angaben aus der nebenstehenden Tabellen gebildet werden. Es gibt also z. B. die vertikale Position „Oben relativ zur Seite" oder „unten relativ zur Spalte". Auf diese Weise können 6 vertikale Positionen gebildet werden.

oben	relativ zur Seite
unten	relativ zum Seitenrand
Standpunkt	

Abbildung 9.14: vertik. Positionen

rel. zur Seite/Seitenrand Wird die Position relativ zum Seitenrand gewählt, so wird zunächst der Seitenrand beachtet und die Grafik dann angeschlossen. Wird die Position relativ zur Seite gewählt, so wird die Grafik ohne Berücksichtigung des Seitenrandes positioniert.

> Es sind in Kombination je eine horizontale und eine vertikale Position zu wählen. Es sind also grundsätzlich ca. 90 verschiedene Positionen möglich.

Im Detail können in dem Fenster Abb. 9.12 auf der vorherigen Seite folgende Eintragungen gemacht werden. **Es muß bei der Eintragung immer darauf geachtet werden, daß eine horizontale und eine vertikale Position eingetragen wird.**

Horizontal In einem Rollfenster können eine der folgenden Ein-

	tragungen links rechts zentriert innen außen
Relativ horiz.	Die horizontale Position kann relativ zu Seite Seitenrand Spalte gewählt werden.
Vertikal	In einem Rollfenster können eine der folgenden Eintragungen oben unten Standpunkt gewählt werden.
Relativ vertik.	Die vertikale Position kann relativ zu Seitenrand Seite gewählt werden.
Abstand	Hier kann durch ein Abstandsmaß eine Eingabe für den Abstand des Textes von der Grafik erfolgen. (Standard-Abstand = 0,423 cm)
Absatzbreite	Es handelt sich um ein Rollfenster. Es können die Eingaben einspaltig und Grafikbreite erfolgen.
Zurück	Hierdurch ist eine Rückkehr zur Vorgabe möglich.
OK	Wird <ZT> eingegeben, so wird dies als Bestätigung interpretiert. Damit ist die Position festgelegt.
Abbrechen	Eingabe von ESC führt zum Abbruch des Fensters.

9.5.3 Beispiel für Positionierung einer Grafik

Es soll das Bild der Golferin in der Größe 4,5 cm x 6,5 cm links oben in der Ecke abgebildet werden. Der Rest der Seite soll mit Text über Datenformate aufgefüllt werden. Folgende Parameter werden verwendet:

Parameter	**Wert**
Horizontal	Links
Vertikal	Oben
horizontal relativ zu	Seitenrand
vertikal relativ zu	Seitenrand
Abstand zum Text	0,423 cm
Absatzbreite	Grafikbreite

Hieraus entsteht der folgende Textteil: (grau unterlegt)

Datenformate

Das Textverarbeitungssystem WORD gestattet die Integration von Grafiken in unterschiedlichen Datenformaten. Grafiken können in einen WORD-Text eingefügt werden. Bei den Grafiken kann es sich um Diagramme, Zeichnungen, Bildschirmauszüge oder Photos handeln. Die Formate der Dateien können PC-Paintbrush, HPGL-Plotter, Encapsulated PostScript oder in TIFF-B sein. Auch die mit Photo-on-Disk auf Disketten gespeicherten Photos können von WORD verarbeitet werden.

Bei der Importierung der Grafiken wird deren Format automatisch festgestellt und entsprechend importiert. In der Seitenansicht werden die Grafiken in diesem Format wie verborgener Text behandelt, so daß der benötigte Platz am Bildschirm frei bleibt. Die Grafiken können in Ur-Gestalt gedruckt werden. Dabei ist es möglich, die Dateien entsprechend zu vergrößern oder zu verkleinern. Wird die Breite (Länge) der Grafik verändert, so wird proportional die Länge (Breite) verändert. Auf diese Weise ist das bleibt das Verhältnis von Breite zu Länge immer konstant. Es können aber auch Verzerrungen erzwungen werden.

Wenn tatsächlicher Satz stattfinden soll, hat der Command ALT-Format-Position eine weitreichende Bedeutung, weil mit seiner Hilfe die Verteilung von Text auf der Seite sehr flexibel geschehen kann. Der Gesamttext für eine Seite wird in mehrere Module aufgeteilt und diese werden dann mit Hilfe des ALT-Format-Position schrittweise auf die Seite verteilt. Der Rest des Textes verteilt sich dann automatisch auf die Seite. Um den Einfluß des Commands ALT-Format-Position noch einmal besonders darzustellen, sollen die Parameter geändert werden (geänderte Parameter kursiv gedruckt). Die Positionierung geschieht dabei auf eine solche Weise, daß das Bild „mitten im Text“ steht. Man beachte dabei aber, daß es nicht sinnvoll ist, die Grafik horizontal zentriert zu positionieren, weil die dann brauchbaren Umbruchlängen praktisch halbiert werden. Bei einer Zeilenlänge von 20 cm und einer Grafikbreite von 5 cm würde die Umbruchlänge bei zentrierter Positionierung auf beiden Seiten lediglich 7,5 cm betragen. Dies läßt dann nur kleine Schriften (7 pt) zu, wenn man gute Satzergebnisse erzielen will.

Parameter	**Wert**
Horizontal	*rechts*
Vertikal	*Standpunkt*
horizontal relativ zu	Seitenrand
vertikal relativ zu	Seitenrand
Abstand zum Text	0,423 cm
Absatzbreite	Grafikbreite

Hieraus entsteht der folgende geänderte Textteil: (grau unterlegt)

Datenformate

Das Textverarbeitungssystem WORD gestattet die Integration von Grafiken in unterschiedlichen Datenformaten. Grafiken können in einen WORD-Text eingefügt werden. Bei den Grafiken kann es sich um Diagramme, Zeichnungen, Bildschirmauszüge oder Photos handeln. Die Formate der Dateien können PC-Paintbrush, HPGL-Plotter, Encapsulated PostScript oder in TIFF-B sein. Auch die mit Photo-on-Disk auf Disketten gespeicherten Photos können von WORD verarbeitet werden.

Bei der Importierung der Grafiken wird deren Format automatisch festgestellt und entsprechend importiert. In der Seitenansicht werden die Grafiken in diesem Format wie verborgener Text behandelt, so daß der benötigte Platz am Bildschirm frei bleibt. Die Grafiken können in Ur-Gestalt gedruckt werden. Dabei ist es möglich, die Dateien entsprechend zu vergrößern oder zu verkleinern. Wird die Breite (Länge) der Grafik verändert, so wird proportional die Länge (Breite) verändert. Auf diese Weise ist das bleibt das Verhältnis von Breite zu Länge immer konstant. Es können aber auch Verzerrungen erzwungen werden.

9.5.4 Bildunterschrift

Es ist auch möglich, einer Grafik eine Bildunterschrift hinzuzufügen. Dies sollte dann nach dem Einlesen der Grafik erfolgen. Es wird dann folgendes Verfahren verwendet.

Entweder wird auf den Grafikabsatz folgend ein separater Absatz (Ende <RETURN>) eingegeben, der den Text für die Bildunterschrift enthält. Schriftart (z.B. fett) und Schriftgröße können dann besonders mit ALT-FORMAT-Absatz gewählt werden.

Oder (wenn der Grafikabsatz mit Rahmen versehen ist) wird nach dem letzten Zeichen des Grafikabsatzes die Zeichenkombination

Umsch+<ZT>

eingegeben. Dadurch wird die Bildunterschrift mit zum Teil des Grafikabsatzes.

Die Abb. 9.15 zeigt den Aufbau des Bildschirmes nach Eingabe der Grafik und der Bildunterschrift.

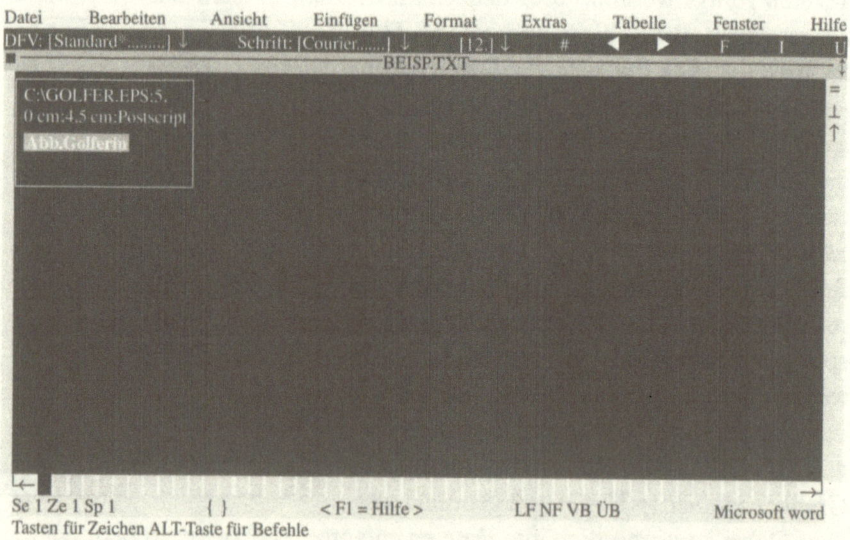

Abbildung 9.15: Grafik mit Bildunterschrift

Folgende Vorarbeiten sind bereits erfolgt:

1.	Einfügen der Grafik golfer.eps	ALT Einfügen Grafik
		Ausrichtung *links*
		Breite *4,5 cm* (Länge*5,487 cm*)
2.	Eintragen Bildunterschrift	Umsch+<ZT> Abb. Golferin
3.	Formatieren Bildunterschrift	Markieren Bildunterschrift
		F8 ↓
		ALT Format Schriftgröße 8pt
		fett
4.	Rahmen	ALT Format Rahmen jeder Absatz

Wird nun noch der Text eingegeben (Datenformate .... bis .... erzwungen werden.), dann erhält man die folgende Darstellung, die sich von den bereits erzeugten Darstellungen dadurch unterscheidet, daß unter der Grafik noch eine Bildunterschrift angebracht ist. Die Bildunterschrift steht mitten unter dem Bild. Die Bildunterschrift darf maximal die Breite des Bildes haben. Hierauf muß bei der Positionierung des Bildes auf die Seite geachtet werden.

Abb. Golferin

Datenformate

Das Textverarbeitungssystem WORD gestattet die Integration von Grafiken in unterschiedlichen Datenformaten. Grafiken können in einen WORD-Text eingefügt werden. Bei den Grafiken kann es sich um Diagramme, Zeichnungen, Bildschirmauszüge oder Photos handeln. Die Formate der Dateien können PC-Paintbrush, HPGL-Plotter, Encapsulated PostScript oder in TIFF-B sein. Auch die mit Photo-on-Disk auf Disketten gespeicherten Photos können von WORD verarbeitet werden.

Bei der Importierung der Grafiken wird deren Format automatisch festgestellt und entsprechend importiert. In der Seitenansicht werden die Grafiken in diesem Format wie verborgener Text behandelt, so daß der benötigte Platz am Bildschirm frei bleibt. Die Grafiken können in Ur-Gestalt gedruckt werden. Dabei ist es möglich, die Dateien entsprechend zu vergrößern oder zu verkleinern. Wird die Breite (Länge) der Grafik verändert, so wird proportional die Länge (Breite) verändert. Auf diese Weise ist das bleibt das Verhältnis von Breite zu Länge immer konstant. Es können aber auch Verzerrungen erzwungen werden.

9.6 Großbuchstaben als Anfang eines Abschnitts

Für besondere Satzaufgaben (Festschriften, Glückwünsche usw.) kann es attraktiv aussehen, wenn man den ersten Buchstaben eines Abschnitts besonders groß und in besoderer Schrift setzt. Um dies zu erreichen, müssen lediglich Techniken verwendet werden, die bereits in diesem Kapitel behandelt wurden. Folgendes Verfahren wird eingesetzt:

1. Der erste Buchstabe des Abschnitts wird als getrennter Absatz gesetzt.
2. Dieser Buchstabe (= Absatz) wird markiert.
3. Der Buchstabe wird formatiert (Schrift, Schriftgröße, Schriftart)
4. Der Buchstabe wird als **Absatz** formatiert:
   Abstand: Auto
5. Format Position:
   Horizontal: Links
   Vertikal: Oben
   Abstand: (vorgeschlagenes Maß)
   Absatzbreite: (Breite des Buchstabens (z.B. 15pt)
6. (Falls Umrahmung gewünscht) ALT-Format Rahmen
   Umrahmung: j (=jeder Absatz)
   (Falls Schraffur): Prozent: (z.B. 40 %).

Ein Beispiel wird in dem grau-unterlegten folgenden Abschnitt dargestellt.

Zum **90. Geburtstag** die besten Wünsche für Gesundheit und Wohlergehen sowie eine schöne Feier im Kreise Deiner Lieben. Wir wünschen auch anschließend eine erholsame Urlaubsreise nach Tirol.

Sollte der Großbuchstabe zu hoch oder zu tief stehen, so kann durch Formatieren des Absatzes (Großbuchstabe) der Abstand „Oberhalb" oder „Unterhalb" modifiziert werden.

Kapitel 10

Seriendruck von Dokumenten

Die Aufgabe beim Seriendruck besteht darin, für eine große Anzahl von Elementen den Ausdruck eines im wesentlichen gleichen Dokumentes zu erreichen. Die Elemente sollen

Empfänger

heißen, das zu erzeugende Dokument heißt

Serien-Dokument.

Zu einem Seriendruck gehören mehrere Empfänger, deren Attribute (z.B. Anrede, Name, Straße, Postleitzahl, Ort, ...) vom Anwender frei gewählt werden können. Die Werte der Attribute heißen

Daten.

(Z.B. Herrn für das Attribut Anrede oder Siemens für das Attribut Name.) Jedem Attribut sind im allgemeinen mehrere Daten zugeordnet, genau so viele wie die Datei Datensätze (Zeilen) hat. In diesem Zusammenhang nennt man dann die Attribute häufig auch „Spalten".
Sie sind in einer

Steuerdatei

gespeichert sind. Die einzelnen Empfänger heißen

Datensätze oder Zeilen der Steuerdatei.

Das Serien-Dokument (z.B. ein Brief oder ein Bericht) ist in einer

Text-Datei

gespeichert. In dieser Datei sind auch „Einmal-Informationen" wie Briefdatum, Absender, Versandadresse u. ä. gespeichert.

> Zur Erstellung der Text-Datei kann die Makro-Instruktion <Strg B> R verwendet werden.

10.1 Aufgabenstellungen

Für den Seriendruck von Dokumenten an mehrere Empfänger ergeben sich die folgenden Aufgaben:

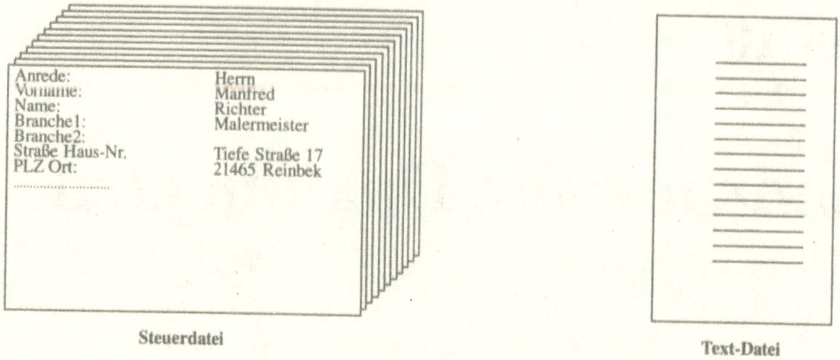

Abbildung 10.1: Steuerdatei — Text-Datei

Steuerdatei Es ist eine Stammpflege (Erstellen aller Elemente der Datei), Hinzufügen einzelner Datensätze, Ändern der Datensätze, Hinzufügen von einzelnen Attributen, Löschen von Datenätzen, Löschen von einzelnen Attributen) der Datei der Empfänger vorzuhalten. Hierbei sind für vom Anwender bestimmbare Attribute Daten in einer Datei zu speichern. Für diese Empfänger sind z.B. Briefinformationen (Name, Straße, Adresse u.s.w.) festzuhalten wie auch andere nicht konstante (über alle Empfänger unveränderliche) Informationen.

Text-Datei Es ist der Inhalt der Text-Datei (Inhalt des unveränderlichen Dokuments) sowie von solchen Daten zu speichern, die einmal pro Seriendruck benötigt werden. (Absender, Versendende Abteilung, Versandort, Versanddatum u.s.w.)

Struktur Text Die Struktur (Druckformatvorlage, besondere Schriften, Schriftarten, Schriftgrößen) müssen ebenfalls in geeigneter Weise gespeichert werden.

Diese Aufgaben werden in den nächsten Unterabschnitten gelöst.

10.2 Erstellen der Steuerdatei

Durch den Command

Alt Datei Seriendruck — also ALT D k

wird das in der Abb. 10.2 auf der nächsten Seite dargestellte Fenster eröffnet.

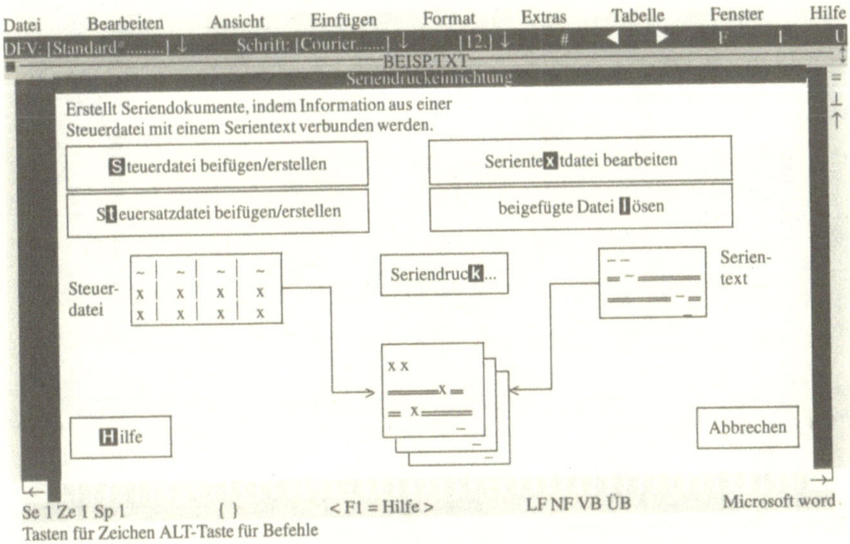

Abbildung 10.2: Basis-Fenster Seriendruck

Mit diesem Fenster wird die Basisverarbeitung für den Seriendruck ausgeführt. Folgende Aufgaben sind hierunter zu verstehen:

1. Erstellen der Steuerdatei — Steuerdatei erstellen (Alt S)
2. Hinzufügen Datensätze — Steuerdatei beifügen (Alt S)
3. Erstellen Steuertextdatei — Dokumenttext erzeugen (Alt x)
4. — Datenfelder (Attribute) einfügen (Alt n)
5. Seriendruck — Ausdruck Briefe (Alt Druck)

Die Lösung der einzelnen Aufgaben wird in den nachfolgenden Unterabschnitten behandelt.

10.2.1 Steuerdatei neu erstellen

Die erste Aufgabe besteht darin, die Attribute der Steuerdatei festzulegen und dann diese zeilenweise mit Werten (Daten) zu füllen.

Um die Steuerdatei (völlig neu) zu erstellen, wird der Command

Alt Steuerdatei erstellen — also ALT S e

gewählt. Das dann eröffnete Fenster ist in Abb. 10.3 auf der nächsten Seite dargestellt.

Mit diesem Fenster ist es möglich, die Attribute der Steuerdatei (Empfänger der Briefe) festzulegen und die Attribute dann mit Werten zu füllen. Im einzelnen werden dazu folgende Operationen ausgeführt.

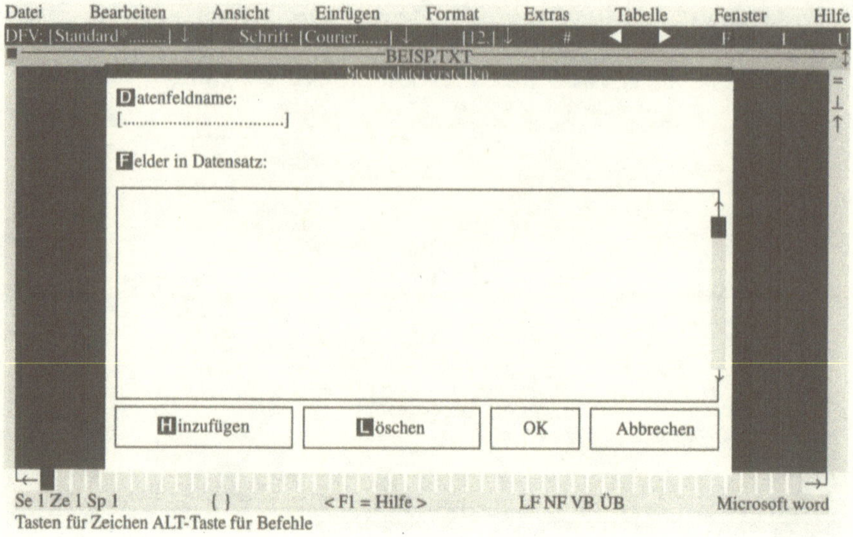

Abbildung 10.3: Stammpflege Steuerdatei

10.2.2 Neuaufnahme von Attributen

Es werden neue Attribute (Datenfeldnamen) aufgenommen. Hierzu finden folgende Eingaben statt.

Datenfeldname Es wird ein Datenfeldname (z.B. ANREDE) aufgenommen. Die Zeichenketten dürfen maximal 50 Zeichen lang sein. Es dürfen keine Leerzeichen und keine Sonderzeichen verwendet werden. Ziffern, kleine und große Buchstaben dürfen verwendet werden. Als Verbindungszeichen (aber wenig empfehlenswert) kann „_" verwendet werden.

Feld Datensatz Jeder bereits im Datensatz aufgenommene Name wird in diesem Rollfeld notiert. Soll ein Feld gelöscht werden, dann ist dieses zuerst im Rollfeld „Feld im Datensatz" durch Betätigen der Tasten ↓ oder ↑ aufzusuchen. (Dann ist die Funktion Löschen (s.u.) zu bedienen.

Hinzufügen Es ist „Hinzufügen" aufzurufen, wenn ein neues Feld hinzugefügt werden soll.

Löschen Es ist „Löschen" aufzurufen, wenn ein im Rollfeld „Feld im Datensatz" angezeigtes Feld (s.o.) gelöscht werden soll.

OK Wird <ZT> eingegeben, so wird dies als Bestätigung interpretiert. Damit ist die Funktion ausgeführt. Das Attribut ist eingefügt oder gelöscht.

Abbrechen Eingabe von ESC führt zum Abbruch des Fensters.

Sollen normale Briefe geschrieben werden, so sollten mindestens folgende Attribute in die Steuerdatei aufgenommen werden:

Vorgeschlagener Name	**Bedeutung**
Anrede	Anrede in Adresse (Herrn, Frau, Firma, An ...)
Vorname	Vorname bei Personen (sonst leer)
Name	Name (bei Firmen auch Gesellschaftsform (z.B. GmbH))
Zusatz1	zusätzliche Adress-Zeile
Zusatz2	zusätzliche Adress-Zeile
StrasseNr	Straße und Hausnummer
PLZ	Postleitzahl (eventuell incl. Länderkennzeichen)
Ort	Ortsname
Briefanrede	Sehr geehrte Frau, Sehr geehrter Herr Professor,...
Geschlecht	Herr, Frau (für variable Texte „lieber Herr ...")

Eine Datei mit dem Namen ADRESS.TXT befindet sich auf der vom Autor gelieferten Diskette zusammen mit den Makros.

10.2.3 Prozedur der Neuerstellung

Durch wiederholtes Anwenden der Neuaufnahme von Attributen wird die Datei aufgebaut. Es wird also folgendes ausgeführt: (es ist vorausgesetzt, daß das Fenster Abb. 10.3 auf der vorherigen Seite eröffnet ist, welches durch Alt-S-e möglich ist.)

1. ALT Datenfeldname
2. Eingabe Namen Attribut
3. ALT Hinzufügen

Korrekturen an der Datei können durch Löschen eines Attributes erfolgen. Dieses wird folgendermaßen erreicht.

1. Alt Feld in Datensatz (Eintritt in Rollfeld)
2. Aufsuchen zu löschendes Attribut mit ↓ oder ↑
3. Alt Löschen

Wenn alle Attribute erfaßt sind, wird durch

Alt Datei speichern unter — also Alt-D-u

und anschließender Eingabe des Namens der Steuerdatei die Steuerdatei festgelegt und gespeichert.

Bemerkung: Die Reihenfolge der Attribute in der Steuerdatei ist ohne Einfluß auf den Seriendruck. Lediglich beim Aufsuchen im Rollfeld könnte es bequem sein, inhaltlich zusammengehörige Attribute auch zusammenstehend in der Datei vorzufinden.

10.2.4 Neuaufnahme von Daten in die Steuerdatei

Die Daten in der Steuerdatei werden datensatzweise (zeilenweise) erfaßt. Ein Beispiel einer solchen Datenerfassung wird in Abb. 10.4 dargestellt. Die Datei heiße ADRESSEN.TXT. Gibt man

WORD ADRESSEN

ein, so wird das in Abb. 10.4 dargestellte Fenster geöffnet.

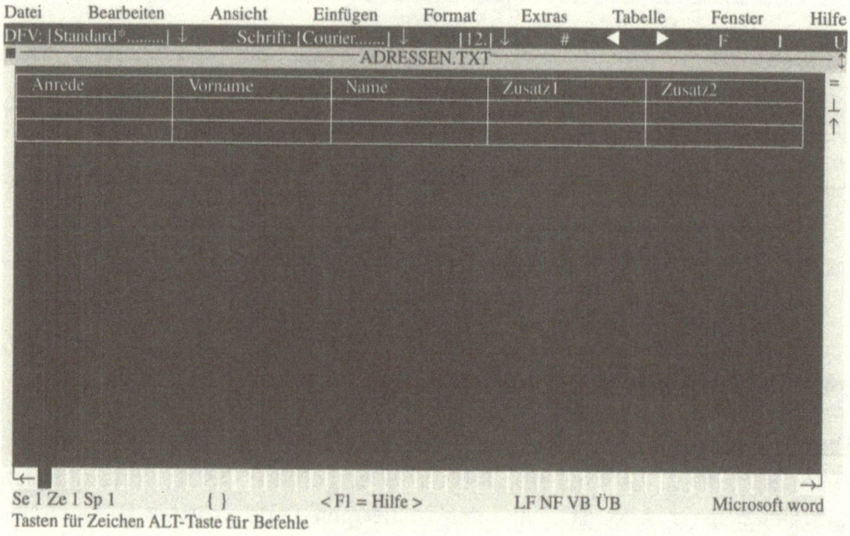

Abbildung 10.4: Datenerfassung

Hier können datensatzweise (zeilenweise) Daten eingegeben werden. Die Eingabe geschieht wie bei Tabellen. Das Datenfeld wird durch TAB abgeschlossen. Bei Ende der Datei wird eine Eingabe

ALT Datei S

getätigt. Dadurch ist die Datei gespeichert.

> Falls zusätzliche Datensätze mit Daten gefüllt werden sollen, oder wenn zusätzliche Attribute angelegt und/oder mit Daten gefüllt werden sollen, beachten Sie bitte die Hinweise im Abschnitt „Veränderungen der Steuerdatei".

10.3 Erstellen der Serientext-Datei

Die Steuertext-Datei ist die Datei des eigentlichen Dokuments. Diese Datei wird unter Benutzung des Makros <Strg B> R erstellt.
Es sei vorausgesetzt, daß die Steuerdatei (z.B. ADRESSEN.TXT) mit Daten gefüllt ist und daß diese Datei eröffnet ist (z.B. durch WORD ADRESSEN.)
Es sind folgende Schritte durchzuführen:

Aufruf Steuertextdatei bearbeiten,
Zuweisen Druckformatvorlage,
Erzeugen Text mit Hilfe von <Strg B>R,
Seriendruck.

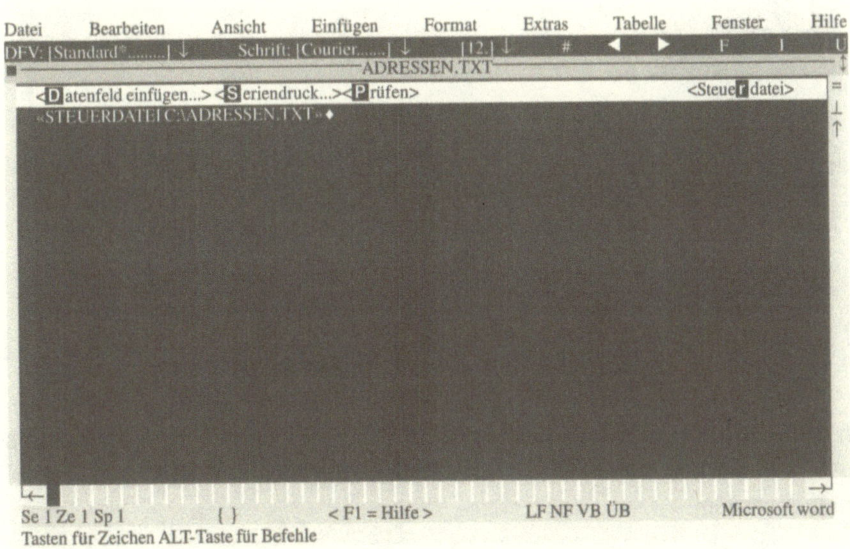

Abbildung 10.5: Aufruf Serientextdatei-Bearbeitung

Die Schritte sind in folgenden Unterabschnitten jeweils im Detail beschrieben.

10.3.1 Aufruf Steuertextdatei bearbeiten

Die Bearbeitung der Steuertextdatei beginnt mit der Eingabe von

ALT Datei Seriendruck

Dadurch wird die in Abb. 10.5 auf der vorherigen Seite dargestellte Bildschirmmaske erzeugt. Es ist dies der Start der weiteren Verarbeitung.

10.3.2 Zuweisen der Druckformatvorlage

Als nächster Schritt wird die Druckformatvorlage zugewiesen. Dies geschieht durch Eingabe von

Alt Format Druckformat zuweisen — also Alt t w,

wodurch die in Abb. 10.6 abgebildete Bildschirmmaske erzeugt wird.

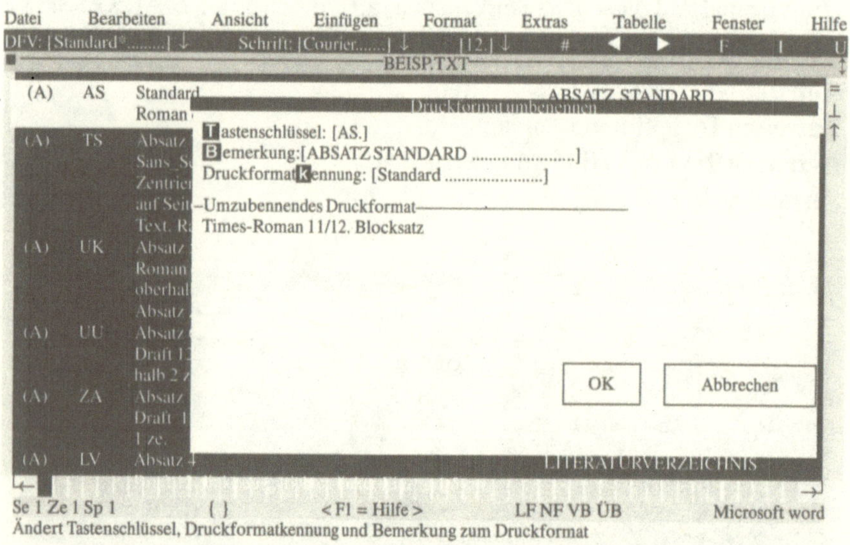

Abbildung 10.6: Zuweisen Druckformat

In diese Bildschirmmaske kann z.B. durch Eintragen des Tastenschlüssels „AS" das Format Times-Roman in der Schriftgröße 11pt, Blocksatz eingetragen werden.

10.3.3 Erzeugen eigentliches Dokument durch <Strg B>R

Der Brieftext wird — gesteuert durch die Eingabe von <Strg B>R — eingegeben.

Folgende vom System automatisch erzeugte Abfragen müssen beantwortet werden. (Anmerkungen zu der Beantwortung folgen am Ende der Abfragen.)

Briefkopf Eingabeform: Linke Seite\Rechte Seite (Rechte Seite bis zu 3 Zeilen, durch ; getrennt)

[. . . . .]

OK | Abbrechen

Absender (Name, Straße, PLZ Ort)

[. . . . .]

OK | Abbrechen

Anrede («Anrede»)

[. . . . .]

OK | Abbrechen

Name («Vorname» «Name»)

[. . . . .]

OK | Abbrechen

Branche 1 («Zusatz1»)

[. . . . .]

OK | Abbrechen

Branche 2 («Zusatz2»)

[. . . . .]

OK | Abbrechen

Straße und Hausnummer («StrasseNr»)

[. . . . .]

OK | Abbrechen

Absender (Name, Straße, PLZ Ort)

[. . . . .]

OK Abbrechen

Anrede («Anrede»)

[. . . . .]

OK Abbrechen

Name («Vorname» «Name»)

[. . . . .]

OK Abbrechen

Branche 1 («Zusatz1»)

[. . . . .]

OK Abbrechen

Branche 2 («Zusatz2»)

[. . . . .]

OK Abbrechen

Straße und Hausnummer («StrasseNr»)

[. . . . .]

OK Abbrechen

Postleitzahl («PLZ»)

[. . . . .]

OK Abbrechen

«Ort»

[. . . . .]

OK Abbrechen

Betreffzeile («Betreff»)

[. . . . .]

OK | Abbrechen

Briefanrede («Briefanrede»)

[. . . . .]

OK | Abbrechen

Bitte Briefinhalt eingeben im Anschluß durch <Strg B> 2
Briefende. Jetzt drücken Sie bitte die Eingabetaste.

[. . . . .]

OK | Abbrechen

Es wird nun jetzt der gesamte Brieftext eingegeben. Wenn die Grußformel eingegeben werden soll, wird <Strg B> 2 eingegeben.

Durch die Eingabe <Strg B> 2 wird die Abfrage wieder aufgenommen.

Grußformel (z.B. Mit freundlichem Gruß)

[. . . . .]

OK | Abbrechen

Anmerkungen:

Einmal-Daten (z.B. Briefkopf, Absender, ...) werden als Daten eingetragen. Für die Allgemein-Daten (z.B. Anrede, Vorname, Name, ... (jeweils der Empfängerdaten)) werden Attribute eingetragen. Es müssen die Namen der Attribute verwendet werden. Um dies auszudrücken sind die Namen in « und » einzuschließen. (« = <Strg W> , » = <Strg E>) In der obigen Liste der Eingaben wurden die in Seite 193 angegebenen Daten für eine beispielhafte Eingabe verwendet.

Nach dem in Kapitel 4 (Schreiben eines Textteils in eine Datei Seite 77) beschriebenen Verfahren sollte die Serientextdatei in eine Datei gespeichert werden. (siehe auch ab Seite 205 ff.)

Seriendruck

Der letzte Schritt ist der eigentliche Seriendruck. Sei durch

Alt Datei Seriendruck — also ALT D k

das in der Abb. 10.7 dargestellte Fenster eröffnet.

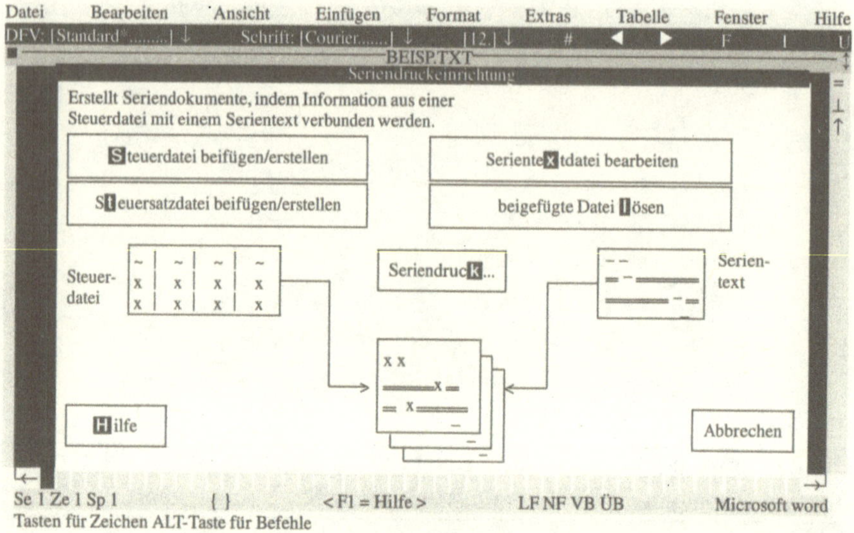

Abbildung 10.7: Basis-Fenster Seriendruck

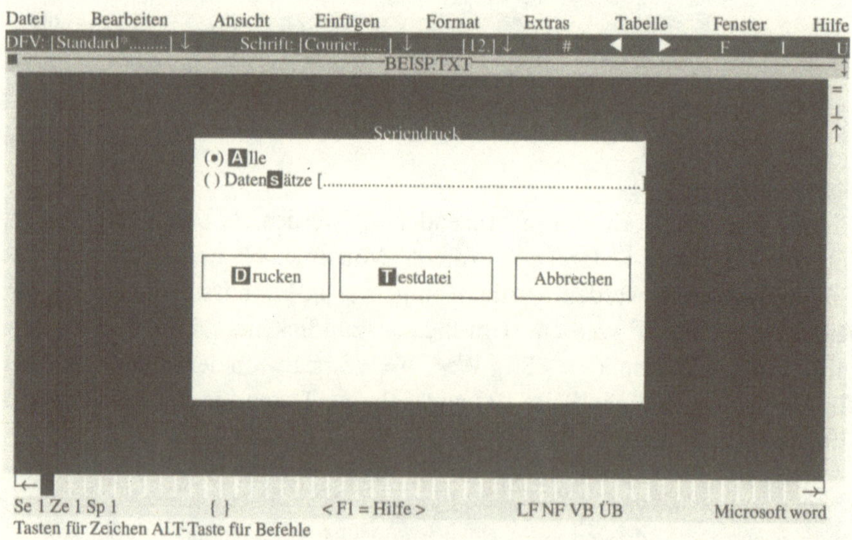

Abbildung 10.8: Varianten des Seriendrucks

In diesem Fenster ist dargestellt, daß durch zusätzliche Eingabe von

Seriendruck — also k

das Fenster Abb. 10.8 auf der vorherigen Seite eröffnet wird. Dies hat zur Folge, daß man die hier möglichen Varianten steuern kann.
Durch die folgenden Eingaben kann die Art des Drucks gesteuert werden: (Die ersten zwei Eingaben (Alle, Datensätze) steuern, welche Datensätze ausgegeben werden, die letzten drei Eingaben (Drucken, Testdatei, Abbrechen) steuern die Art der Funktion.)

Alle Dieser Parameter kann besetzt werden (•) oder unbesetzt sein. Wenn Alle eingegeben wird, werden alle Exemplare ausgedruckt. Es werden Dokumente für alle Empfänger erzeugt.

Datensätze Aus der zum Drucken anstehenden Datei können einzelne Datensätze ausgewählt werden. In das erste Eingabefeld wird das Symbol • eingestellt, wenn nur einzelne Datensätze verwendet werden sollen. (Dann ist automatisch **Alle** unbesetzt.) In das zweite Eingabefeld ([............]) können Sie folgende Eingaben machen. Einzelne Datensätze können durch Datensatz-Nummern, getrennt durch Komma angegeben werden. (Beispiel: 1,3,13 wählt die Datensätze mit der Nummer 1, 3 und 13 aus.)
Eine Folge von Datensätzen kann durch : beschrieben werden, (Beispiel: 8:13,21:23 stellt die Sätze 8 bis 13 und 21 bis 23 zur Verfügung.)
Eine Kombination von Einzelelementen und Folgen ist möglich. (Beispiel: 11:13,27,40:50 stellt die Sätze 11 bis 13, den Satz 27 und die Sätze 40 bis 50 zur Verfügung.)

Drucken Aufruf zum Drucken

Testdatei Es wird eine Testdatei erzeugt, deren Name durch Eingabe festgelegt werden kann. (Automatische Eingabeaufforderung!)

Abbrechen Abbrechen der Bildschirmmaske ohne Ausführung einer Funktion geschieht durch Eingabe von ESC.

10.4 Erfassen zusätzlicher Daten in die Steuerdatei

Die Steuerdatei — die Datei der Empfänger — soll um weitere Empfänger erweitert werden. Datenverarbeitungstechnisch bedeutet dies, daß in die Datei zusätzliche Datensätze (Zeilen) erfaßt werden sollen. Es handelt sich also um eine Datenerfassung.

Es wird davon ausgegangen, daß die Datei eröffnet ist. Es wurde also z.B.

Alt Datei öffnen — also Alt D f

eingegeben, und als Name der Name der Datei (z.B. ADRESSEN.TXT) erfaßt. Es kann mit Hilfe von (siehe Abb. 10.9)

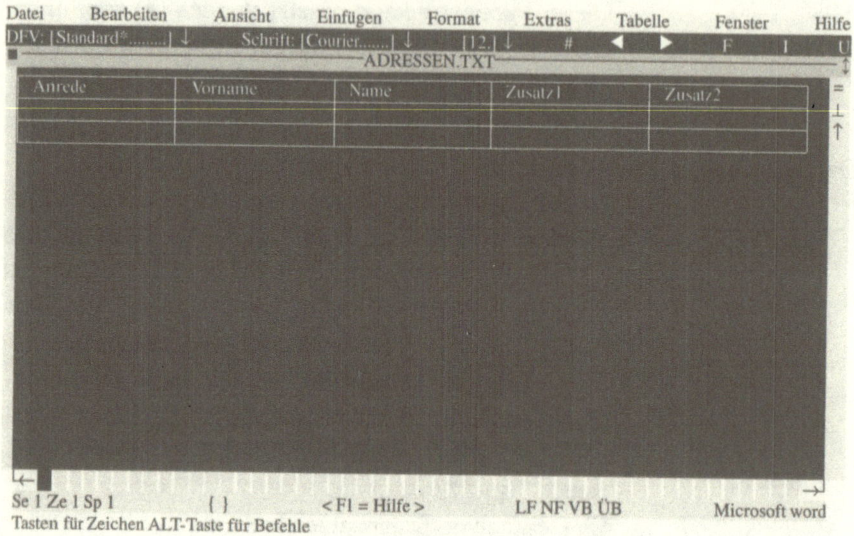

Abbildung 10.9: Datenerfassung

die Datenerfassung wieder aufgenommen werden. Am Ende der Erfassung ist mit

ALT Datei Speichern — also ALT D S

die Datei in neuer Gestalt wieder zu speichern. Es sind dann alle alten Werte zusammen mit allen jetzt durchgeführten Änderungen der Inhalt der Datei in der neuen Form der Datei gespeichert.

10.5 Einfügen von zusätzlichen Feldern in der Steuerdatei

Es sollen zusätzliche Attribute (Spalten) in die Steuerdatei eingestellt werden. Außerdem sollen für diese und für alle Datensätze, die sich bereits in der Datei befinden, diese Felder mit Werten versehen werden. Diese Aufgabe wird in zwei Schritten durchgeführt. Zunächst werden die zusätzlichen

Attribute an der vorgesehenen Stelle in den Datensatz eingegeben. Dann werden den Attribute Werte zugewiesen.

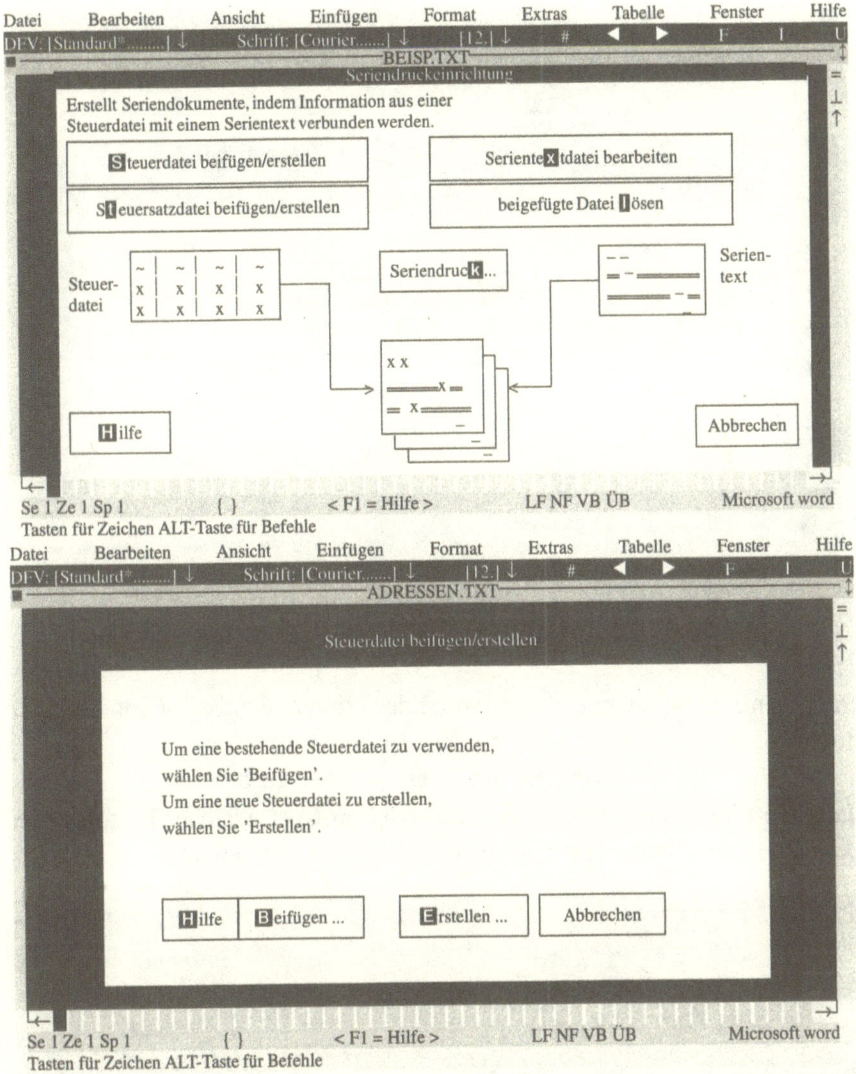

Abbildung 10.10: Seriendruck — Entscheidung Hinzufügen / Erstellen

Zuerst wird

Alt Datei Seriendruck — also Alt D k

eingegeben. Hierdurch wird das obere Fenster in Abb. 10.10 eröffnet. Die weitere Eingabe von

Alt Steuerdatei — also Alt S

eröffnet das in Abb. 10.10 auf der vorherigen Seite dargestellte Fenster. Es wird nun die Entscheidung getroffen, „Beifügen“. Dies eröffnet das in Abb. 10.11 dargestellte Fenster.

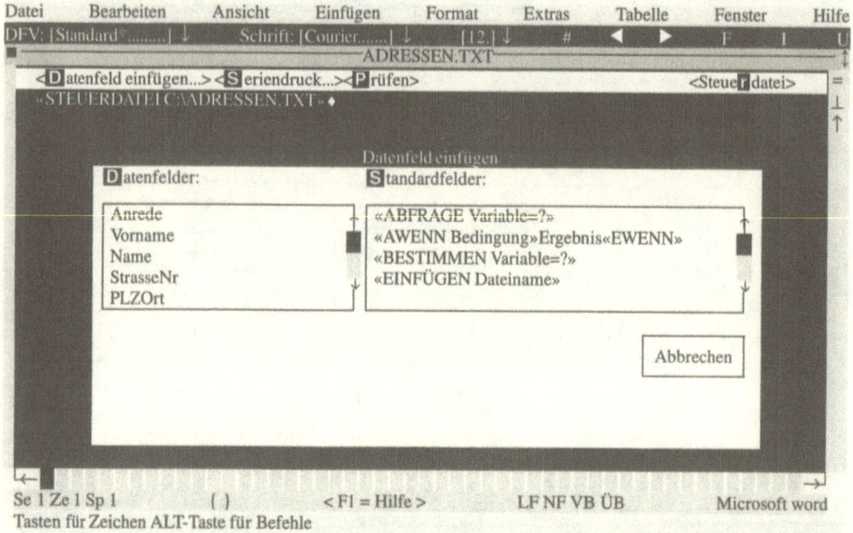

Abbildung 10.11: Hinzufügen Felder (Attribute) in Steuerdatei

Dabei sind zunächst nur die ersten beiden Zeilen sichtbar. Gibt man nun noch

Datenfeld einfügen, — also Alt n

dann wird das untere Fenster in Abb. 10.11 eröffnet, welches im folgenden betrachtet wird. Nur in diesem Fenster wird jetzt gearbeitet.

In diesem Abschnitt wird nur das Verfahren zur Hinzufügung von zusätzlichen Feldern in bestehende Steuerdateien beschrieben. Dies betrifft den Parameter Datenfelder. (Der Parameter Standardfelder wird im Zusammenhang mit der Erstellung der Steuertextdatei (Seite 205 ff.) behandelt.)

Datenfelder Durch Wahl dieses Parameters wird das darunterstehende Rollfeld erreicht. Mit Hilfe der Richtungstasten ↓ oder ↑ kann die Position in diesem Rollfeld erreicht werden. Soll ein zusätzliches Feld (Attribut) eingegeben werden, so wird der Name eingegeben. Das Feld wird dann an der momentanen Position in den Datensatz positioniert. Wollte man vor das Feld PLZOrt in Abb. 10.11 das Feld Branche1 eingeben, so ist mit den Richtungstasten der Cursor **vor** das Feld PLZOrt zu positionieren. Dann ist „Branche1“ einzugeben.

10.6 Erstellen von Serientexten

Im Rahmen der Darstellung der Schritte zur Erzeugung von Seriendruck wurde Abschnitt 10.3 (Seite 195 ff.) für einmalige Benutzung bereits gezeigt. Es soll in diesem Abschnitt gezeigt werden, wie man vorgehen kann, wenn Serientexte mehrfach — eventuell geringfügig abgeändert — verwendet werden sollen oder wenn die Serientexte Teile enthalten, die mit Hilfe der Attribute auf den jeweiligen Adressaten zugeschnitten werden sollen.

10.6.1 Speichern und Wiederverwenden von Serientexten

Soll der Serientext für einen anderen Anwendungsfall wiederverwendet werden, dann muß er in einer Datei mit einem vom Anwender vorgegebenen Namen gespeichert werden. Später kann der Text dann durch „Einfügen einer Datei“ in einem anderen Fall verwendet werden.
Es wird davon ausgegangen, daß die Empfängerdaten eingetragen sind. Es ist also das in Abb. 10.12 abgebildete Fenster geöffnet.

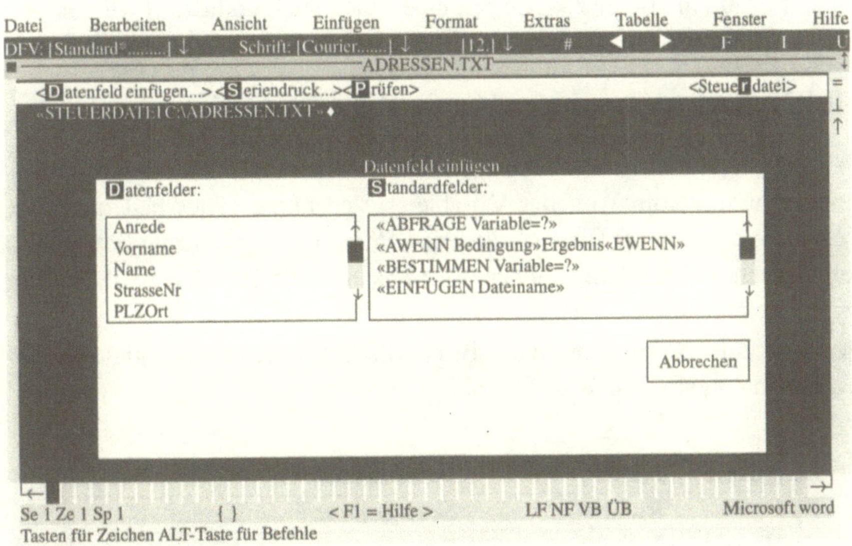

Abbildung 10.12: Nach Aufruf Seriendruck (Alt-k) und Beifügen

Es wird nun vorgegangen, wie von Abschnitt 10.3.2 (Seite 196 ff.) bis Abschnitt 10.3.3 (Seite 196 ff.) beschrieben.Hier **endet die Bearbeitung nach Bearbeitung der Grußformel**.
Nach dieser Bearbeitung wird zunächst die Serientextdatei gespeichert.

1.	Positionieren am Anfang des Serientextextes	<Strg Pos1>
2.	Markieren ...	F8
3.	... bis zum Ende	<Strg Ende>
4.	Speichern unter (Name)	<Strg M>S
5.	Eingabe Dateiname (automatisch)	(Eingabe Name)

Bei einer wiederholten Bearbeitung der Serientextdatei kann dies durch folgendes Verfahren erfolgen:

Nach Erreichen der in Abb. 10.12 auf der vorherigen Seite dargestellten Position im Ablauf kann die Serientextdatei dadurch erzeugt werden, daß die Serientextdatei eingefügt wird. Hierzu wird zunächst die Druckformatvorlage geladen durch

Alt Format verbinden — also Alt t v

mit anschließender Eingabe der Druckformatvorlage (IBRIEF.DFV).
Nun kann die Datei selbst durch

ALT Einfügen Datei — also ALT E D

gefolgt von Eingabe des Dateinamens eingefügt werden. (Die Serientextdatei kann dann in üblicher Weise wie eine Text-Datei modifiziert werden.)

10.6.2 Serientexte abhängig vom Wert der Attribute

WORD bietet eine zusätzliche Möglichkeit, die es gestattet die Ausgabetexte abhängig vom Wert der Variablen zu gestalten. Dies bedeutet also, daß die Ausgabetexte (Briefe) für jeden Empfänger unterschiedlich ausfallen können, je nachdem welchen Wert das einzelne Feld (Attribut) in dem zugrundeliegenden Datensatz hat.
So kann zum Beispiel in einem Brief, die Briefanrede abhängig von den Variablen Anrede, Name ausfallen.

Anrede	**Name**	**Briefanrede**
Frau	Richter	Sehr geehrte Frau Richter,
Herrn	Meister	Sehr geehrter Herr Meister,
Firma	Busch & Söhne	Sehr geehrte Damen und Herren,

Zur Lösung dieser Problemstellung werden die in der Abb. 10.11 auf Seite 204 unter **Standardfelder** angegebenen **bedingten Anweisung** genutzt.
In diesem Buch sollen folgende bedingten Anweisungen behandelt und genutzt werden.

«ABFRAGE Variable=?»
«AWENN Bedingung»Ergebnis«EWENN»
«BESTIMMEN Variable=?»
«EINFÜGEN Dateiname»
«ÜBERSPRINGEN»

Anmerkungen:

1. Es wurde dabei folgende Schreibweise verwendet:
   Alle Zeichen («, », =, ?, sind konstante Bestandteile der Anweisungen
   Alle mit Großbuchstaben geschriebenen Wort sind ebenfalls konstante Bestandteile der Anweisungen
   Die restlichen Worte müssen durch den Anwender anwendungsabhängig besetzt werden.
2. Die Serientextdatei wird bearbeitet
   Durch Alt n wird Zugriff auf die Abb. 10.11 auf Seite 204 genommen.
   Der Cursor wird auf die Stelle gestellt, wo die Einfügung in der Serientextdatei erfolgen soll.
   Es wird das Rollfeld **Standardfelder** ausgewählt.
   Durch Benutzung der Richtungstasten ↓ oder ↑ wird die bedingte Anweisung ausgewählt.
   OK (=Eingabetaste) überträgt die bedingte Anweisung aus dem ausgewählten Standardfeld in ungeänderter Form in den Serientext.
   Die bedingte Anweisung ist noch manuell zu modifizieren.

10.6.3 Bedeutung der 4 bedingten Anweisungen

In diesem Unterabschnitt werden die einzelnen bedingten Anweisungen genauer behandelt.

Abfrage

Durch die Anweisung

```
«ABFRAGE Variable=?»
```

wird folgendes bewirkt. Der Anwender legt den Namen der Variablen fest. Hierdurch wird in dem Serientext eine Abfrage gestartet. Der Bediener gibt einen Wert ein. Dieser Wert wird der Variablen zugewiesen.
Beispiel: Durch die bedingte Anweisung

«ABFRAGE Mwst=?»

wird im Serientext eine Möglichkeit geschaffen, von außen durch Eingabe eine variable Mehrwertsteuer (Mwst) einzugeben.

Bedingte Anweisungen

Durch die Anweisung

«AWENN Bedingung»Ergebnis«EWENN»

wird eine Anweisung formuliert, die das Resultat *Ergebnis* nur dann hat, wenn die *Bedingung* erfüllt ist. Wenn die Bedingung nicht erfüllt ist, wird die Anweisung *Ergebnis* nicht ausgeführt. Es wird dann nichts ausgeführt.

Bedingung
Die Bedingung ist von der Form

Variable <Operation> Wert

Die Variable ist der Name eines Attributs (Feld) (z.B. «Anrede»). Für die Operation sind

=	gleich
<>	ungleich
>	größer
<	kleiner
>=	größer oder gleich
<=	kleiner oder gleich

zugelassen. Es können numerische (z.B. 10) oder alphanumerische Werte (z.B. "Frau") verwendet werden, wobei die alphanumerischen Werte immer in Hochkomma (") eingeschlossen werden müssen.
Soll eine Bedingung formuliert werden:

„Falls die Anrede gleich Frau ist“

so ergibt sich daraus:

«AWENN Anrede = "Frau"»

Ergebnis
Das Ergebnis ist eine Anweisung. Im allgemeinen wird es sich um solche Anweisungen handeln, bei denen bestimmte Attribute oder konstante Werte ausgegeben werden.
(Beispiel: Falls die Anrede „Frau“ ist, soll der folgende Satz ausgegeben werden:

Sehr geehrte Frau «Name»,

wobei «Name» eine Variable — ein Attribut — ist).

Die vollständige bedingte Anweisung lautet zusammenhängend:

«AWENN Anrede = "Frau"»Sehr geehrte Frau «Name»,«EWENN»

Zuweisungs-Anweisung

Wertzuweisung

Mit Hilfe dieses Typs einer Anweisung werden Variablen (Attributen oder Feldern) Werte zugewiesen. Die Anweisung hat die Struktur:

«BESTIMMEN Variable=Wert»

Es sind numerische (z.B. 10) oder alphanumerische Werte (z.B. "zu druckender Text ") möglich, wobei alphanumerische Felder immer in Hochkommata (") eingeschlossen werden müssen. Als Wert können auch Rechenausdrücke, die +, -, *, /, (,) enthalten dürfen, verwandt werden.

Es wird vorausgesetzt, daß das Attribut Rechnungssumme vorhanden ist.

Beispiel: Es soll ein Rabatt von 10 % ermittelt werden.

Lösung: «BESTIMMEN Rabatt = Rechnungssumme * 0.1»

Hierdurch wird das (Zwischen-)Attribut mit Wert versehen.

Eingabe-Wertzuweisung

Mit Hilfe dieses Typs einer Anweisung werden Variablen (Attributen oder Feldern) durch eine Eingabe während des Seriendrucks (1 Eingabe je Datensatz) Werte zugewiesen. Die Anweisung hat die Struktur:

«BESTIMMEN Variable=?»

Beispiel: Durch die Anweisung

«BESTIMMEN Gruss=?»

wird bei Bearbeitung eines Datensatzes automatisch die Abfrage

Text eingeben für Gruss

[. . . . .]

OK | Abbrechen

erzeugt. Damit ist die Möglichkeit gegeben, bei jedem Brief einen speziellen Gruß abzusetzen.

Einfügen Dateien

Durch die Anweisung

«EINFÜGEN Dateiname»

können an bestimmter Stelle im Serientext Dateien eingefügt werden. Diese Anweisung kann auch in Abhängigkeit des Wertes eines Attributes erfolgen.

Beispiel: Es werden Rechnungen geschrieben. In diesen ist es möglich, Wartungsbedingungen einzuschließen. Dies geschieht immer dann, wenn das Attribut Wartung="jaïst.
Lösung:

«AWENN Wartung="ja»>«EINFÜGEN WARTUNG»«EWENN»

Überspringen von Datensätzen

Durch die Anweisung

«ÜBERSPRINGEN»

kann der aktuelle Datensatz übersprungen werden. Diese Anweisung wird in einer bedingten Anweisung als *Ergebnis* benutzt, wenn man unter einer Bedingung erreichen will, daß der Datensatz übersprungen wird.
Beispiel: Will man z.B. erreichen, daß nur alle Datensätze bearbeitet werden, welche nach Postleitzahl 21465 versandt werden, dann hat man eine entsprechende Bedingung zu formulieren. Diese Bedingung lautet: „Wenn die Postleitzahl nicht 21465 ist“. In diesem Falle soll der Datensatz übersprungen werden.
L"ösung:

«AWENN PLZ<>21465»«ÜBERSPRINGEN»

10.7 Beispiele für Modifikation von Serientexten

In diesem Abschnitt sollen geschlossene Beispiele für die Modifikation von Serientexten behandelt werden. Dabei wurde darauf geachtet, daß es sich um praktisch einsetzbare Problemlösungen handelt. Die Lösungen werden EDV-nahe dargestellt.
Es soll dabei vorausgesetzt werden, daß der Serientext in einer Datei

BRIEF1.TXT

gespeichert ist. In dem Abschnitt 10.6.1 (Seite 205 ff.) wurde gezeigt, wie man verfährt, wenn der Serientext als Datei gespeichert ist. Daher ist es nur nötig, zu zeigen, wie man eine gespeicherte Serientextdatei um die Modifikationen erweitert. Wir gehen also im folgenden davon aus, daß die Serientextdatei gespeichert zur Verfügung steht. Diese Datei ist um zusätzliche Zeilen zu ergänzen.

10.7.1 Briefanrede

Problem:

<table>
<tr><td colspan="2">Abhängig von dem Attribut (Feld) Anrede, soll eine Briefanrede formuliert werden. Dabei soll das Attribut «Name» verwendet werden.</td></tr>
<tr><td>Frau</td><td>Sehr geehrte Frau «Name»,</td></tr>
<tr><td>Herrn</td><td>Sehr geehrter Herr «Name»,</td></tr>
<tr><td>Firma</td><td>Sehr geehrte Damen und Herren,</td></tr>
</table>

Die Lösung wird in der Abb. 10.13 dargestellt. Die alte Serientextdatei wird eröffnet **Alt Datei öffnen** (Dabei ist der Dateiname BRIEF1.TXT einzugeben.) Die Datei BRIEF1.TXT ist in der Abb. 10.13 durch .... dargestellt.

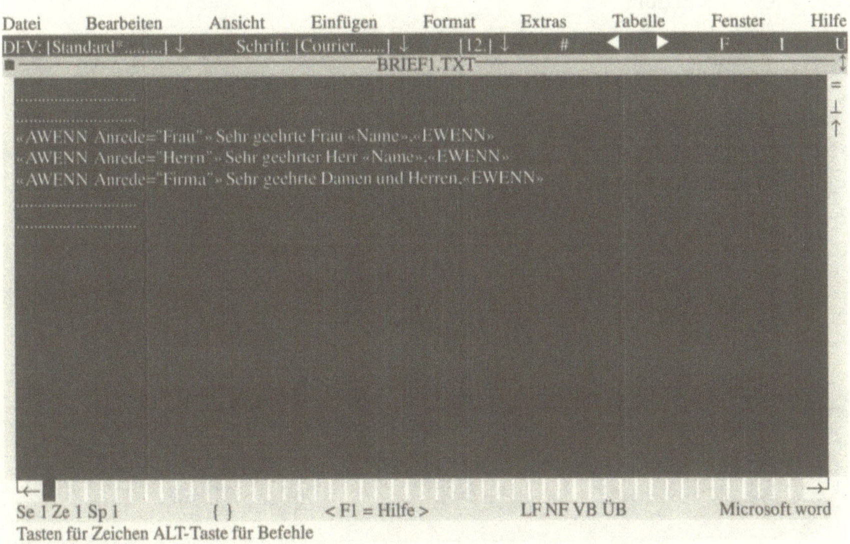

Abbildung 10.13: Variable Briefanrede

Anmerkung:

An diesem Beispiel kann noch ein Problem erläutert und gelöst werden. In jedem Falle werden alle Bedingungen überprüft. Auch wenn z.B. die Anrede = "Frau"ist, werden die beiden restlichen Bedingungen — die also nicht mehr gültig sein können — noch überprüft. Dies verbraucht Zeit.

Zur Lösung dieses Problems wird in WORD noch eine Erweiterung der bedingten Anweisung angeboten.

Erweiterte bedingte Anweisungen

Während bei einer bedingten Anweisung eine Anweisung nur dann ausgeführt wird, wenn die genannte Bedingung erfüllt ist, wird bei einer erweiterten bedingten Anweisung bei Erfüllung der Bedingung eine Anweisung ausgeführt, bei Nichterfüllung der Bedingung wird aber eine andere Anweisung ausgeführt.
Durch die Anweisung

«AWENN Bedingung»Ergebnis«SONST»Nicht-Ergebnis«EWENN»

wird eine Anweisung formuliert, die das Resultat *Ergebnis* nur dann hat, wenn die *Bedingung* erfüllt ist. Wenn die Bedingung nicht erfüllt ist, wird die Anweisung *Nicht-Ergebnis* ausgeführt.
Die in Abb. 10.13 auf der vorherigen Seite angegebene Lösung kann unter Benutzung der Option «SONST» in der Form wie in Abb. 10.14 dargestellt geschrieben werden.

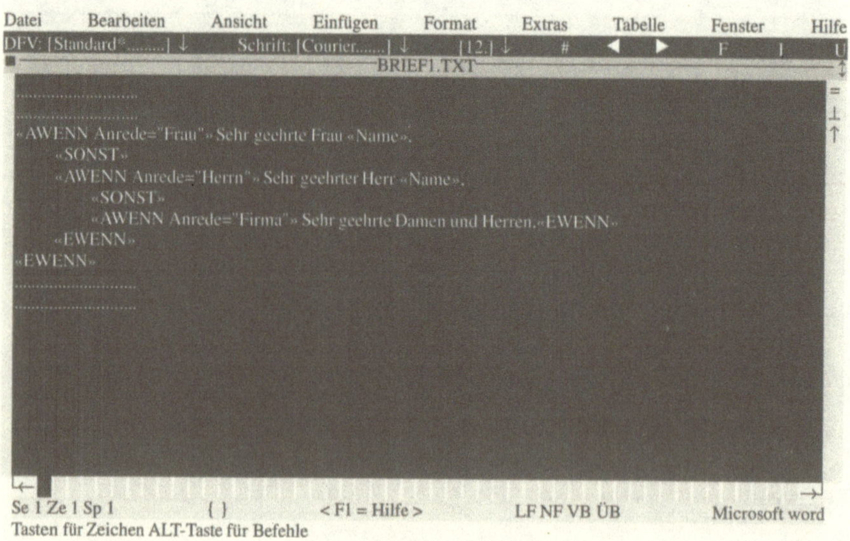

Abbildung 10.14: Variable Briefanrede mit Benutzung von SONST

Die Anweisung ist hierarchisch geschrieben, um die Zusammengehörigkeit besser darzustellen. (Diese Schreibweise ist aber nicht zwingend, sie dient hier lediglich der Deutlichkeit der Darstellung.) Die

AWENN — SONST — EWENN -Struktur

ist hierbei wie eine Klammerstruktur aufgebaut. Das erste AWENN und das letzte EWENN gehören dabei zusammen.

10.7.2 Berechnungen

Es ist nicht zwingend, daß mit der Funktion Seriendruck immer nur Briefe gedruckt werden. Ebenso können auch Informationen gedruckt werden, die für jeden einzelnen Datensatz Berechnungen erfordern. Als Beispiel einer solchen Problemstellung sei eine Provisionsabrechnung dargestellt.

Problem:

Abhängig von dem Attribut (Feld) Umsatz, soll eine Provision von 7 % ermittelt werden.
Provision = 0.07 * Umsatz

Die Lösung wird in der Abb. 10.15 dargestellt. Die alte Serientextdatei wird eröffnet **Alt Datei öffnen** (Dabei ist der Dateiname BRIEF1.TXT einzugeben.) Die Datei BRIEF1.TXT ist in der Abb. 10.15 durch .... dargestellt.

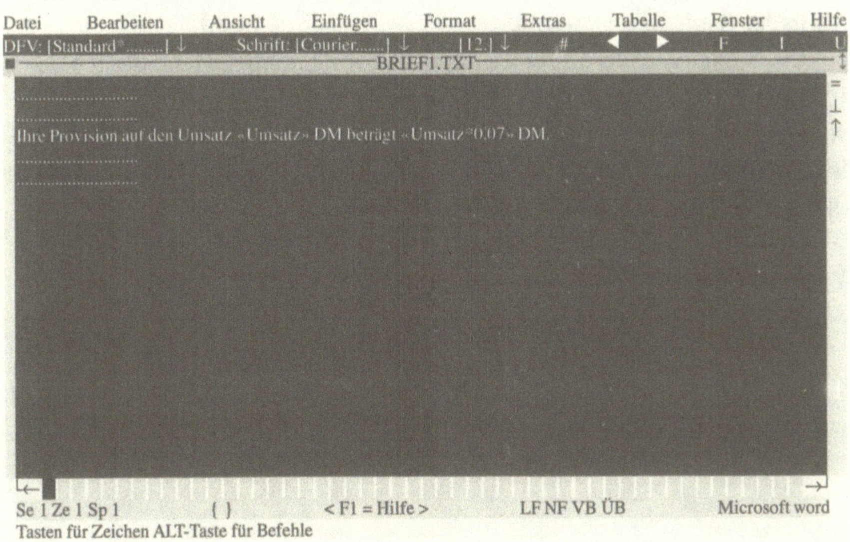

Abbildung 10.15: Provision

Anmerkung
Dieses Beispiel zeigt auch noch, daß Rechenausdrücke (wie z.B.

«Umsatz»*0.07)

errechnet, und der Wert dann direkt ausgedruckt werden können. Eine Wertzuweisung einer Zwischenvariablen (wie z.B.

«BESTIMMEN Zw=«Umsatz»*0.07»

und Ausdrucken der Zwischenvariablen Zw ist also nicht unbedingt erforderlich.

10.8 Fehler beim Seriendruck

Die Formulierungen und die Ablaufsteuerung sind etwas komplizierter. Aus diesem Grunde werden leichter Fehler auftreten. Folgende Fehler werden angezeigt:

1. Der in der ersten Zeile des Serientextes stehende Dateiname ist nicht vorhanden oder die in dieser Datei verwendeten Feldnamen stimmen nicht mit den Feldnamen im Serientext überein
2. Die Zahl der Einfügungen in einem Einfügesatz für die Steuerdatei stimmt mit der Zahl der Elemente in der Steuerdatei nicht überein.
3. Ein Feldname in der Serientextdatei enthält ein ungültiges oder unzulässiges Zeichen.
4. Ein Feldname in der Serientextdatei stimmt mit keinem Feldnamen in der Steuerdatei überein.
5. Die Steuerzeichen « oder » sind nicht korrekt eingegeben oder fehlen ganz.

Im Falle eines Fehlers werden entsprechende Fehlertexte erzeugt. Der Seriendruck findet nicht statt. Der Fehler muß manuell behoben werden. Sodann kann der Seriendruck wieder gestartet werden.

Kapitel 11

Organisationshilfen

In diesem Kapitel sind Hilfen zusammengetragen, welche die Organisation von Textverarbeitung unterstützen. Folgende Gebiete werden behandelt:

Organisation von Dateien im System
Rechtschreibprüfung
Thesaurus (Synonyme)

11.1 Organisation von Dateien im System

In diesem Abschnitt werden organisatorische Hilfen bereitgestellt, die in WORD angeboten werden, um Dateien als Ganzes zu behandeln. Aufgaben sind vor allen Dingen

Suchen von Dateien im System
Kopieren, Umbenennen und Löschen von Dateien

In WORD wird zur Lösung dieser Aufgaben der **Datei Manager** bereitgestellt.

11.1.1 Grundsätzliches zur Datei Info

Beim Abspeichern der Dateien können **Datei Info's** ausgefüllt werden. Darunter versteht man die in Abb. 11.1 auf der nächsten Seite abgebildete Tabelle.
Folgende Daten werden in der Datei Info gespeichert:

Dateiname Der Name der Datei

Verzeichnis Verzeichnis, in dem die Datei gespeichert wird. Auf diese Weise ist es möglich, Dateien aufzufinden, die nicht in dem aktuellen Verzeichnis stehen.

Titel Titel des Textes (dient der Übersicht).

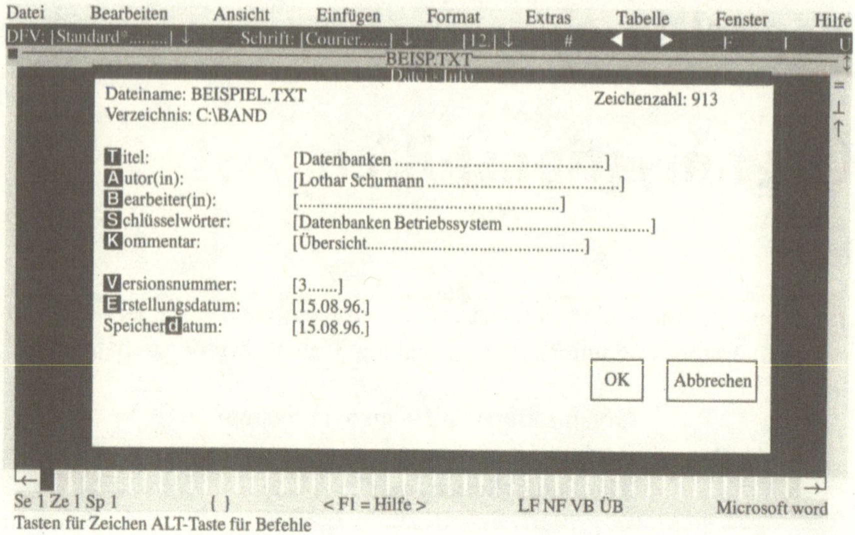

Abbildung 11.1: Datei Info

Autor(in) Autor(in) des Textes

Bearbeiter(in) Bearbeiter(in) des Textes (dient der Übersicht).

Schlüsselwörter Hier können mehrere Worte eingetragen werden, die den Inhalt der Datei charakterisieren. Nach den eingetragenen Schlüsselwörtern kann die Datei gesucht werden. So ist es z.B. möglich Texte zu suchen, die sich mit Textverarbeitung befassen, wenn *Textverarbeitung* im Schlüsselwort eingetragen ist.

Kommentar Hier kann ein Kommentar eingetragen werden. Dieser soll so ausgewählt werden, daß er nach Auffinden der Datei als Information benutzt werden kann (z.B. Vortragskonzept für 17.4.96). Dieses Feld ist kein Suchbegriff.

Versionsnummer Versionsnummer (kann fortgeschrieben werden.)

Erstellungsdatum Hier wird das Erstellungsdatum gespeichert. Beim ersten Speichern wird dieses Datum automatisch gespeichert. Das Datum kann manuell überschrieben werden.

Speicherdatum Bei der Erstspeicherung wird dieses Datum automatisch gespeichert.

OK Durch Eingabe von <ZT> (= <RETURN>) — Betätigen der Eingabetaste wird die Anzeige durchgeführt.

Abbrechen Durch Eingabe von ESC wird die Verarbeitung abgebrochen.

11.1.2 Aufdatieren der Datei Info

Diese Datei Informationen können aufdatiert werden. Hierzu muß der Da tei Ma na ger aufgerufen werden. Dies geschieht durch

Alt Datei Manager — also Alt D M

Hierdurch wird das in Abb. 11.2 dargestellte Fenster eröffnet.

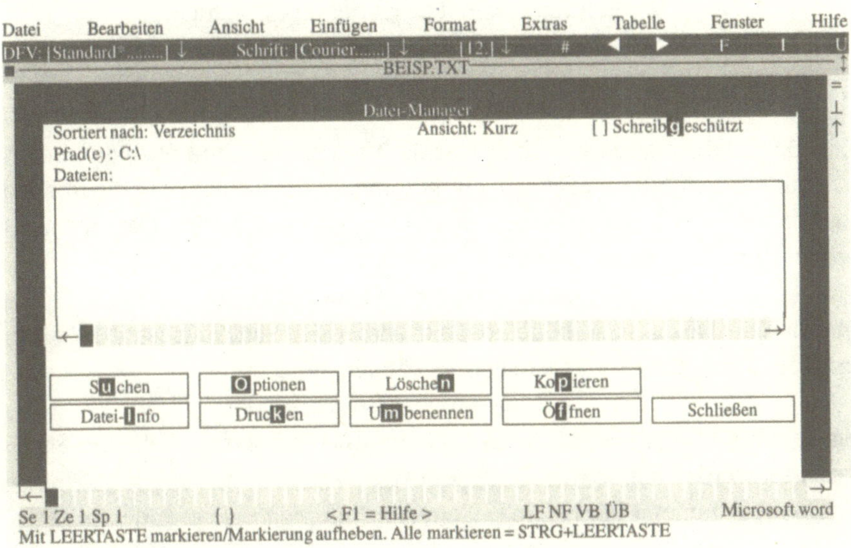

Abbildung 11.2: Datei Manager

Hinweis: Um den Sachzusammenhang des Buches nicht zu unterbrechen, wird an dieser Stelle nur die Funktion „Datei Manager" behandelt. Die restlichen (zahlreichen) Funktionen werden in diesem Kapitel an der Stelle behandelt, wo das jeweilige Sachproblem besprochen wird.

Um zur Datei Info zu schalten, wird

Alt Datei Info — also Alt I

eingegeben. Hierdurch wird das in Abb. 11.1 auf der vorherigen Seite abgebildete Fenster erzeugt.

Hier können die Informationen

Titel,
Autor(in),
Bearbeiter(in),
Schlüsselwörter,
Kommentar,
Versionsnummer,
Erstellungsdatum,
Speicherdatum

aufdatiert werden.

Schreibgeschützt Durch diesen Parameter ist es möglich, für diese Datei Schreibschutz festzulegen. Wenn Schreibschutz angegeben ist (Feld ist angekreuzt ([X]), kann die Datei nur gelesen — nicht beschrieben — werden.

11.1.3 Suchen

Die Datei Information wird hauptsächlich gespeichert, um nach den unterschiedlichsten Kriterien Dateien mit gesuchtem Inhalt suchen und auffinden zu können. Um Dateien suchen zu können, ist zunächst der Dateimanager aufzurufen. Dies geschieht durch

Alt Datei Manager — also Alt D M

Hierdurch wird das in Abb. 11.2 auf der vorherigen Seite dargestellte Fenster eröffnet. Um nach Dateien **suchen** zu können, wird

Alt Suchen — also Alt u

das in Abb. 11.3 auf der nächsten Seite geöffnet, mit dessen Hilfe die Suche gestartet werden kann.
Folgende Parameter können in diesem Fenster eingetragen werden.

Soweit die Parameter **Suchparameter** sind, werden diese in der folgenden variablen Liste unterstrichen.

Suchpfad Durch den Suchpfad wird festgelegt, in welchen Verzeichnissen nach den Dateien gesucht werden soll.
Es kann in einem Verzeichnis gesucht werden.
(Beispiel: C:\BAND).
Soll in mehreren einzelnen Verzeichnissen gesucht werden, so sollen diese Pfade durch Komma oder Semikolon getrennt angegeben werden.
(Beispiel: C:\,C:\Band).

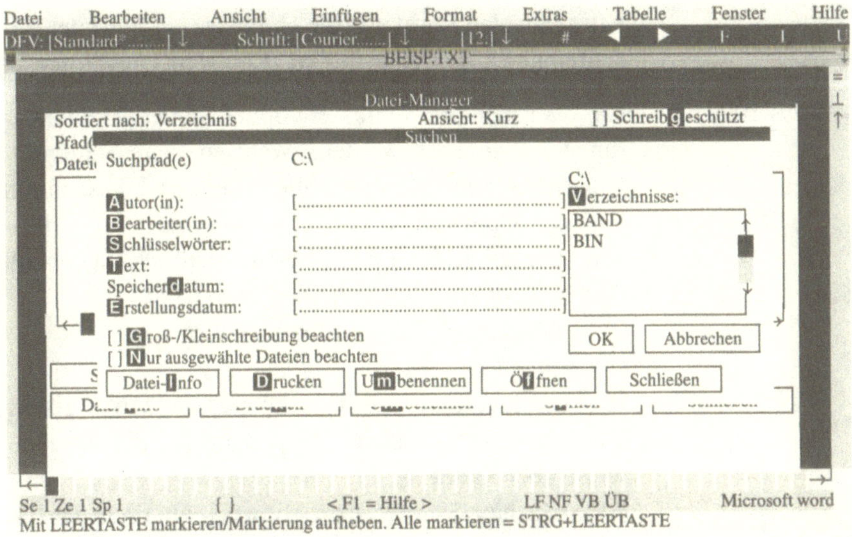

Abbildung 11.3: Suchen Dateien nach Name und/oder Inhalt

Es kann in einer Gruppe von Verzeichnissen gesucht werden. Die Gruppe der Verzeichnisse kann durch Angabe von „*“ beschrieben werden. (Beispiel: C:\B* sucht in allen Verzeichnissen, deren Name mit „B“ beginnt. C:*.* sucht in allen Verzeichnissen auf der C-Platte.)

Autor(in) Ein(e) Autor(in) oder mehrere Autoren(innen) können als Suchargumente angegeben werden. Wenn mehrere angegeben werden sollen, dann sind diese durch **logische Operatoren** wie *und, oder, nicht* zu verbinden. (Beispiel: Soll der Autor Meyer ODER Meier heißen dann ist Meyer;Meier als Autor(in) einzutragen.)
Bitte beachten Sie hierzu die Hinweise am Ende der Beschreibung aller Parameter zu „Logische Operatoren“.

Bearbeiter(in) Es können ein(e) Bearbeiter(in) oder mehrere Bearbeiter(innen) als Suchargumente angegeben werden. Wenn als Suchparameter mehrere Bearbeiter(innen) angegeben werden sollen, dann sind diese durch **logische Operatoren** wie *und, oder, nicht* zu verbinden. (Beispiel: Soll der Bearbeiter Meyer ODER Meier heißen dann ist „ Meyer;Meier “ als Bearbeiter(in) einzutragen.)

Bitte beachten Sie hierzu die Hinweise am Ende der Beschreibung aller Parameter zu „Logische Operatoren".

Schlüsselwörter Ein oder mehrere Schlüsselwörter können als Suchparameter angegeben werden. Wenn mehrere Schlüsselwörter angegeben werden sollen, dann sind diese durch **logische Operatoren** wie *und, oder, nicht* zu verbinden. (Beispiel: Sollen die Schlüsselwörter Datenbank ODER Textverarbeitung heißen dann ist

„ Datenbank;Textverarbeitung "

einzutragen.)

In einem logischen Ausdruck können mehrere logische Operatoren vorkommen. (Bitte beachten Sie die Hinweise über **Vorrang**.

Bitte beachten Sie hierzu die Hinweise am Ende der Beschreibung aller Parameter zu „Logische Operatoren".

Text Es kann ein Textabschnitt mit bis zu 80 Zeichen als Suchargument eingegeben werden. Um besser suchen zu können ist zu empfehlen, mit Hilfe mehrerer kurzer Textabschnitte zu suchen, die durch logische Operatoren verbunden werden.

Logische Operatoren sind *und, oder, nicht.*

(Beispiel: Soll nach einem Text gesucht werden, der die Textteile ... Datenbank ist ein .... UND ... Textverarbeitung als .... enthält, so ist unter Text „Datenbank ist ein & Textverarbeitung als " einzutragen.

Bitte beachten Sie hierzu die Hinweise am Ende der Beschreibung aller Parameter zu „Logische Operatoren".

Speicherdatum Die Länge des Feldes darf maximal 25 Zeichen betragen. Das Datum ist in der Form TT.MM.JJJJ einzutragen. (TT = Tag, MM = Monat, JJJJ = Jahr). Es kann nach Zeiträumen gesucht werden. Hierzu müssen logische Operatoren *und, oder, nicht* und Vergleichsoperatoren (< (kleiner), > (größer)) eingesetzt werden. (Beispiel: 14.März 1930 bis 23. April 1934 wird dargestellt durch >=14.03.1930&<=23.04.1934)

Bitte beachten Sie hierzu die Hinweise am Ende der Beschreibung aller Parameter zu „Logische Operatoren".

Erstellungsdatum Die Länge des Feldes darf maximal 25 Zeichen betra-

gen. Das Datum ist in der Form TT.MM.JJJJ einzutragen. (TT = Tag, MM = Monat, JJJJ = Jahr). Es kann nach Zeiträumen gesucht werden. Hierzu müssen logische Operatoren *und, oder, nicht* und Vergleichsoperatoren (< (kleiner), > (größer)) eingesetzt werden. (Beispiel: 14.März 1930 bis 23. April 1934 wird dargestellt durch >=14.03.1930&<=23.04.1934)
Bitte beachten Sie hierzu die Hinweise am Ende der Beschreibung aller Parameter zu „Logische Operatoren".

Groß/Kleinschr. Wenn diese Variante aktiviert ist ([X]), dann wird die Groß/Kleinschreibung exakt beachtet. Es müssen dann nicht nur die Zeichen mit dem Suchargument übereinstimmen sondern auch die Groß/Kleinschreibung.

Nur Ausgew. Dat. Wenn diese Variante aktiviert ist ([X]), dann werden nur die in der Dateiliste ausgewählten Dateien bei der Suche zugelassen, sonst alle Dateien aus den Suchpfaden.

OK Durch Eingabe von <ZT> (= <RETURN>) — Betätigen der Eingabetaste wird die Operation durchgeführt.

Abbrechen Durch Eingabe von ESC wird die Verarbeitung abgebrochen.

Zusatz: Logische Operatoren
In den Suchargumenten sind Logische Operatoren (*und, oder, nicht*) und Vergleichsoperatoren (< (kleiner), (> größer) zugelassen. Damit ist es möglich auch komplexe Suchprozesse zu starten. (Je komplexer der Suchprozess, desto länger dauert die Suchzeit!)
Folgende logischen Operatoren und Vergleichsoperatoren können verwendet werden:

ODER Der Operator ODER wird durch ; ausgedrückt.
(Beispiel: 13.4.1992;15.4.1992 bedeutet also (z.B. für das Erstellungsdatum) 13.4.1992 oder 15.4.1992.)

UND Der Operator UND wird durch & ausgedrückt.
(Beispiel: Datenbank & ADABAS (eingetragen in Text) bedeutet, daß eine Datei gesucht wird, der sowohl das Wort „Datenbank" wie auch das Wort „ADABAS" enthält.

NICHT Der Operator NICHT wird durch ~ ausgedrückt.
(Beispiel: Datenbank ~ ADABAS (eingetragen in Text) bedeu-

tet, daß eine Datei gesucht wird, die das Wort „Datenbank“ aber nicht das Wort „ADABAS“ enthält.

KLEINER Bei Erstellungsdatum und Speicherdatum kann der Vergleichsoperator KLEINER verwendet werden.
(Beispiel:<17.4.1995 (eingetragen in Speicherdatum) wählt alle Dateien aus, deren Speicherdatum vor dem 17.4.1995 liegt.)

GRÖSSER Bei Erstellungsdatum und Speicherdatum kann der Vergleichsoperator GRÖSSER verwendet werden.
(Beispiel:>17.4.1995 (eingetragen in Speicherdatum) wählt alle Dateien aus, deren Speicherdatum nach dem 17.4.1995 liegt.)

Vorrang Gelegentlich ist es bei Operatoren notwendig, den Vorrang zu steuern. Dies ist wie bei numerischen Ausdrücken mit (und) möglich. (Beispiel: Soll die Datei entweder die Worte Datenbank und ADABAS enthalten oder Datenbank und ORACLE, dann müßte man formulieren:

(Datenbank&ADABAS);(Datenbank&ORACLE)

oder es kann hiermit gleichwertig formuliert werden:

Datenbank&(ADABAS;ORACLE).

In diesem letzten Skript wird besonders die Wirkung der Klammer deutlich, es muß in jedem Fall in der Datei das Wort Datenbank stehen, zusätzlich entweder ADABAS oder ORACLE.

Platzhalter

In allen Suchargumenten können „Platzhalter“ verwendet werden.

Platzhalter	Länge
?	für 1 Zeichen
*	für mehrere Zeichen

Beispiel: Me?er sucht nach allen Namen, deren

Zeichen Nr.		Wert
1 2	=	Me
3 3	=	ein beliebiges Zeichen
4 5	=	er

Lösungen sind also Meier, Meyer, Meder

Beispiel: F*burg sucht nach allen Namen, deren erster Buchstabe F ist und deren letzte 4 Buchstaben burg lauten. Lösungen können hier z.B. Freiburg, Frankenburg, Fasanenburg, Friedeburg sein.

Soll nach ? oder * gesucht werden, so ist ^? bzw. ^* einzugeben.

11.1.4 Anzeigen der Dateiliste

Das Ergebnis des Suchprozesses oder der Datei Info ist eine Liste von Dateien. Diese Dateien sollen in bestimmter Weise angeordnet werden. Diese Steuerung kann durch den Datei Manager erreicht werden. Dies bedeutet, daß zunächst der Dateimanager (Alt D M) aufgerufen werden muß. Hierdurch wird die Abb. 11.2 auf Seite 217 erzeugt. Wenn nun noch

Alt Optionen — also Alt O

eingegeben wird, dann wird das Fenster, welches in Abb. 11.4 Seite 223 dargestellt ist, eröffnet. Die Optionen steuern zum einen die Sortierfolge nach einem **Suchprozess** zum anderen die Anzeigeform der Dateien in der Dateiliste.

Die Sortierfolge kann immer nur in Bezug auf **einen** Parameter bestimmt werden, es ist also nicht möglich eine Sortierfolge nach Autor und innerhalb des Autors nach Erstellungsdatum zu sortieren. Im allgemeinen wird es aber so sein, daß für einen Parameter nur so wenige Dateien vorhanden sind, daß ein Durchblättern noch hinreichend komfortabel ist. Und lediglich hierauf kommt es an, wenn man eine Funktion der Textverarbeitung hinsichtlich ihrer Wirkungsfähigkeit beurteilt.

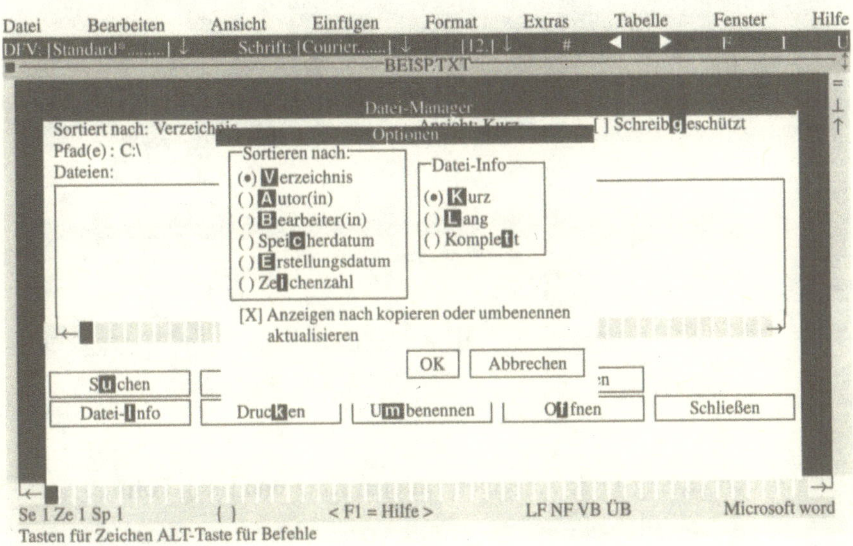

Abbildung 11.4: Steuerung Ergebnis Suchprozess

Sortierfolge

Verzeichnis Die Dateien sind nach Verzeichnis und innerhalb nach Dateinamen sortiert. (Standard)

Autor(in) Die Dateien sind alphabetisch nach Autor(in) sortiert.

Bearbeiter(in) Die Dateien sind alphabetisch nach Bearbeiter(in) sortiert.

Speicherdatum Die Dateien werden aufsteigend (von altem zu neuem Datum) nach Speicherdatum sortiert.

Erstellungsdatum Die Dateien werden aufsteigend (von altem zu neuem Datum) nach Erstellungsdatum sortiert.

Zeichenanzahl Die Dateien werden aufsteigend nach Zeichenzahl sortiert.

Datei Info

Kurz Es wird lediglich der volle Pfad der Datei mit dem Dateinamen angegeben. (Siehe Abb. 11.5)

Lang In der Anzeigeform „Lang“ wird für jede Datei das zugehörige Verzeichnis, das Suchkriterium und der Titel angezeigt. (Siehe Abb. 11.5)

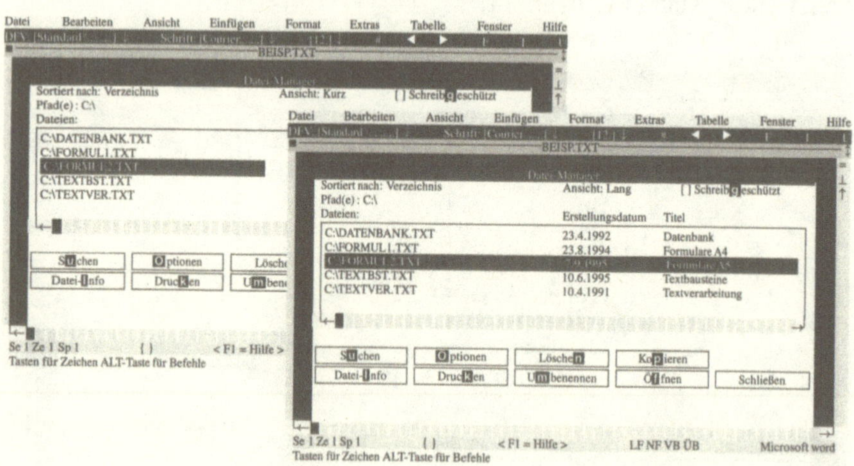

Abbildung 11.5: Anzeigen Dateien Kurz und Lang Form

Komplett In dieser Anzeigeform werden alle Daten einer jeden Datei angezeigt. (Siehe Abb. 11.6 auf der nächsten Seite).

Nach Operationen

Rekonstruktion Wenn das Steuerungsfeld „Anzeigen“ aktiviert ([X]) ist, wird bei jeder Operation Kopieren oder Umbenennen die jeweilige Dateiliste aktualisiert.

OK Durch Eingabe von <ZT> (= <RETURN>) — Betätigen der Eingabetaste wird die Operation abgeschlossen.

Abbrechen ESC bricht die Verarbeitung ab.

In der Abb. 11.5 auf der vorherigen Seite sind die Ergebnisse der Anzeigeformen „Kurz“ und „Lang“ abgebildet. Während bei der Kurz Form lediglich der Pfad und der Dateiname angezeigt wird, ist in der Lang Form daneben noch das Suchkriterium (hier: Erstellungsdatum) angegeben.

> Je komplexer die Anzeigeform gewählt wird, desto länger dauert **bei jedem Aufruf des Datei Managers** der Aufbau der Dateiliste.

Die Anzeigeform Komplett zeigt die Abb. 11.6. Hier wird Platz vom Rollfenster für die Dateien gespart. Dafür werden für die gerade ausgewählte Datei alle Parameter angezeigt. Hierdurch ist eine volle Übersicht in gewünschter Sortierreihenfolge über alle Dateien gewonnen. Die Anzeige dauert bei jedem Aufruf des Datei Managers entsprechend der Gesamtzahl der Dateien länger.

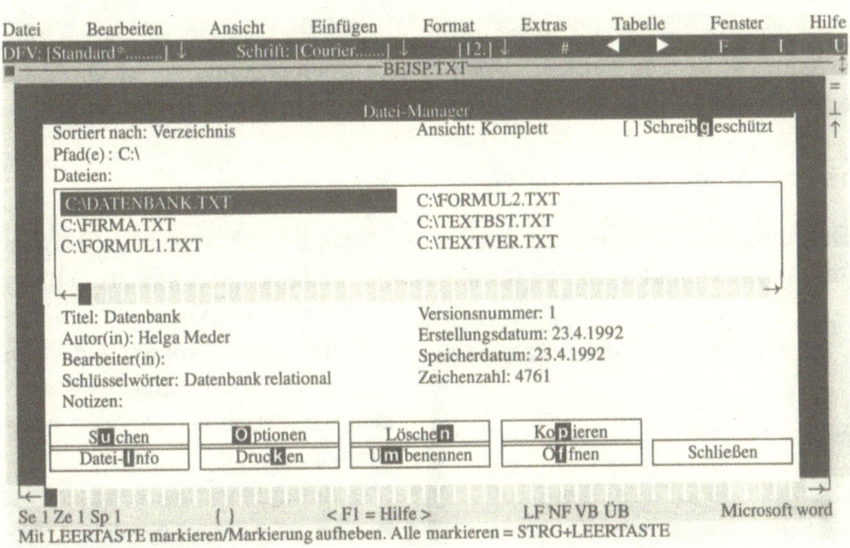

Abbildung 11.6: Komplette Anzeigeform für Dateien

11.1.5 Löschen von Dateien

Die Funktion „Löschen von Dateien“ kann im Betriebssystem gelöst werden. WORD bietet aber eine komfortablere Methode unter Einsatz des Dateimanagers an. Diese hat den Vorteil, daß die zu löschende Datei vorher über die bereits besprochenen Suchverfahren lokalisiert werden kann.

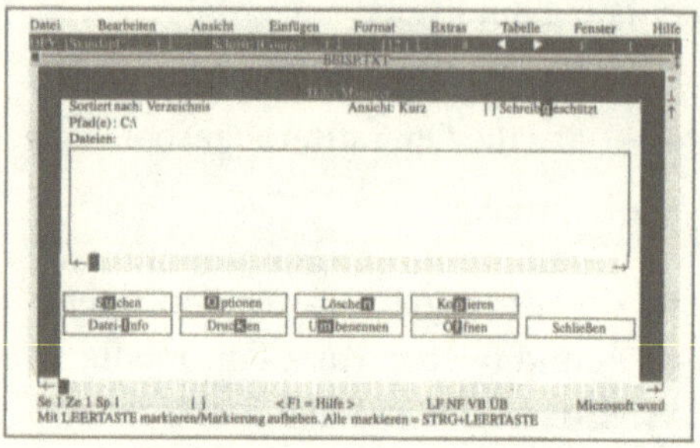

Abbildung 11.7: Datei Manager

Mit dieser Funktion kommen wir zu der in nebenstehender Abbildung dargestellten Bildschirmmaske zurück, die schon in Abb. 11.2 auf Seite 217 gezeigt wurde. Es wird eine Datei in dem Rollfenster Dateien gesucht und der Dateiname mit Hilfe der Tasten ↓ oder ↑ markiert. (Dateiname steht nun in weißer Schrift auf schwarzem Grund.) Um die Funktion aufzurufen, gibt man **Alt Löschen — also Alt n** ein.
Hierdurch wird das Fenster

Datei löschen?

OK	Abbrechen

erzeugt. Wird OK (=<RETURN> = <ZT>) eingegeben, so ist die Datei gelöscht, ohne daß es eine Möglichkeit gibt, den Inhalt zu reproduzieren.

11.1.6 Kopieren von Dateien

Die Funktion „Kopieren von Dateien“ kann im Betriebssystem gelöst werden. WORD bietet aber eine komfortablere Methode unter Einsatz des Dateimanagers an. Diese hat den Vorteil, daß die zu kopierende Datei vorher über die bereits besprochenen Suchverfahren lokalisiert werden kann.

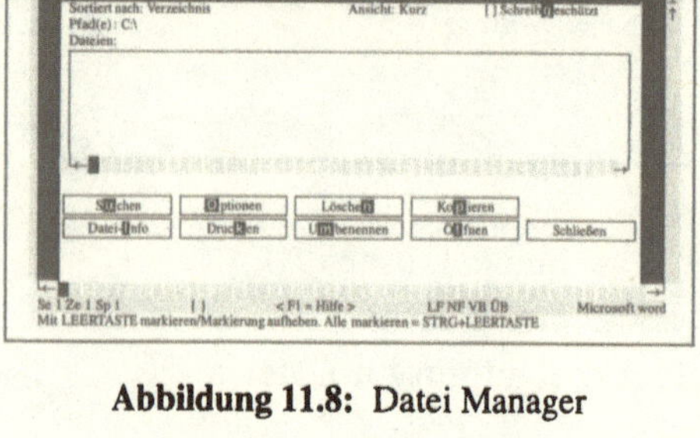

Abbildung 11.8: Datei Manager

Mit dieser Funktion kommen wir zu der in nebenstehender Abbildung dargestellten Bildschirmmaske zurück, die schon in Abb. 11.2 auf Seite 217 gezeigt wurde. Es

wird eine Datei in dem Rollfenster Dateien gesucht und der Dateiname mit Hilfe der Tasten ↓ oder ↑ markiert. (Dateiname steht nun in weißer Schrift auf schwarzem Grund.)
Um eine Datei zu kopieren, muß diese im Rollfenster Dateien markiert werden. Dies geschieht durch Auswahl und anschließendes Eingeben der LEERTASTE. Es können auch mehrere Dateien auf diese Weise markiert werden. Dies gestattet das Kopieren in einem Schritt. Sollen alle Dateien markiert werden, ist STRG+LEERTASTE einzugeben. Um die Funktion „Kopieren" aufzurufen, gibt man
Alt Kopieren — also Alt p ein.
Hierdurch wird das in Abb. 11.9 dargestellte Fenster geöffnet.

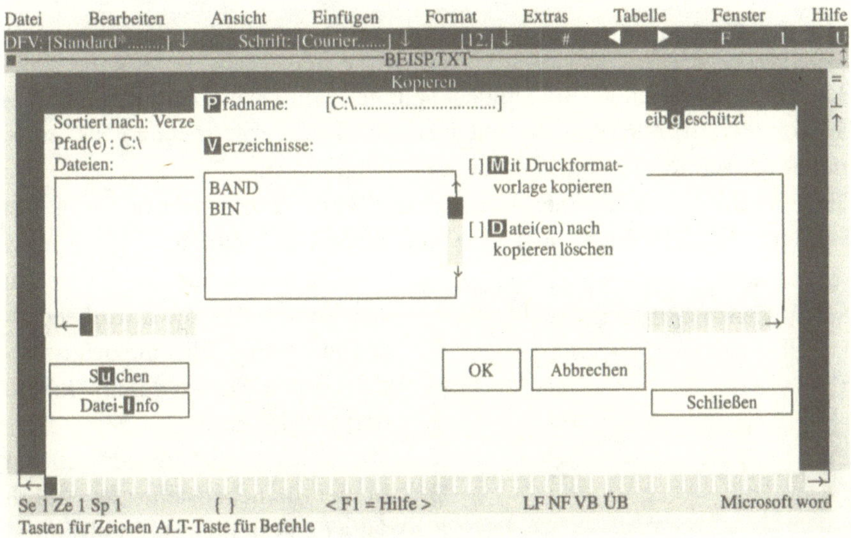

Abbildung 11.9:

Die in dem geöffneten Fenster Abb. 11.9 möglichen Eingaben werden im folgenden beschrieben.

Pfadname Es kann hier der Zielpfad für das Kopieren eingetragen werden.

Verzeichnisse Es können in dieser Eingabe die Verzeichnisse festgelegt werden, in welche die Dateien kopiert werden sollen.

Dat.nach Kop. lö. Nach dem Kopieren werden die Dateien im Originalverzeichnis gelöscht. Es findet damit also eine Übertragung der Datei statt. Hierzu muß das Kontrollkästchen aktiviert ([X]) werden.

Mit DFV kopieren Wenn eine Druckformatvorlage (Schreibstil) mit der Datei verbunden ist, kann diese mit kopiert werden. Hierzu ist das Kontrollkästchen zu aktivieren ([X]).

OK Durch Eingabe von <ZT> (= <RETURN>) — Betätigen der Eingabetaste wird der Kopiervorgang durchgeführt.

Abbrechen Durch Eingabe von ESC wird die Verarbeitung abgebrochen.

11.1.7 Umbenennen von Dateien

Bei Umorganisationen sind Umbenennungen von Dateien ein wesentliches Hilfsmittel, um Dateien so zu benennen, daß der Zugriff über den Namen — immer der schnellste Zugriff — bequem möglich ist.

Die Funktion „Umbenennen von Dateien" kann im Betriebssystem gelöst werden. WORD bietet aber eine komfortablere Methode unter Einsatz des Dateimanagers an. Diese hat den Vorteil, daß die umzubenennende Datei vorher über die bereits besprochenen Suchverfahren lokalisiert werden kann.

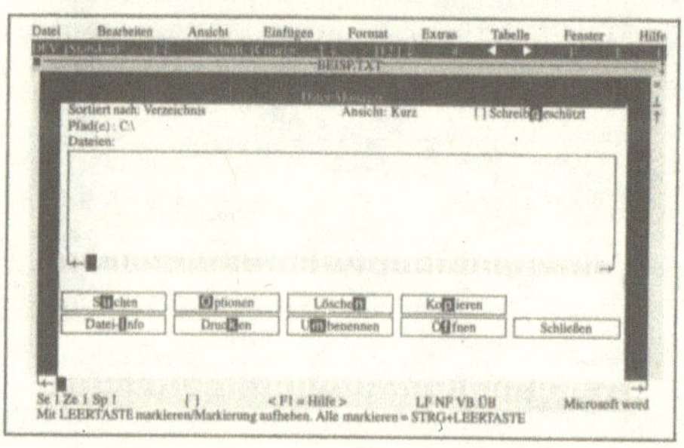

Abbildung 11.10: Datei Manager

Mit dieser Funktion kommen wir zu der in nebenstehender Abbildung dargestellten Bildschirmmaske zurück, die schon in Abb. 11.2 auf Seite 217 gezeigt wurde. Es wird eine Datei in dem Rollfenster Dateien gesucht und der Dateiname mit Hilfe der Tasten ↓ oder ↑ markiert. (Dateiname steht nun in weißer Schrift auf schwarzem Grund.)

Um eine Datei umzubenennen, muß diese im Rollfenster Dateien markiert werden. Dies geschieht durch Auswahl und anschließendes Eingeben der LEERTASTE. Es können auch mehrere Dateien auf diese Weise markiert werden. Dies gestattet das Umbenennen in einem Schritt. Sollen alle Dateien markiert werden, ist STRG+LEERTASTE einzugeben. Um die Funktion „Umbenennen" aufzurufen, gibt man

Alt Umbenennen — also Alt m

ein. Hierdurch wird das in Abb. 11.11 auf der nächsten Seite dargestellte

Fenster geöffnet.

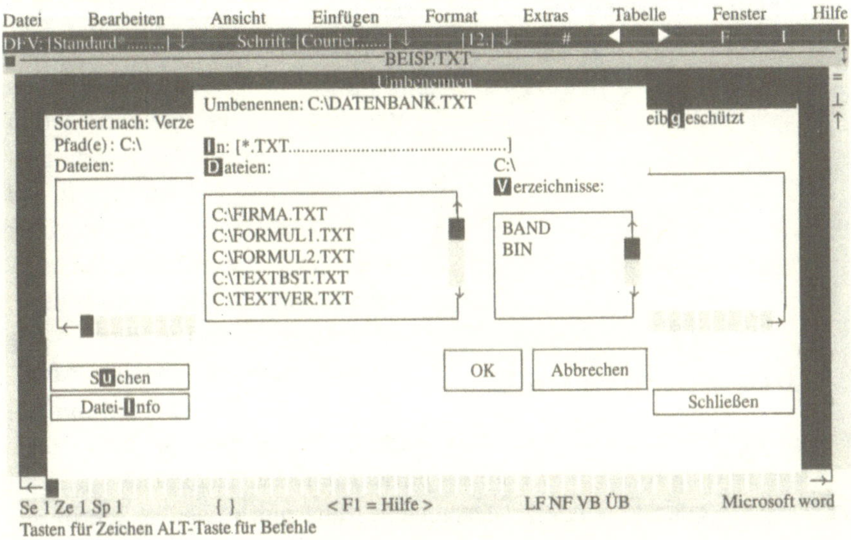

Abbildung 11.11: Datei umbenennen

Zur Durchführung der Umbenennung werden folgende Eingaben in dem in Abb. 11.11 dargestellten Fenster durchgeführt.

In Hier ist der neue Name einzutragen.

Dateien Es handelt sich um ein Rollfenster. Es kann mit Hilfe der Tasten ↓ oder ↑ eine Datei ausgewählt werden. Hierdurch wird als neuer Name einer gewählt, der bereits vorhanden ist. Es wird also bei Benutzung dieser Variante **immer** eine Datei überschrieben. Das System meldet dies bei Wahl von „OK“. Hier besteht dann noch die Möglichkeit, die Umbenennung abzubrechen.

Verzeichnis Es handelt sich um ein Rollfeld. Es kann mit Hilfe der Tasten ↓ oder ↑ ein Verzeichnis ausgewählt werden.

OK Durch Eingabe von <ZT> (= <RETURN>) — Betätigen der Eingabetaste wird die Umbenennung vollzogen.

Abbrechen Durch Eingabe von ESC wird die Verarbeitung abgebrochen.

11.1.8 Drucken von Dateien

Die Funktion „Drucken von Dateien“ kann direkt durch Alt Datei Drucken gelöst werden. Hier muß allerdings die zu druckende Datei (inklusive Pfad) eingegeben werden. WORD bietet aber eine komfortablere Methode unter Einsatz des Dateimanagers an. Diese hat den Vorteil, daß die zu druckende Datei vorher über die bereits besprochenen Suchverfahren lokalisiert werden kann. Mit dieser Funktion kommen wir zu der in nebenstehender Abbildung dargestellten Bildschirmmaske zurück, die schon in Abb. 11.2 auf Seite 217 gezeigt wurde. Es wird eine Datei in dem Rollfenster Dateien gesucht und der Dateiname mit Hilfe der Tasten ↓ oder ↑ markiert. (Dateiname steht nun in weißer Schrift auf schwarzem Grund.)

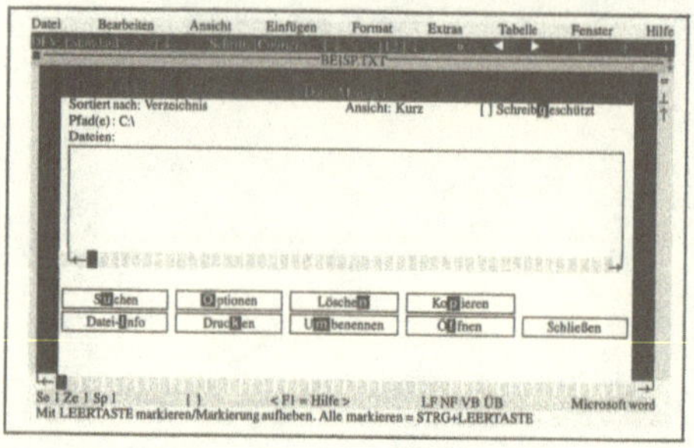

Abbildung 11.12: Datei Manager

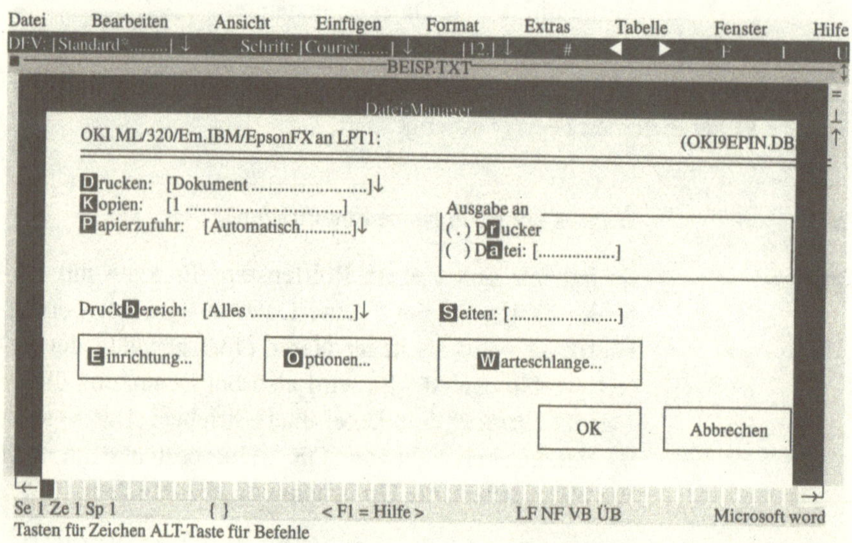

Abbildung 11.13: Datei drucken

Um eine Datei zu drucken, muß diese im Rollfenster Dateien markiert werden. Dies geschieht nach Auswahl der Datei durch anschließendes Eingeben der LEERTASTE. Es können auch mehrere Dateien auf diese Weise markiert werden. Dies gestattet das Drucken von mehreren Dateien in einem Schritt.

Sollen mehrere Dateien markiert werden, ist STRG+LEERTASTE einzugeben. Um die Funktion „Drucken“ aufzurufen, gibt man
Alt Drucken — also Alt k ein.
Hierdurch wird das in Abb. 11.13 Seite 230 dargestellte Fenster geöffnet, was der Abb. 2.16 auf Seite 30 entspricht.

11.1.9 Öffnen von Dateien

Die Funktion „Öffnen von Dateien“ kann direkt durch Alt Datei Öffnen gelöst werden. Hier muß allerdings die zu druckende Datei (inklusive Pfad) eingegeben werden. WORD bietet aber eine komfortablere Methode unter Einsatz des Dateimanagers an. Diese hat den Vorteil, daß die zu druckende Datei vorher über die bereits besprochenen Suchverfahren lokalisiert werden kann.

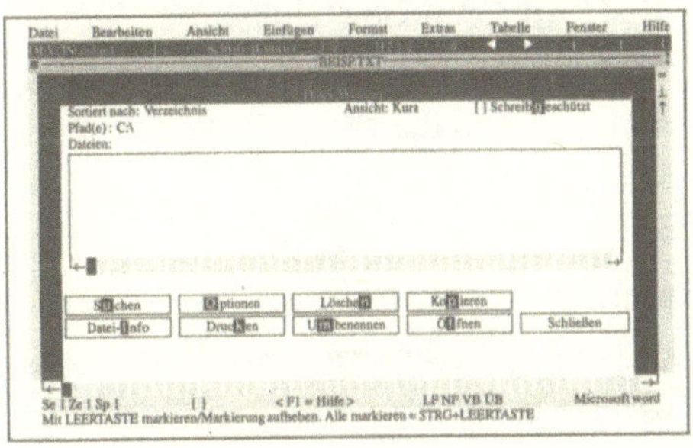

Abbildung 11.14: Datei Manager

Mit dieser Funktion kommen wir zu der in nebenstehender Abbildung dargestellten Bildschirmmaske zurück, die schon in Abb. 11.2 auf Seite 217 gezeigt wurde. Es wird eine Datei in dem Rollfenster Dateien gesucht und der Dateiname mit Hilfe der Tasten ↓ oder ↑ markiert. (Dateiname steht nun in weißer Schrift auf schwarzem Grund.)
Um eine Datei zu öffnen, muß diese im Rollfenster Dateien markiert werden. Dies geschieht nach Auswahl der Datei durch anschließendes Eingeben der LEERTASTE.
Alt Öffnen — also Alt f ein.
Hierdurch wird die Datei geöffnet und im Fenster angezeigt.

11.2 Rechtschreibprüfung

WORD enthält Wörterbücher, mit deren Hilfe die Rechtschreibung überprüft werden kann. Es kann ein einzelnes Wort oder der gesamte Text auf Fehler in der Rechtschreibung überprüft werden. Der Zeitbedarf ist umso größer je länger der zu überprüfende Text ist. Es werden keine automatischen Korrekturen durchgeführt. WORD macht immer nur Vorschläge zur Änderung des Textes. WORD überprüft die Texte und stellt folgende Fehlertypen fest:

Fehlerart	**Beispiel**
Schreib oder Rechtschreibfehler	dre (statt der), schwehr (statt schwer)
Ungewöhnliche Großschreibung	INformation
ungültiger Plural	Elterns (für Elternpaare)
Possessivformen von Namen	der Mutter ihre Tasche
Eigennamen	Schulze & Co. (Eigennamen müssen bestätigt werden.)
Modewörter	Soundkarte
Wortwiederholungen	und und

Um eine Überprüfung eines Textes vornehmen zu können, ist dieser Text vorher zu **markieren**. (Der Cursor wird auf das erste Zeichen des Textes positioniert, es findet eine Eingabe F8 statt. Anschließend wird mit Hilfe der LEERTASTE oder den Richtungstasten →, ↓ die Markierung durchgeführt.)

Durch Eingabe von

Alt Extras Rechtschreibung — also Alt x R

wird die Rechtschreibprüfung gestartet. Am Bildschirm wird durch diese Eingabe das Fenster Abb. 11.15 eröffnet.

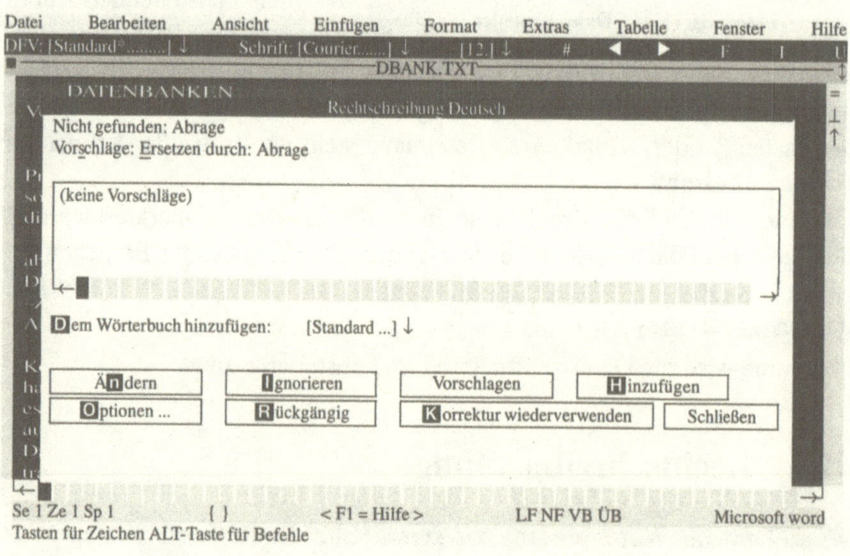

Abbildung 11.15: Rechtschreibprüfung

Es wird der ganze Text überprüft. Dies ist der Normalfall. Wenn nur bestimmte Teile des Textes überprüft werden sollen, dann ist dieser Teil des Textes nach der oben beschriebenen Prozedur (der Normalprozedur für das

Markieren) zu bearbeiten. Der Normalfall wird aber sein, daß der gesamte Text überprüft werden muß. Dann entfällt diese Prozedur.
Nachdem Alt Extras Rechtschreibprüfung eingegeben ist, wird die Prüfung gestartet. Am Bildschirm wird in den ersten Zeilen angezeigt:

Fehlerart	hier: Nicht gefunden
überprüftes Wort	hier: Abrage
zu ersetzender Text:	hier: Abrage

Folgende Steuerungs (Fortsetzungs) Möglichkeiten werden angeboten:

Ersetzen durch Diese Eingabe legt fest, welche Zeichenfolge an Stelle der fehlerhaften Zeichenfolge eingetragen werden soll. Eingabe von <ZT>=<RETURN> am Ende der Zeichenfolge beendet die Ersetzung und geht zum nächsten Prüfungsvorgang über.

Vorschläge Mit dieser Wahl kann auf das Rollfeld „Vorschläge", in dem weitere Vorschläge für das angezeigt Wort gesammelt sind, zugegriffen werden. In dem Rollfeld kann durch die Richtungstasten ↑, ↓ ein Änderungsvorschlag ausgewählt werden.

DemWörterbuch Es kann durch Wahl **Option** das Wörterbuch ausgewählt werden. Folgende Wörterbücher sind möglich:

SPELL GE.LEX	Standardwörterbuch Deutsch
UPDATE GE.LEX	Dem Standardwörterbuch hinzu gefügte Worte
REMEM GE.COR	Vom Standardwörterbuch ge merkte Korrekturen
SPECIALS.CMP	Spezielle Begriffe im Standard wörterbuch
dateiname.CMP	Textspezifisches Wörterbuch

Ändern Hierdurch kann erreicht werden, daß das Wort, welches nicht im Standardwörterbuch steht, in dieses aufgenommen wird. (Es wird noch eine Zwischenabfrage erzeugt, die mit **J**a (Aufnahme ins Wörterbuch) oder **N**ein (keine Aufnahme) beantwortet werden kann.

Ignorieren Hierdurch wird das aus dem Text angezeigte Wort (die Zeichenfolge) ungeändert gelassen.

Rückgängig Diese Funktion kann nur dann ausgeführt werden, wenn bereits eine Bearbeitung eines angezeigten Fehlers stattgefunden hat. (Nur dann ist **R** überhaupt angezeigt.) In diesem Falle wird die letzte ausgeführte Operation rückgängig gemacht.

Hinzufügen (Dieses Feld ist nur angezeigt, wenn die Rechtschreibung ein Feld mit der Fehlerart „Nicht gefunden“ entdeckt hat.) In diesem Falle soll mit der Wahl

Alt Dem Wörterbuch hinzufügen

das Wörterbuch „Dokument“ ausgewählt werden. Anschließend kann durch

Alt Hinzufügen

dieses Wort in ein spezielles Textwörterbuch mit dem Namen SPECIALS.CMP geschrieben werden.

Korrekt.wiederv. Die letzte Korrektur wird noch einmal verwendet.

11.3 Thesaurus — Verarbeitung von Synonymen

Beim Schreiben eines Textes kann es vorkommen, daß ein sinnverwandtes Wort (Synonym) gesucht werden muß, z.B. um Wortwiederholungen zu vermeiden. Hierfür bietet WORD eine Organisation an.

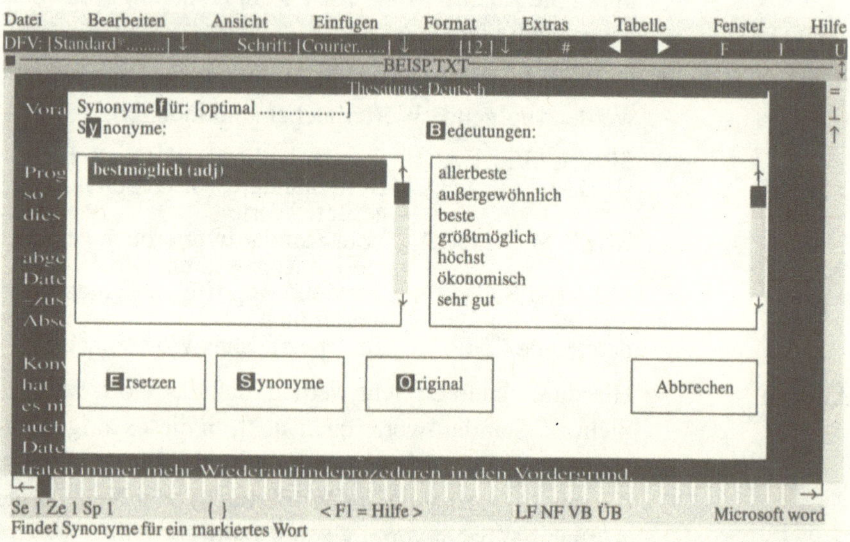

Abbildung 11.16: Thesaurus — Synonymverarbeitung

Um ein sinnverwandtes Wort aus dem System zu erfahren, ist folgendes Verfahren zu wählen. Das Wort sei in einem Text markiert (Cursor auf das Wort einstellen, Eingabe F8, markieren (z.B. durch →)). (Beispiel: Es sei das Wort „optimal“ markiert.) Durch Eingabe von

Alt Extras Thesaurus — also Alt x T

wird das in ABBThesaurus dargestellte Fenster geöffnet.
Die Parameter dieses Fensters haben folgende Bedeutungen:

Synomyme für Hier ist automatisch das markierte Wort eingetragen. Es kann auch ein anderes Wort eingetragen werden.

Synonyme Das System stellt in diesem Rollfenster Synonyme bereit. Das ausgewählte Synonym wählt die Bedeutungen aus.

Bedeutungen In diesem Rollfeld sind die Bedeutungen für das jeweils ausgewählte Synonym aus.

Ersetzen Das in „Synonyme für" stehende Wort aus dem Text wird durch die ausgewählte Bedeutung ersetzt.

Synonym Es werden die Plätze für Bedeutung und Synonym vertauscht. Dadurch wird es möglich, die Suche für gefundene Bedeutungen fortzusetzen.

Original Es wird die ursprüngliche Einstellung wieder hergestellt.

Abbrechen Durch ESC wird das Fenster abgebrochen.

Kapitel 12

Übersicht über die Hauptkommandos

Unter „Hauptkommando" werden diejenigen Kommandos oder Makros verstanden, welche durch unmittelbare Eingabe von bis zu 3 Tastenanschlägen (eventuell mit Alt voraus) in unmittelbarer Folge eingegeben werden können.

> Die Tabelle enthält Kommandos **nicht**, die erst durch zusätzliche Eingaben nach dem Aufruf von Hauptkommandos erzielt werden können.

In dieser Tabelle sind die Hauptkommandos alphabetisch nach Funktion sortiert.

Aufgabe	**Kommando**	**Eingabe**	**Seite**
Öffnen Datei	Alt Datei Öffnen	Alt-D-f	24
Übersicht Makros	Alt Extra Makro	Alt-x-k	105
Übersicht Makros	Makro xx	<Strg X>X	104
Absatz formatieren	Alt Format Absatz	Alt-t-A	115
Abschnitt formatieren	Alt Format Abschnitt	Alt-t-b	118
Ansicht Seite	Alt Datei Seitenansicht	Alt-D-t	24,56
Aufruf Datei-Manager	Alt Datei Manager	Alt-D-M	217
Ausschneiden	Alt Bearbeiten Ausschneiden	Alt-B-A	175
Beenden Job	Alt Datei Beenden	Alt-D-B	24
Betriebssystem-Commands	Alt Datei Betriebssystem	Alt-D-y	24
Bildschirmeinstellung	Alt Format Bildschirmeinstellung	Alt-A-B	115
Brief schreiben	Makro Brief_schreiben	<Strg B> R	140
Datei öffnen	Alt Datei Manager, Alt Öffnen	Alt-D-M, Alt-f	231
Datei drucken	Alt Datei Manager, Alt Drucken	Alt-D-M, Alt-k	230
Datei-Info	Alt Datei Manager, Alt Info	Alt-D-M, Alt-I	217
Datei-Liste	Alt Datei Manager, Alt Option	Alt-D-M, Alt-O	223
Datei-Manager	Alt Datei Datei-Manager	Alt-D-M	24
Dateiname in Text	Makro Dateiname	<Strg D>N	97
Drucken	Alt Datei Drucken	Alt-D-D	29

Fortsetzung auf nächster Seite

Fortsetzung von vorh.**Seite**

Aufgabe	**Kommando**	**Eingabe**	**Seite**
Druckformatvorlage öffnen	Alt Datei öffnen	Alt-D-f	127
Durchstreichen von Text	Makro Durchstreichen	<Strg D>U	97
Einfügen Grafik	Alt Einfügen Grafik	Alt-E-G	178
Einfügen Textbaustein	<Name> F3	<Name> F3	86
Einlesen Text	Alt Einfügen Datei	Alt-E-D	75
Einrichten Drucker	Alt Datei Druckeinrichtung	Alt-D-e	24
Ersatz Zeichenfolge d.Text	Makro Baustein_ersetzen	<Strg B>E	98
Ersetzen	Alt Bearbeiten Ersetzen	Alt-B-E	65
Fußnote aufrufen	Alt Bearbeiten Gehe zu	Alt-B-G	136
Fußnotentext erzeugen	Alt Einfügen Fußnote	Alt-E-F	137
Gehe zu	Alt F5	Alt F5	51,52
Grafik positionieren	Alt Format Position	Alt-t-P	181
Hintergrundschattierung	Alt Format Rahmen	Alt-t-R	169
Kopieren Datei	Alt Datei Manager, Alt Kopieren	Alt-D-M, Alt-p	227
Kopieren Text	Alt Bearbeiten Kopieren	Alt-B-K	69
Löschen Bildschirm	Makro Lösch_Bildschirm	<Strg L>B	101
Löschen Text	(Prozedur)	Kommandofolge	73
Löschen Zeile	Makro Lösch_zeile	<Strg L>Z	100
Löschen bis Textende	Makro Lösch_textende	<Strg T>E	101
Löschen bis Zeilenende	Makro Lösch_zeilenende	<Strg L>E	100
Makros aufzeichnen	Alt Extra Makros aufzeichnen	Alt-x-a	149
Markieren	F8	F8	68
Memo erzeugen	Text_kopieren	<Strg M>O	98
Neuanlegen Datei	Alt Datei Neu	Alt-D-N	24
Rahmen	Alt Format Rahmen	Alt-t-R	169
Rechtschreibprüfung	Alt Extras Rechtschreibprüfung	Alt-x-R	232
Schließen Datei	Alt Datei Schließen	Alt-D-S	24
Schraffur	Alt Format Rahmen	Alt-t-R	169
Schreiben Text in Datei	(Prozedur)	Kommandofolge	80
Schrift	Alt Format Zeichen	Alt-t-Z	48
Schriftart	Alt Format Zeichen	Alt-t-Z	48
Schriftgröße	Alt Format Zeichen	Alt-t-Z	48
Seite formatieren	Alt Format Seitenränder	Alt-t-S	111
Serien-Datenfeld einfügen	Alt Datenfeld einfügen	Alt-n	204
Serien-Steuerdatei erstellen	Alt Steuerdatei erstellen	Alt-S	192
Seriendruck	Alt Datei Seriendruck	Alt-D-k	24
Seriendruck drucken	Seriendruck	Alt-k	200
Seriendruck starten	Alt Datei Seriendruck	Alt-D-k	191
Serientext modifizieren	Alt-k	Alt-k	205
Serientextdatei Bearbeitung	Alt Serientextdatei	Alt-x	195
Silbentrennung	Alt Extra Silbentrennung	Alt-x-i	123
Silbentrennung	Makro Silben_Trennung	<Strg S>I	125
Speichern Alles	Alt Datei Alles speichern	Alt-D-A	24
Speichern Datei	Alt Datei Speichern	Alt-D-p	24
Speichern Datei unter Namen	Alt Datei speichern unter	Alt-D-u	26
Suchen	Alt Bearbeiten Suchen	Alt-B-S	63

Fortsetzung auf nächster Seite

Fortsetzung von vorh.**Seite**			
Aufgabe	**Kommando**	**Eingabe**	**Seite**
Suchen	Makro Suchen	<Strg S>U	102
Suchen (Wiederholung)	Umsch F4	Umsch F4	65
Suchen Datei	Alt Datei Manager, Alt Suchen	Alt-D-M, Alt-u	219
Suchen und Ersetzen	Makro Suchersetz	<Strg S>E	103
Synonymverarbeitung	Alt Extras Thesaurus	Alt-x-T	234
Tabelle Blocksatz	Makro Tabelle_Block	<Strg T>B	162
Tabelle Gitternetz	Alt Tabelle Gitternetz	Alt-e-G	156
Tabelle Spalte löschen	Alt Tabelle Zeilen/Spalten löschen	Alt-l-l	166
Tabelle Zeile löschen	Alt Tabelle Zeilen/Spalten löschen	Alt-l-l	167
Tabelle einfügen Spalte	Alt Tabelle einfügen	Alt-l-e	164
Tabelle einfügen Zeile	Alt Tabelle einfügen	Alt-l-e	165
Tabelle erzeugen	Makro Tabelle	<Strg T>O	153
Tabelle zentrieren	Makro Tabelle_zentrieren	<Strg T>Z	156
Text in Datei speichern	Makro Markieren_Speichen	<Strg M>S	96
Textbaustein Speichern	Alt Bearbeiten Textbaustein	Alt-B-T	83
Textbausteindatei drucken	Alt Datei Drucken	Alt-D-D	94
Textbausteindatei speichern	(Prozedur)	Kommandofolge	88
Textbausteindatei verbinden	Alt Bearbeiten Textbaustein	Alt-B-T	92
Textbausteine löschen	Alt Bearbeiten Textbaustein	Alt-B-T	91
Textteil kopieren	Makro Textteil_kopieren	<Strg T>K	99
Textteil umstellen	Makro Text_umstellen	<Strg T>U	99
Umbenennen Datei	Alt Dat. Man., Alt umbenennen	Alt-D-M, Alt-m	229
Umstellen Text	(Prozedur)	Kommandofolge	72
Vertikale Linien	Alt Format Tabulator	Alt-t-T	172
Zeichnen gerade Linien	Alt Extra Linien	Alt-x-i	174

Index

www.ingramcontent.com/pod-product-compliance
Lightning Source LLC
LaVergne TN
LVHW042238300926
849161LV00003B/391

* 9 7 8 3 4 8 6 2 3 6 6 0 6 *